人民法院民商事
指导案例与类案裁判依据丛书

婚姻家庭纠纷
指导案例与类案裁判依据

中国法制出版社
CHINA LEGAL PUBLISHING HOUSE

编写说明
Preface

2022年1月13日,最高人民法院召开全国法院案例指导工作推进会。会议强调,案例指导制度是中国特色社会主义司法制度的重要组成部分。做好案例指导工作,是深入贯彻习近平法治思想,加快建设公正高效权威的社会主义司法制度,更好发挥人民法院审判职能作用的必然要求,对于确保裁判尺度统一,促进法律正确实施,提高审判质效和司法公信力具有重要作用。会议还强调,要健全完善案例指导工作机制,确保裁判尺度统一,促进法律正确实施,努力让人民群众在每一个司法案件中感受到公平正义。要加强指导性案例应用,法官审判执行案件进行类案检索,应先行检索现行有效指导性案例,对指导性案例应当参照作出裁判。

为更好地发挥指导性案例在统一法律适用标准、规范司法行为、维护司法公正、提高审判质量等方面的重大作用,并通过典型案例引领,使当事人和社会公众对类似案件的裁判结果具有固定预期和明确参照,我们出版了"人民法院民商事指导案例与类案裁判依据丛书"。本丛书梳理并精心筛选了相关领域最高人民法院发布的指导案例、公报案例及典型案例以及部分地方人民法院发布的典型案例。"一个案例胜过一打文件",相较于抽象的条文规定,这些案例是理论与实践相结合的重要载体,是法官审判经验和司法智慧的结晶,对于提高审判人员的司法能力,提升律师的执业水平,促进公民尊法学法用法、维护自身的合法权益具有重要意义,也可以为案例教学和运用法学研究提供鲜活样本和实务资源。

本丛书在内容和体例上具有以下特点：

第一，章节设置合理，内容全面。本丛书以《民事案件案由规定》为基础，结合实际情况，对类案进行合理划分、收录和编排，充分考虑了读者的实际需求和阅读习惯，力求做到条线清晰、重点突出。

第二，案例覆盖广泛，严格拣选。本丛书的案例分为三个层级，第一层级为最高人民法院指导案例；第二层级为最高人民法院公报案例及典型案例；第三层级为地方法院典型案例。通过汇总和分析前述经典案例，凝练裁判要点，帮助读者更好地把握法律精神、理解法律规定、适用裁判规则。

第三，裁判依据准确，检索便捷。本丛书精选类案处理的相关法律规定，收录了法律法规、部门规章、司法解释等规范性文件，这些规范性文件是当事人起诉、应诉和人民法院裁判的重要依据。

另需说明的是，为方便读者阅读，在确保内容准确的基础上，本书进行了必要的体例统一和编辑加工处理。

希望本丛书能在实现个案公正处理、提升公众法治素养、以合法理性的方式表达利益诉求、推动法律发展和完善等方面发挥积极影响，为推进案例指导工作高质量发展贡献力量。

由于编者水平有限，本丛书内容难免有疏漏之处和不妥之处，敬请广大读者批评指正。

中国法制出版社

目　录
Contents

第一编　婚姻家庭纠纷

一、婚约财产纠纷

（一）地方法院典型案例 ································· 003

001. 夫妻双方，一方重病的情况下，另一方能否闪离并要求返还彩礼 ··· 003

002. 按照婚姻习俗给付高额彩礼后未办理结婚登记的，男方是否可以要求女方返还高额彩礼 ························ 004

003. 给付彩礼后共同生活，但最后未办理结婚登记的，男方能否要求女方全额返还彩礼 ···························· 007

004. 给付彩礼后未办理结婚登记，且有证据证明彩礼已被用于共同生活支出的，男方不能要求返还彩礼 ············· 009

（二）裁判依据 ··· 013

二、婚内夫妻财产分割纠纷

（一）地方法院典型案例 ·· 015

005. 夫妻关系存续期间，一方转移、隐匿、损毁、挥霍夫妻
共同财产的，另一方能否请求分割夫妻共同财产 ··············· 015

（二）裁判依据 ··· 017

三、离婚纠纷

（一）最高人民法院指导案例 ·· 018

006 一方在离婚诉讼期间或离婚诉讼前，隐藏、转移、变卖、
毁损夫妻共同财产的，离婚分割夫妻共同财产时是否可
以少分或者不分 ··· 018

（二）最高人民法院公报案例及典型案例 ··························· 021

007. 基于离婚协议对财产进行变更登记后，一方反悔不办理
离婚的，该财产是否仍属于夫妻共同财产 ····················· 021

008. 家庭暴力中，受暴方存在过错的情况下，能否直接由施
暴方抚养未成年子女 ··· 025

009. 涉家暴离婚案件审理必须多举措实现案结事了 ··············· 028

010. 家庭暴力具有较高的私密性和隐蔽性，法院可以通过积
极举措降低家庭暴力事实的证明难度，平衡双方当事人
之间的地位，对于认定家暴事实的，迅速作出离婚判决 ······· 031

011. 滥施"家规"构成家庭暴力吗 ···································· 033

（三）裁判依据 ·· 034

四、离婚后财产纠纷

（一）地方法院典型案例 ··· 037

012. 协议离婚后，一方是否有义务协助另一方办理不动产变更登记手续 ·· 037
013. 婚前财产婚后加名，离婚时加名一方能否要求均分 ·············· 039
014. 夫妻一方在离婚诉讼期间隐瞒夫妻共同财产，另一方在离婚后发现该共同财产的，是否可以请求分割 ·············· 040
015. 离婚协议中的财产处理部分属于撤销权的行使范畴吗 ·········· 042

（二）裁判依据 ·· 058

五、离婚后损害责任纠纷

（一）地方典型案例 ··· 063

016. 婚姻关系存续期间，一方又与他人生育子女的，无过错方可以要求精神损害赔偿 ·· 063

（二）裁判依据 ·· 067

六、婚姻无效纠纷

（一）地方法院典型案例 ··· 069

017. 三代以内旁系血亲能否结婚 ·· 069

018. 未离婚的情况下冒用他人身份证办理结婚登记的，构成重婚，该婚姻无效 …………………………………………… 071

（二）裁判依据 …………………………………………………… 076

七、撤销婚姻纠纷

（一）最高人民法院公报案例及典型案例 ……………………… 078

019. 因胁迫结婚的，受胁迫的一方可以向人民法院请求撤销婚姻 ……… 078

020. 夫妻一方婚前隐瞒自己患有艾滋病的，另一方能否申请撤销婚姻 …………………………………………………… 079

（二）地方法院典型案例 ………………………………………… 080

021. 夫妻一方婚前隐瞒自己犯有精神分裂症的，另一方能否申请撤销婚姻 ……………………………………………… 080

022. 结婚登记前，一方将精神分裂等重大疾病谎称为一般抑郁症的，另一方婚后能否向人民法院请求撤销婚姻 ………… 082

023. 可撤销婚姻中"重大疾病"如何认定 ……………………… 087

（三）裁判依据 …………………………………………………… 092

八、夫妻财产约定纠纷

（一）地方法院典型案例 ………………………………………… 094

024. 夫妻之间赠与房产以后赠与方反悔，赠与协议效力应依照合同法律制度的有关规定予以审查认定 ………………… 094

（二）裁判依据 ··· 098

九、同居关系纠纷

（一）地方法院典型案例 ··· 099

 025. 非以夫妻名义同居期间所得财产属于共同共有还是按份
   共有 ··· 099

 026. 离婚后又生活在一起并生育子女的，应认定为同居关系，
   在此期间购买的分红型保险属于共同财产，可以分割 ········· 113

（二）裁判依据 ··· 122

十、亲子关系纠纷

（一）地方法院典型案例 ··· 124

 027. 确认亲子关系是否应以双方存在夫妻关系为前提 ··············· 124

（二）裁判依据 ··· 128

十一、抚养纠纷

（一）最高人民法院公报案例及典型案例 ··························· 129

 028. 在夫妻关系存续期间，通过人工授精所生的子女，其法
   律地位如何 ··· 129

029. 夫妻双方离婚后，与孩子共同生活的一方未经另一方同意变换生活城市的，未与孩子生活的一方能否要求变更抚养关系 …………………………………………………… 131

030. 事实婚姻期间生育的子女与婚生子女享有同样的权利和义务 …………………………………………………………… 132

（二）地方法院典型案例 …………………………………… 134

031. 父母有抚养能力的情况下，祖父母或者外祖父母代为履行抚养义务的，祖父母或者外祖父母是否有权要求父母支付医疗费、教育费、保险费、生活费等费用 …………… 134

032. 离婚协议中约定未成年子女由一方抚养，在其未尽到抚养义务的情况下，另一方能否申请变更抚养权 …………… 135

033. 非婚生子女扶养费受法律同等保护 ……………………… 136

034. 《出生医学证明》能否作为认定非婚生子女抚养权依据 …… 137

035. 离婚诉讼期间，暴力抢夺孩子的，能否获得孩子的抚养权 ……………………………………………………………… 138

036. 已形成抚养关系的继父母子女能否通过诉讼请求解除父母子女关系 …………………………………………………… 140

（三）裁判依据 …………………………………………………… 145

十二、扶养纠纷

（一）地方法院典型案例 …………………………………… 149

037. 夫妻之间有互相扶养的义务，一方不履行的，另一方有权要求其给付扶养费 ……………………………………… 149

目录

　038. 夫妻之间有相互扶养的义务，一方生病需要扶养时，另一方是否需要给付交通费、住宿费等费用 …………… 154

（二）裁判依据 ……………………………………………… 158

十三、赡养纠纷

（一）最高人民法院公报案例及典型案例 ………………… 159

　039. 子女对于老年人除了提供经济供养外，应尊重老年人选择的合理养老方式 ………………………………… 159

　040. 子女不履行赡养义务并对老人进行谩骂、侮辱、言语威胁的，老人可以向法院申请人身安全保护 ……………… 160

　041. 子女在赡养父母时，除了提供经济赡养，还应该"精神赡养"，常回家探望 ………………………………… 161

　042. 某些特殊情况下，老年人无法维护自己合法权益的，检察院可以起诉 …………………………………… 162

（二）地方法院典型案例 …………………………………… 164

　043. 夫妻双方系再婚，其中一方对另一方的亲生年幼子女履行了较长年限抚养义务的，该子女是否需要履行赡养义务 …………………………………………………… 164

　044. 赡养人的配偶应当协助赡养人履行赡养义务 ……… 166

　045. 父母过世后，自认为赡养父母较多的赡养人能否向其他赡养人追偿赡养费 ……………………………… 167

（三）裁判依据 ……………………………………………… 171

十四、收养关系纠纷

（一）地方法院典型案例 ·· 174

  046. 社会福利中心与寄养家庭签订《抚养协议》，其仍是监护人，可以单方解除《抚养协议》 ························· 174

  047. 《收养法》颁布实施前形成的未办理登记的"收养关系"是否有效 ·· 176

（二）裁判依据 ·· 179

十五、监护权纠纷

（一）最高人民法院公报案例及典型案例 ·························· 181

  048. 相关民政部门能否担任未成年人的监护人 ················ 181

（二）地方法院典型案例 ·· 182

  049. 父母无法履行监护责任时是否可以依法变更监护人 ······ 182

  050. 父母没有正确履行自己的抚养义务，未成年人的祖父母或者外祖父母能否起诉撤销生父母的监护资格 ········· 183

  051. 父母严重侵害未成年子女身心健康的，法院可依申请撤销其监护资格 ··· 185

  052. 父母作为未成年子女的法定监护人，应保障未成年人子女受教育的权利 ·· 186

  053. 确定监护人时，被监护人的意愿能否优于法定顺位 ······ 188

054. 祖父母或者外祖父母侵害子女监护权的，子女能否请求
　　 支付精神损害抚慰金 ……………………………………… 192

（三）裁判依据 ……………………………………………………… 197

十六、探望权纠纷

（一）最高人民法院公报案例及典型案例 ……………………… 202

055. 夫妻双方离婚后，祖父母或者外祖父母是否享有探望权 ……… 202

056. 隔代近亲属探望（外）孙子女符合社会广泛认可的人伦
　　 情理，不违背公序良俗 …………………………………… 203

（二）地方法院典型案例 …………………………………………… 204

057. 一方行使探望权时，直接抚养子女的一方应协助探望，
　　 不得任意阻碍对方行使权利 ……………………………… 204

058. 夫妻双方离婚后，祖父母或者外祖父母对未成年人能否
　　 行使探望权 ………………………………………………… 205

059. 父母与子女之间产生矛盾，子女要求探望父母，父母不
　　 同意的，子女能否强制探望 ……………………………… 207

（三）裁判依据 ……………………………………………………… 210

十七、分家析产纠纷

(一) 地方法院典型案例 ································· 211

060. 夫妻双方感情确已破裂，为了更好地确认离婚时的财产分割，当事人可以主张将夫妻共同财产从家庭共有财产中予以析出 ································· 211

(二) 裁判依据 ································· 222

第二编 继承纠纷

一、法定继承纠纷

(一) 最高人民法院公报案例及典型案例 ································· 227

061. 继父母明确表示拒绝抚养继子女时，继子女能否主张继承继父母的遗产 ································· 227

062. 夫妻婚内财产分割协议对夫妻共同所有房屋的权属进行了约定的情况下，是否应以产权登记作为认定该房屋权属的唯一依据 ································· 234

063. 夫妻一方死亡后，在法定继承过程中当事人提供的其他人民法院对夫妻对外债务所作的生效裁判是否能直接作为夫妻共同债务认定的依据 ································· 242

064. 侄甥能否代位继承 ································· 249

065. 对被继承人尽了主要抚养义务或者与被继承人共同生活的继承人，分配遗产时，是否可以多分 ………………… 251

（二）地方法院典型案例 ……………………………………… 252

066. 在无亲子鉴定意见，但其他证据证明双方存在亲子关系的高度盖然性的情况下，可以确定非婚生子女的法定继承人身份 …………………………………………………… 252

（三）裁判依据 ………………………………………………… 260

二、遗嘱继承纠纷

（一）最高人民法院指导案例 ………………………………… 266

067. 夫妻一方订立的遗嘱中是否需要为胎儿保留遗产份额 ……… 266

（二）最高人民法院公报案例及典型案例 …………………… 269

068. 打印遗嘱应当有两个以上见证人在场见证，且遗嘱人和见证人应当在遗嘱每一页签名并注明年、月、日 ………… 269

069. 行为人自愿赡养老人，老人立有遗嘱的，行为人可以获得遗嘱中的财产 …………………………………………… 271

（三）地方法院典型案例 ……………………………………… 273

070. 被继承人仅能在遗嘱中处分自己的财产份额，无权对他人的财产份额进行处分，被继承人以遗嘱方式对他人享有的房产份额进行处分的行为无效 ……………………… 273

071. 遗嘱应当为缺乏劳动能力又没有生活来源的继承人保留
必要的遗产份额 ··· 274

072. 夫妻之间就共同财产订立共同遗嘱的,按照遗嘱的内容
执行 ··· 276

073. 录像遗嘱必须符合法定形式,否则应认定为无效遗嘱 ······· 277

074. 遗嘱中明确丧葬费支出的,未获得遗产利益的继承人,
可以不支付丧葬费等费用 ······························· 287

(四) 裁判依据 ··· 294

三、被继承人债务清偿纠纷

(一) 地方法院典型案例 ··· 299

075. 被继承人债务清偿案件中,优先保护未成年人权利,为
未成年人保留必要的遗产 ······························· 299

(二) 裁判依据 ··· 300

四、遗赠纠纷

(一) 地方法院典型案例 ··· 302

076. 遗赠的法律效力认定 ··································· 302

(二) 裁判依据 ··· 303

五、遗赠扶养协议纠纷

（一）地方法院典型案例 …………………………………… 306

077. 父母与子女之间能否订立遗赠扶养协议 …………… 306

078. 居委会敬老爱老获遗赠的情形下，子女未尽赡养义务的，丧失继承权 …………………………………… 307

079. 遗赠扶养协议具有双务、有偿、扶养在先等基本特征，若违背这些基本特征将不能获得遗赠扶养协议中约定的财产 …… 309

080. 遗嘱和遗赠的区别是什么 …………………………… 321

（二）裁判依据 ……………………………………………… 325

六、遗产管理纠纷

（一）最高人民法院典型案例 ……………………………… 326

081. 人民法院可以适用特别程序指定部分继承人担任遗产管理人 …………………………………………………… 326

（二）地方法院典型案例 …………………………………… 328

082. 死者无继承人时，能否指定民政部门为遗产管理人 …… 328

083. 没有继承人或者继承人均放弃继承的，由被继承人生前住所地的民政部门或者村民委员会担任遗产管理人 …… 329

（二）裁判依据 ……………………………………………… 331

第一编　婚姻家庭纠纷

一、婚约财产纠纷

（一）地方法院典型案例

001. 夫妻双方，一方重病的情况下，另一方能否闪离并要求返还彩礼①

核心价值：夫妻扶持、善良风俗

基本案情：2021年7月，江某与张某（女）通过相亲认识，10月2日双方订婚，江某向张某给付了相应彩礼。订婚后，双方开始共同生活。2021年12月5日，双方办理结婚登记，婚检显示"未发现医学上不宜结婚的情形"。婚后不久，张某检查出疑似患有恶性肿瘤，并确诊为肝恶性肿瘤。2022年2月11日，江某起诉离婚，因其未到庭参加诉讼，故按撤诉处理。2022年6月17日，双方在民政局办理离婚，张某未要求分割婚后共同财产，也未要求江某分担医疗费用等。离婚后，江某要求张某返还彩礼未果，遂诉至法院。

裁判结果：江西省丰城市人民法院经审理认为，于法，江某与张某无论婚前还是婚后都有共同生活，江某的诉求不符合法律规定；于情，双方自愿结为夫妻，理应互相扶助，共患难，但在张某患病治疗期间，江某既未支付任何医疗费，也未尽心陪护，没有履行作为丈夫的职责和义务；于理，张某

---

① 《江西法院发布弘扬社会主义核心价值观典型案例》（2022年11月30日发布），江某诉张某婚约财产纠纷案，载江西法院网，http://jxgy.jxfy.gov.cn/article/detail/2022/11/id/7042345.shtml，最后访问日期：2023年6月29日。

在双方协议离婚时，既未要求分割婚后共同财产，也没有要求江某分担医疗费等，更没有以不离婚来拖累江某，反而是江某在张某第一次术后出院不久便起诉离婚，第二次术后不久便要求返还彩礼。江某的行为既不符合社会主义核心价值观，要求返还彩礼也没有法律依据，故法院判决驳回江某要求返还彩礼的诉讼请求。

典型意义

"夫妻本是同林鸟，患难与共为正道"。夫妻之间和衷共济、患难与共历来是中华民族的传统美德，相濡以沫、休戚与共更是为世人所传唱的佳话。夫妻之间相互扶持不仅是道德上的义务，也是法律明文规定的义务，本案在司法裁判中融入了法理、事理、情理，全面否定了丈夫对患病妻子物质上不予以帮助、精神上不予以慰藉的违反法律规定与善良风俗的不当行为，弘扬了和谐、友善、诚信的社会主义核心价值观，对倡导树立正确的婚姻观、家庭观，促进社会和谐稳定具有一定的积极意义。

002. 按照婚姻习俗给付高额彩礼后未办理结婚登记的，男方是否可以要求女方返还高额彩礼[①]

关键词： 彩礼　退还　婚约财产纠纷　社会主义核心价值观

案情简介： 2019年9月，张某与武某系同乡，经人介绍相识并确立恋爱关系，在相恋一年后双方准备步入婚姻殿堂组建家庭，并协商确定在武某父母经营的饭店举办订婚酒宴。按照双方老家习俗，应由男方负责置办订婚酒宴，故张某父亲向武某母亲银行转账了33500元用于支付酒宴开销，另购买

---

① 《上海市青浦区人民法院弘扬社会主义核心价值观典型案例》（2023年3月30日发布），张某诉武某婚约财产纠纷案，载上海市高级人民法院网站，https://www.hshfy.sh.cn/shfy/web/xxnr.jsp?pa=aaWQ9MTAyMDI5NjcxMSZ4aD0xJmxtZG09bG0xNzEzEPdcssz，最后访问日期：2023年6月29日。

香烟、酒水等花费 70000 余元。订婚当日，张某现金交付武某彩礼 66666 元，席间两人收到双方父母及亲友给付的改口费合计 77600 元。此外，张某还给武某购买了某品牌钻戒一枚。2021 年春节后，双方商量结婚事宜，武某父母提出结婚彩礼还要 660000 元，并要求张某在沪购置婚房，经长达半年的协商后最终确认次年 1 月 1 日结婚，张某再给彩礼 266000 元，婚房暂不购置，婚后双方居住在张某父母家，但张某仍因此与武某产生了隔阂，且矛盾加剧。后张某与案外人孙某于 2022 年 1 月 30 日举办婚礼，并要求武某退还彩礼、钻戒、改口费，承担订婚酒宴费用等，但武某拒绝退还，故张某起诉至法院维权。

裁判结果：法院经审理认为，彩礼的给付是我国民间传统的婚俗习惯，系指男女双方以结婚为目的而由男方向女方交付的一定金额的钱款、一定数额的财物等。通常情况下，双方未办理结婚登记手续的，彩礼应当退还。张某为订婚向武某支付的 66666 元及订婚钻戒 1 枚属于彩礼性质，双方未结婚，应予以退还。去除武某已经向张某转账支付的 40000 元，判决武某应向张某退还订婚彩礼 26666 元及钻戒 1 枚。改口费及办理订婚酒宴费用不属于彩礼，且按照双方认可的老家婚俗，订婚酒宴由男方张某负担。判决驳回张某其余诉讼请求。

典型意义

本案为婚约财产纠纷。该案的裁判探究了司法实践中彩礼的性质、范围、金额、给付目的，是否应退还及退还条件、金额、范围的判断标准。倡导移风易俗，形成和谐、友善的社会文明新风尚，体现社会主义核心价值观。对给付彩礼的婚俗具有规范和引导作用，教育年轻人牢记爱情初衷，体悟婚姻真谛，感恩父母付出，构建文明简约、和谐、健康的婚俗文化。

一、彩礼的内涵及法律性质

彩礼，俗称聘礼、纳彩等，系指以结婚为目的，男方向女方或女方父母给付的金钱、财物等。彩礼的给付系我国民间流传了几千年的婚俗习惯。婚约不同于普通的民事合同，具有强烈的人身属性。按照民法典婚姻家庭编的规定，订婚并非结婚的法定程序，彩礼的给付亦不是结婚的必要条件。但对彩礼的给付及返还等相关内容，民法典婚姻家庭编并未明确规定。有观点认为，彩礼的给付为赠与合同；有观点认为彩礼的给付为附条件的赠与，具体为附生效条件的赠与。男女双方结婚，彩礼的给付生效，如果男女双方未结婚，彩礼的给付未生效，自然应当返还。

二、彩礼给付的目的意义

在习俗传统上，彩礼给付系男方为迎娶女方成为男方家庭成员而给女方或女方父母的钱款、财物。现代社会随着经济独立和社会文明进步，移风易俗，男女双方结婚后成为独立的家庭，成为独立的社会单元。男女社会地位平等，从姻亲关系上看，男女双方互为对方家庭成员。

司法实践中女方父母接受彩礼后，大多将彩礼交给女儿用于男女双方结婚后共同生活。彩礼给付目的及意义系男方对女方父母养育女儿的感谢及对男女双方小夫妻组建家庭的美好祝福。构建和谐、友善、和睦、幸福的家庭生活氛围，应大力倡导移风易俗，贯彻文明、和谐、友善的社会主义核心价值观。彩礼的给付应量力而为，应符合彩礼给付的初衷，避免本末倒置。

三、订婚彩礼退还规则

虽然根据《最高人民法院关于适用〈中华人民共和国民法典〉婚姻家庭编的解释（一）》[①] 第 5 条规定，法院应予支持退还彩礼的情形包括双方未办理结婚登记手续。但在现实生活中，已给付的彩礼可能已经用于共同生活，事实上已经转化为男女双方的共同财产，或者已在男女双方的共同生活中消耗殆尽。

---

① 以下简称《民法典婚姻家庭编解释（一）》。

> 因此，在审理涉及彩礼退还的案件时，在审判理念上积极倡导移风易俗，倡导树立文明、和谐的婚俗文化。应充分尊重当地的婚姻习俗，在此基础上综合考虑彩礼给付的金额、范围；男女双方有无共同生活及生活时间长短，有无转化为双方共同财产；彩礼现存状态，有无被双方共同消费；女方有无怀孕；如果双方共同生活，可以参照解除同居关系期间分割共同财产处理；对于悔婚双方的过错及过错大小；给付彩礼有无导致给付一方家庭生活水平显著下降（低于当地正常生活水平）等因素综合考虑。

003. 给付彩礼后共同生活，但最后未办理结婚登记的，男方能否要求女方全额返还彩礼[①]

基本案情：宋某（男）与蒋某（女）经人介绍相识相恋。2021年5月，宋某为蒋某购买了足金手镯、金项链、钻石戒指等首饰，合计38188元。2021年9月，宋某应蒋某家的要求给付订婚彩礼10万元。2021年12月，双方举行结婚仪式，但未办理结婚登记手续。结婚当天，宋某按照习俗给付蒋某上下轿礼2万元。二人共同生活两个月后，因感情不和发生矛盾，蒋某回到娘家，不愿与宋某继续共同生活。宋某诉至法院，要求蒋某返还首饰、订婚彩礼、上下轿礼等在内的所有婚约财产。

裁判结果：江苏省沭阳县人民法院经审理认为，宋某为缔结婚姻按照当地习俗向蒋某给付彩礼，现双方未办理结婚登记手续，宋某给付婚约财产的目的未能实现，其向蒋某主张返还婚约财产的诉讼请求应予支持。综合双方共同生活的时间、彩礼数额、未办理结婚登记手续的原因等因素，遂判决：

---

① 《江苏法院发布家事纠纷典型案例（2021—2022年度）》（2023年3月7日发布），给付高价彩礼悔婚可酌情返还，载江苏法院网，http://www.jsfy.gov.cn/article/95069.html，最后访问日期：2023年6月29日。

蒋某返还宋某足金手镯等物品折价款 38188 元，返还礼金 7.2 万元。

典型意义

彩礼是男女双方以结婚为目的，一方按照当地习俗给付另一方的礼金及贵重物品。给付彩礼从本质上是以结婚为目的的附解除条件的赠与行为，一旦婚约解除则面临彩礼如何返还的问题，长期以来一直是司法实践中的难点。《民法典婚姻家庭编解释（一）》第 5 条沿袭了原《最高人民法院关于适用〈中华人民共和国婚姻法〉若干问题的解释（二）》[①] 关于返还彩礼的规定，即在双方未办理结婚登记手续、双方办理结婚登记手续但确未共同生活（以双方离婚为条件）、婚前给付并导致给付人生活困难（以双方离婚为条件）这三种情形下，支持当事人返还彩礼的诉讼请求。但现实生活中，普遍存在未办理结婚登记手续，仅办了结婚仪式即同居生活的情形。在此期间彩礼已用于共同生活，如果仍机械适用司法解释的规定未办理结婚登记手续即全额返还彩礼，与"熟人社会"中朴素正义观相背离，对收受彩礼一方也极为不公。因此，如果双方虽未办理结婚登记手续，但已共同生活的，应根据具体情形酌定彩礼是否返还及返还的数额。本案中，法院综合考虑双方共同生活时间较短、彩礼数额较大、未办理结婚登记手续系因女方不愿继续共同生活所致等因素，酌定女方返还大部分彩礼，符合法律规定和立法精神。与此同时，本案衍生出一个有关"高价彩礼"的社会问题。2023 年 2 月 13 日发布的中央一号文件再次指出，要"扎实开展高价彩礼、大操大办等重点领域突出问题专项整治"，体现出国家对彩礼问题的高度关注。现实生活中，尤其是广大农村地区，"高价彩礼"现象仍然存在。乡村振兴，乡风文明是保障。以结婚为名索要"高价彩礼"是跟风攀比的陈规陋习，不但会导致一些家庭"因婚致贫、因婚返贫"，甚至会引发"骗婚""拐卖妇女"等违法犯罪行为，成为制约乡风文明发展的

---

① 以下简称为《婚姻法解释（二）》。

一、婚约财产纠纷

"拦路虎",应予坚决抵制。治理高价彩礼,事关民生,事关社会和谐稳定,人民法院应通过司法裁判引导社会公众除陋习、转观念,构建健康文明、简约适度的婚俗新风貌。

004. 给付彩礼后未办理结婚登记,且有证据证明彩礼已被用于共同生活支出的,男方不能要求返还彩礼[①]

上诉人(原审原告):李某1,男,1997年12月27日出生,汉族,农民,现住淄博市张店区。

委托诉讼代理人:丁某亮,山东某诚律师事务所律师。

被上诉人(原审被告):李某2,女,1997年1月20日出生,汉族,山东某道房地产综合服务有限公司职工,现住淄博市临淄区。

上诉人李某1因与被上诉人李某2婚约财产纠纷一案,不服山东省淄博市临淄区人民法院(2021)鲁0305民初1485号民事判决,向本院提起上诉。本院立案后,依法组成合议庭对本案进行了审理。上诉人李某1的委托诉讼代理人丁某亮,被上诉人李某2参加诉前调解调查。本案现已审理终结。

李某1上诉请求:一、依法撤销一审判决,并改判被上诉人返还上诉人彩礼金88000元。二、本案诉讼费用由被上诉人承担。事实和理由:一、一审法院认定事实错误。一审法院认定被上诉人已将彩礼用于双方共同生活、孩子抚养,属于认定事实错误。1.被上诉人并没有提供其已将彩礼金全部花费的有效证据,其陈述也与事实不符。上诉人与被上诉人花费17442元购买的首饰全部由被上诉人带走,首饰物件属于小巧的贵重物品由个人随身携带,被上诉人购买首饰后就一直自己带着,其陈述离开上诉人家的时候没有带走

[①] 山东省淄博市中级人民法院(2021)鲁03民终2261号民事判决书,载中国裁判文书网,最后访问日期:2023年6月30日。

仅是其单方陈述，其陈述是虚假陈述且与常理不符。被上诉人孕检花费的医疗检查费均是由上诉人支付的，被上诉人在医院检查使用其个人医保卡挂号就诊，所需费用都是被上诉人通过微信扫码或者刷卡支付的，上诉人提供向淄博妇幼保健医院微信转账记录 8 份予以证明。2. 关于孩子抚养费问题，孩子的抚养不是被上诉人可以不返还彩礼金的理由。双方孩子李某 3 的抚养费支付问题，张店区人民法院作出的（2019）鲁 0303 民初 7465 号民事判决书，判决上诉人自判决书生效当月起每月支付抚养费 1000 元至孩子 18 周岁止，上诉人应承担的抚养费问题已经人民法院判决，一审法院又判决认定彩礼金已用于孩子抚养费，属于重复要求上诉人承担抚养费，违背人民法院已生效判决认定的事实。若彩礼金用于孩子的抚养费也应当是冲抵张店区人民法院（2019）鲁 0303 民初 7465 号民事判决书判决要求上诉人支付的抚养费部分。3. 被上诉人是不是已经花销了彩礼金不是认定其应不应该返还彩礼金的条件，即便是被上诉人已经花销了彩礼金，也不是可以不返还彩礼金的理由，是否返还应按法律规定判决确定。二、一审法院适用法律错误。关于彩礼金的返还问题，《民法典婚姻家庭编解释（一）》第 5 条明确规定："当事人请求返还按照习俗给付的彩礼的，如果查明属于以下情形，人民法院应当予以支持：（一）双方未办理结婚登记手续；（二）双方办理结婚登记手续但确未共同生活；（三）婚前给付并导致给付人生活困难。适用前款第二项、第三项的规定，应当以双方离婚为条件。"本案中上诉人与被上诉人并没有办理结婚登记手续，上诉人要求被上诉人返还彩礼金，人民法院应当按照司法解释的规定判决被上诉人返还彩礼金，本案双方未办理结婚登记手续的事实是清楚的，法律规定也是明确的，而一审法院却违背如此明确的法律规定，判决驳回上诉人的诉讼请求，显然是适用法律错误，枉法裁判。综上，请求二审法院依法撤销一审判决，正常适用法律，支持上诉人的上诉请求。

李某 2 辩称，对彩礼这件事，在我们共同生活的时候上诉人没有工作、没有收入，彩礼款已经用于共同生活，且我俩已经有孩子了，包括用于产检

一、婚约财产纠纷

等费用都已经花完了，一审都已经陈述过。

李某1向一审法院起诉请求：依法判令被告返还彩礼金88000元。

一审法院认定事实：原、被告于2018年4月相识并建立恋爱关系，于2018年5月开始同居生活，2019年1月13日，原告支付被告彩礼88000元，当日，从该彩礼中支付17442元用于购买首饰，2019年4月5日至4月10日，从该账户中陆续取款共计70000元，被告于××××年××月××日生育非婚生女李某3，双方未办理结婚登记手续。被告主张系双方共同取款，彩礼已用于双方共同生活及抚养孩子，原告对此不予认可。

李某2曾于2019年10月17日起诉李某1同居关系子女抚养纠纷一案，淄博市张店区人民法院于2019年11月28日作出（2019）鲁0303民初7465号民事判决书，判决：一、原告李某2与被告李某1非婚生女李某3由原告李某2抚养，被告李某1自本判决生效当月起每月支付抚养费1000元至李某3至18周岁止；二、驳回原告李某2的其他诉讼请求。李某1不服该判决，提起上诉，在上诉状事实及理由中称：其无技术特长无稳定工作，更无固定收入……淄博市中级人民法院（2020）鲁03民终603号民事判决书判决：驳回上诉，维持原判。后李某1未履行支付抚养费的义务。

一审法院认为，《民法典婚姻家庭编解释（一）》第5条规定："当事人请求返还按照习俗给付的彩礼的，如果查明属于以下情形，人民法院应当予以支持：（一）双方未办理结婚登记手续；（二）双方办理结婚登记手续但确未共同生活；（三）婚前给付并导致给付人生活困难。适用前款第二项、第三项的规定，应当以双方离婚为条件。"本案中，双方对被告收受原告彩礼88000元无异议，一审法院予以确认。原、被告双方虽未办理结婚登记手续，但自2018年5月份起即开始共同生活，并生育一女，除收受彩礼当日从彩礼中支付款项购买首饰外，又于2019年4月5日至2019年4月10日将剩余彩礼取出，根据原告提交的证据及庭审调查，共同生活期间双方收入并不稳定，被告称彩礼已用于共同生活、孩子抚养等理由成立，原告要求被告返还该彩礼，依据不足，一审法院对此不予支持。综上，依照《最高人民法院关于适用〈中华人民共和国民法典〉时间效力的若干规定》① 第1条第3款，《民法典婚姻家庭编解释（一）》第5条，《民事诉讼法》② 第64条之规定，判决：驳回原告李某1的诉讼请求。案件受理费1000元，由原告李某1负担。

本院二审期间，当事人没有提交新证据。二审查明的事实与一审认定事实一致，予以确认。

本院认为，本案争议焦点为被上诉人李某2是否应当返还上诉人李某1彩礼88000元。《民法典婚姻家庭编解释（一）》第5条规定："当事人请求返还按照习俗给付的彩礼的，如果查明属于以下情形，人民法院应当予以支持：（一）双方未办理结婚登记手续；（二）双方办理结婚登记手续但确未共同生活；（三）婚前给付并导致给付人生活困难。适用前款第二项、第三项的规定，应当以双方离婚为条件。"本案中，虽然双方未办理结婚登记，但双方同居期间育有一女，且在同居期间，彩礼账户里的钱已被陆续取出，因同居期间双方收入都不稳定，被上诉人主张彩礼已用于双方同居期间共同生活和抚养孩子符合双方当事人所陈述的实际情况，理由成立，一审法院判决被上诉人不返还上诉人彩礼，合情合理合法，本院予以支持。

综上所述，上诉人李某1的上诉请求不能成立，应予驳回；一审判决认定事实清楚，适用法律正确，应予维持。据此，依照《民事诉讼法》第169条、第170条第1款第1项规定，判决如下：

驳回上诉，维持原判。

二审案件受理费2000元，由上诉人李某1负担。

本判决为终审判决。

---

① 以下简称《时间效力规定》。
② 本书适用的法律法规等条文均为案件裁决当时有效，本书使用的法律名称均省去"中华人民共和国"字样。下文不再对此进行提示。

一、婚约财产纠纷

（二）裁判依据

《中华人民共和国民法典》

第一千零四十一条 婚姻家庭受国家保护。

实行婚姻自由、一夫一妻、男女平等的婚姻制度。

保护妇女、未成年人、老年人、残疾人的合法权益。

《中华人民共和国未成年人保护法》

第十七条 未成年人的父母或者其他监护人不得实施下列行为：

（一）虐待、遗弃、非法送养未成年人或者对未成年人实施家庭暴力；

（二）放任、教唆或者利用未成年人实施违法犯罪行为；

（三）放任、唆使未成年人参与邪教、迷信活动或者接受恐怖主义、分裂主义、极端主义等侵害；

（四）放任、唆使未成年人吸烟（含电子烟，下同）、饮酒、赌博、流浪乞讨或者欺凌他人；

（五）放任或者迫使应当接受义务教育的未成年人失学、辍学；

（六）放任未成年人沉迷网络，接触危害或者可能影响其身心健康的图书、报刊、电影、广播电视节目、音像制品、电子出版物和网络信息等；

（七）放任未成年人进入营业性娱乐场所、酒吧、互联网上网服务营业场所等不适宜未成年人活动的场所；

（八）允许或者迫使未成年人从事国家规定以外的劳动；

（九）允许、迫使未成年人结婚或者为未成年人订立婚约；

（十）违法处分、侵吞未成年人的财产或者利用未成年人牟取不正当利益；

（十一）其他侵犯未成年人身心健康、财产权益或者不依法履行未成年人保护义务的行为。

《最高人民法院关于适用〈中华人民共和国民法典〉婚姻家庭编的解释（一）》

第五条 当事人请求返还按照习俗给付的彩礼的，如果查明属于以下情形，人民法院应当予以支持：

（一）双方未办理结婚登记手续；

（二）双方办理结婚登记手续但确未共同生活；

（三）婚前给付并导致给付人生活困难。

适用前款第二项、第三项的规定，应当以双方离婚为条件。

二、婚内夫妻财产分割纠纷

（一）地方法院典型案例

005. 夫妻关系存续期间，一方转移、隐匿、损毁、挥霍夫妻共同财产的，另一方能否请求分割夫妻共同财产[①]

基本案情：刘某某与李某某为夫妻关系，户籍登记在滨州市滨城区沙河办事处某村，双方均为再婚，婚后无共同的子女。

2020年，因双方共同居住的村房屋拆迁，补偿安置方案表明补偿方式为货币补偿，同时被拆迁人享有以优惠价格购买安置房的权利，即每人有50平方米的安置房指标。李某某与村民委员会签订《城中村改造房屋拆迁补偿安置协议》，货币补偿款878140元打入李某某银行账户。

2020年5月25日，李某某与李某磊（李某某孙子）签订《安置房指标转让协议》，将其与妻子名下100平方米优惠面积及名额转让给李某磊，安置方案中需要缴纳的27万元认购款由李某磊缴纳，李某磊将作为所购安置房的唯一所有权人。该协议上没有刘某某的签名。

刘某某、李某某因拆迁问题产生矛盾并分居，刘某某向一审法院起诉离婚，一审法院于2020年12月11日判决不准离婚，刘某某再次提起婚内夫妻财产分割之诉。在法院判决不准予离婚后，刘某某提起婚内财产分割之诉前，

[①] 《2021年滨州法院司法为民公正司法典型案例》，刘某某诉李某某婚内夫妻财产分割纠纷案，载《滨州日报》2022年2月25日第7版。

李某某将其账户法院未保全的剩余房屋拆迁补偿款378140元全部提取。

裁判结果：滨州经济技术开发区人民法院一审认为，李某某未经刘某某同意，将夫妻二人的100平方米安置房指标转让给孙子李某磊，系擅自转移夫妻共同财产。在二人分居期间，李某某将一审法院未保全的拆迁补偿款提走，存在独占或转移的可能性。李某某转移的财产（拆迁补偿权益）是家庭的重大财产，已严重影响到另一方的生活保障，符合《民法典》第1066条第1项规定的婚内财产分割的前提，对刘某某提出的婚内分割夫妻共同财产请求，法院予以支持。判决李某某支付刘某某房屋拆迁补偿款439070元。滨州市中级人民法院二审维持原判。

典型意义

本案是《民法典》实施元年的典型案例，《民法典》第1066条规定，夫妻关系存续期间一方有隐匿、转移、变卖、损毁、挥霍夫妻共同财产或者伪造夫妻共同债务等严重损害夫妻共同财产利益的行为时，另一方有权请求分割夫妻共同财产。

本案中，涉案的房屋拆迁款系在夫妻婚姻关系存续期间取得，虽然诉讼双方已分居，但并未解除婚姻关系。李某某在不同意离婚情况下将夫妻共有的拆迁补偿款全部提取，又未对该行为作出合理性解释，已符合婚内分割夫妻共同财产的法定情形，诉讼双方年事已高，生活自理能力受限，需要人照料，双方已持续分居，也具有分割拆迁补偿款的必要性。双方诉争的其他财产不具有分割的必要性，未予分割，以确保夫妻共同财产保障功能的实现及维护婚姻家庭的和谐与稳定。

(二) 裁判依据

《中华人民共和国民法典》

第一千零六十六条 婚姻关系存续期间，有下列情形之一的，夫妻一方可以向人民法院请求分割共同财产：

（一）一方有隐藏、转移、变卖、毁损、挥霍夫妻共同财产或者伪造夫妻共同债务等严重损害夫妻共同财产利益的行为；

（二）一方负有法定扶养义务的人患重大疾病需要医治，另一方不同意支付相关医疗费用。

《最高人民法院关于适用〈中华人民共和国民法典〉婚姻家庭编的解释（一）》

第三十八条 婚姻关系存续期间，除民法典第一千零六十六条规定情形以外，夫妻一方请求分割共同财产的，人民法院不予支持。

三、离婚纠纷

（一）最高人民法院指导案例

006 一方在离婚诉讼期间或离婚诉讼前，隐藏、转移、变卖、毁损夫妻共同财产的，离婚分割夫妻共同财产时是否可以少分或者不分[①]

雷某某诉宋某某离婚纠纷案

（最高人民法院审判委员会讨论通过　2016年9月19日发布）

关键词：民事/离婚/离婚时/擅自处分共同财产

裁判要点

一方在离婚诉讼期间或离婚诉讼前，隐藏、转移、变卖、毁损夫妻共同财产，或伪造债务企图侵占另一方财产的，离婚分割夫妻共同财产时，依照《婚姻法》第47条的规定可以少分或不分财产。

相关法条

《中华人民共和国婚姻法》第47条

基本案情：原告雷某某（女）和被告宋某某于2003年5月19日登记结

---

① 最高人民法院指导案例66号。

婚，双方均系再婚，婚后未生育子女。双方婚后因琐事感情失和，于2013年上半年产生矛盾，并于2014年2月分居。雷某某曾于2014年3月起诉要求与宋某某离婚，经法院驳回后，双方感情未见好转。2015年1月，雷某某再次诉至法院要求离婚，并依法分割夫妻共同财产。宋某某认为夫妻感情并未破裂、不同意离婚。

雷某某称宋某某名下在中国邮政储蓄银行的账户内有共同存款37万元，并提交存取款凭单、转账凭单作为证据。宋某某称该37万元，来源于婚前房屋拆迁补偿款及养老金，现尚剩余20万元左右（含养老金14 322.48元），并提交账户记录、判决书、案款收据等证据。

宋某某称雷某某名下有共同存款25万元，要求依法分割。雷某某对此不予认可，一审庭审中其提交在中国工商银行尾号为4179账户自2014年1月26日起的交易明细，显示至2014年12月21日该账户余额为262.37元。二审审理期间，应宋某某的申请，法院调取了雷某某上述中国工商银行账号自2012年11月26日开户后的银行流水明细，显示雷某某于2013年4月30日通过ATM转账及卡取的方式将该账户内的195 000元转至案外人雷某齐名下。宋某某认为该存款是其婚前房屋出租所得，应归双方共同所有，雷某某在离婚之前即将夫妻共同存款转移。雷某某提出该笔存款是其经营饭店所得收益，开始称该笔款已用于夫妻共同开销，后又称用于偿还其外甥女的借款，但雷某某对其主张均未提供相应证据证明。另雷某某在庭审中曾同意各自名下存款归各自所有，其另行支付宋某某10万元存款，后雷某某反悔，不同意支付。

裁判结果：北京市朝阳区人民法院于2015年4月16日作出（2015）朝民初字第04854号民事判决：准予雷某某与宋某某离婚；雷某某名下中国工商银行尾号为4179账户内的存款归雷某某所有，宋某某名下中国邮政储蓄银行账号尾号为7101、9389及1156账户内的存款归宋某某所有，并对其他财产和债务问题进行了处理。宣判后，宋某某提出上诉，提出对夫妻共同财产雷某某名下存款分割等请求。北京市第三中级人民法院于2015年10月19日作出（2015）三中民终字第08205号民事判决：维持一审判决其他判项，撤销一审判决第三项，改判雷某某名下中国工商银行尾号为4179账户内的存款归雷某某所有，宋某某名下中国邮政储蓄银行尾号为7101、9389及1156账户内的存款归宋某某所有，雷某某于本判决生效之日起七日内支付宋某某12万元。

裁判理由：法院生效裁判认为：婚姻关系以夫妻感情为基础。宋某某、雷某某共同生活过程中因琐事产生矛盾，在法院判决不准离婚后，双方感情仍未好转，经法院调解不能和好，双方夫妻感情确已破裂，应当判决准予双方离婚。

本案二审期间双方争议的焦点在于雷某某是否转移夫妻共同财产和夫妻双方名下的存款应如何分割。《婚姻法》第17条第2款规定："夫妻对共同所有的财产，有平等的处理权。"第47条规定，"离婚时，一方隐藏、转移、变卖、毁损夫妻共同财产，或伪造债务企图侵占另一方财产的，分割夫妻共同财产时，对隐藏、转移、变卖、毁损夫妻共同财产或伪造债务的一方，可以少分或不分。离婚后，另一方发现有上述行为的，可以向人民法院提起诉讼，请求再次分割夫妻共同财产。"这就是说，一方在离婚诉讼期间或离婚诉讼前，隐藏、转移、变卖、毁损夫妻共同财产，或伪造债务企图侵占另一方财产的，侵害了夫妻对共同财产的平等处理权，离婚分割夫妻共同财产时，应当依照《婚姻法》第47条的规定少分或不分财产。

本案中，关于双方名下存款的分割，结合相关证据，宋某某婚前房屋拆迁款转化的存款，应归宋某某个人所有，宋某某婚后所得养老保险金，应属夫妻共同财产。雷某某名下中国工商银行尾号为4179账户内的存款为夫妻关系存续期间的收入，应作为夫妻共同财产予以分割。雷某某于2013年4月30日通过ATM转账及卡取的方式，将尾号为4179账户内的195 000元转至案外人名下。雷某某始称该款用于家庭开销，后又称用于偿还外债，前后陈述明显矛盾，对其主张亦未提供证据证明，对钱款的去向不能作出合理的解释和说明。结合案件事实及相关证据，认定雷某某存在转移、隐藏夫妻共同财产的情节。根据上述法律规定，对雷某某名下中国工商银行尾号4179账户内的存款，雷某某可以少分。宋某某主张对雷某某名下存款进行分割，符合法律规定，予以支持。故判决宋某某婚后养老保险金14 322.48元归宋某某所有，对于雷某某转移的19.5万元存款，由雷某某补偿宋某某12万元。

（二）最高人民法院公报案例及典型案例

007. 基于离婚协议对财产进行变更登记后，一方反悔不办理离婚的，该财产是否仍属于夫妻共同财产[①]

莫君飞诉李考兴离婚纠纷案

裁判摘要

> 婚姻当事人之间为离婚达成的协议是一种要式协议，即双方当事人达成离婚合意，并在协议上签名才能使离婚协议生效。双方当事人对财产的处理是以达成离婚为前提，虽然已经履行了财产权利的变更手续，但因离婚的前提条件不成立而没有生效，已经变更权利人的财产仍属于夫妻婚姻存续期间的共同财产。

原告：莫君飞。

被告：李考兴。

原告莫君飞因与被告李考兴发生离婚纠纷，向广东省怀集县人民法院提起诉讼。

[①] 参见《最高人民法院公报》2011年第12期。

原告莫君飞诉称：

原告与被告李考兴于 2002 年上半年经人介绍相识，2003 年 3 月双方登记结婚，同年 10 月 21 日生育一子李序宇。由于婚前双方缺乏了解，草率结合，婚后双方性格完全不合，被告性格自私、多疑，把妻子当作个人财产。原告作为一名教师，见到同学、同事或学生家长时，难免要互谈几句，但被告对原告的正常交往均干涉限制，对原告恶言相向，甚至侮辱原告人格。平时，原、被告之间很少谈心，原告得病，被告也漠不关心，双方根本无法建立应有的夫妻感情。2007 年暑假，原告为了家庭生活及缓解夫妻矛盾，向被告提出外出做家教，遭到被告的反对，并经原告母亲出面制止原告外出，声称"如果要外出家教，必须先办离婚手续"等等。由于原、被告夫妻感情不断恶化，双方曾于 2010 年 5 月协议离婚，但因财产等问题协商未果。2010 年 7 月，被告为在离婚时霸占夫妻共有财产，骗取原告将（2006）第 0036 号土地使用证范围内的土地使用权全部变更给被告。2010 年 8 月初，被告将原告赶出家门，并将家里的门锁全部换掉，原告被迫在外租房与儿子共同生活。原、被告的夫妻感情彻底破裂，无和好可能，原告坚决要求离婚。原、被告在夫妻关系存续期间的财产有坐落在怀城镇育秀居委会的宅基地〔（2006）第 0036 号土地使用证范围内的土地使用权〕价值 15 万元及电器、家具等，应依法分割处理。为此，特向法院提起诉讼，请求：1. 判决原告与被告离婚；2. 儿子李序宇由原告抚养，抚养费用由原、被告共同承担；3. 依法平分夫妻共同财产（价值约 15 万元）；4. 本案受理费由被告负担。

被告李考兴辩称：

原告莫君飞与被告经人介绍相识后，经一年的自由恋爱，双方对对方的性格已完全了解，应有牢固的婚前基础。婚后，双方生育有儿子李序宇，被告通过人事关系两次为原告调动工作。在 2009 年 12 月原告因病住院 15 天，被告每天陪护至原告康复，可见夫妻感情深厚、牢固。原、被告还有和好可能，被告坚决不同意离婚，请求法官多做原告的思想工作，使原告放弃离婚念头，挽救原、被告的婚姻关系。

广东省怀集县人民法院一审查明：

原告莫君飞与被告李考兴于 2002 年上半年经人介绍相识，2003 年 3 月双方登记结婚，同年 10 月 21 日生育一子李序宇。婚后，原、被告的夫妻感情较好。2007 年暑假，李考兴阻止莫君飞外出做家教，双方发生言语争执。之后，夫妻关系时好时坏。2010 年 5 月，莫君飞草拟离婚协议一份交给李考兴。李考兴答应如果儿子由其抚养和夫妻存续期间购买的宅基地（使用权登记为女方，价值 20 万元）归男方所有的，愿意去办离婚手续。同年 7 月，原、被告双方到土地管理部门将原登记在莫君飞名下的（2006）第 0036 号《土地使用证》范围内的土地使用权全部变更到李考兴名下。但是，李考兴反悔，不同意离婚。同年 8 月初，莫君飞搬离家中在外租屋居住，并向法院提起诉讼，请求判决准许离婚，并分割共同财产。

经广东省怀集县人民法院主持调解，因原告莫君飞要求离婚，被告李考兴则不同意离婚，调解未果。

本案一审的争议焦点是：原告莫君飞与被告李考兴草拟的离婚协议是否生效，变更后的财产是否仍是夫妻共同财产。

广东省怀集县人民法院一审认为：

原告莫君飞与被告李考兴经人介绍相识并恋爱，双方经一段时间相互了解并自愿登记结婚，双方具有较好的感情基础。婚后，原、被告在生活和工作上能相互扶持，双方建立有一定的夫妻感情；原、被告生育的儿子尚年幼，从双方诉讼中反映的情况，现儿子极需父母的爱护，双方离婚，对儿子会造成伤害，因此，莫君飞主张离婚的诉讼请求，不予支持。

对于双方当事人是否达成离婚协议问题。离婚协议是解除夫妻双方人身关系的协议，该协议是一种要式协议，必须经双方当事人签名确认才能生效，即双方在协议上签名画押是其成立的前提条件。否则，即使有证人在场见证，证明双方达成离婚合意，但由于一方没有在离婚协议上签名确认，在法律上该离婚协议是没有成立的。原告莫君飞某于2010年5月草拟离婚协议一份交给被告李考兴，虽然李考兴口头答应离婚，且双方履行了共同财产分割的部分，可以认定双方对离婚达成了合意，但是由于李考兴并没有在协议上签名导致离婚协议欠缺合同成立的要件，且事后李考兴反悔不愿离婚，因此不能根据仅有一方签名的离婚协议判决双方离婚。

对于双方当事人在离婚前作出的财产处理问题。本案离婚协议是属于婚内离婚协议，所谓婚内离婚协议，是指男女双方在婚姻关系存续期间，以解除婚姻关系为基本目的，并就财产分割及子女抚养问题达成的协议。婚内离婚协议是以双方协议离婚为前提，一方或者双方为了达到离婚的目的，可能在子女抚养、财产分割等方面作出有条件的让步。在双方未能在婚姻登记机关登记离婚的情况下，该协议没有生效，对双方当事人均不产生法律约束力，其中关于子女抚养、财产分割的约定，不能当然作为人民法院处理离婚案件的直接依据。原告莫君飞与被告李考兴在协议离婚过程中经双方协商对财产分割进行处理，是双方真实意思表示，并且已经进行了变更登记，但由于李考兴并未在离婚协议上签名，达不到离婚协议的成立要件，因此，该婚内离婚协议无效，即按该协议所进行的履行行为也可视为无效。虽然（2006）第0036号《土地使用证》范围内的土地使用权变更在李考兴名下，但该土地使用权还是莫君飞和李考兴婚姻存续期间的共同财产，与原来登记在莫君飞名下的性质是一样的。

综上，只要双方珍惜已建立的夫妻感情，慎重对待婚姻家庭问题，做到互相尊重、互相关心，夫妻是有和好可能的。据此，广东省怀集县人民法院依照《民事诉讼法》第128条，《婚姻法》第32条第2款的规定，于2010年12月2日判决：

驳回原告君飞某的离婚诉讼请求。

案件受理费人民币150元，由原告莫君飞负担。

一审判决后，原告莫君飞与被告考兴某均没有提起上诉，判决已经生效。

三、离婚纠纷

008. 家庭暴力中，受暴方存在过错的情况下，能否直接由施暴方抚养未成年子女[①]

基本案情：张某（女）与邹某（男）于2007年4月登记结婚，自儿子邹小某出生后张某和邹某夫妻矛盾逐渐增多。2010年6月，因张某与其他异性有不正当关系，邹某用几股电话线拧成一股抽打张某。此后，邹某经常辱骂张某，稍有不顺就动手打骂，张某因做错事在先，心中有愧，从来不会还手。2013年6、7月，邹某怀疑张某与其他男性有不正当关系，就把张某摁在家中地板上殴打，导致张某嘴部流血。2018年11月24日，邹某持裁纸刀划伤张某面部、衣服，并导致张某身体其他部位受伤，张某遂报警并进行了伤情鉴定，显示构成轻微伤。张某以邹某多年来数次对其实施家庭暴力为由，向人民法院请求离婚，并请求儿子邹小某由张某抚养。邹某认为张某出轨在先，具有过错，其与张某的争吵是夫妻之间的普通争吵行为，其对张某没有严重性、经常性、持续性的殴打、迫害，不构成家庭暴力，不同意离婚，且要求共同抚养儿子邹小某。

裁判结果：法院生效裁判认为，张某虽有过错，但邹某不能用暴力来解决问题。根据《反家庭暴力法》第2条的规定，严重性、持续性、经常性并非家庭暴力的构成要件，2018年11月24日张某所受损伤构成轻微伤，可见邹某的暴力行为已对张某的身体造成了伤害。法院认定邹某的行为构成家庭暴力。由于邹某实施家庭暴力的行为，而且双方已经分居，张某坚持要求离婚，法院判决准许双方离婚，邹小某由张某抚养，邹某于每月20日前支付邹小某抚养费1000元，直至邹小某年满18周岁为止。

[①] 《中国反家暴十大典型案例（2023年）》（最高人民法院2023年6月15日发布），张某与邹某离婚纠纷案，载最高人民法院网站，https://www.court.gov.cn/zixun/xiangqing/403572.html？eqid=d68903dd00001396-00000005648c0500，最后访问日期：2023年6月29日。

典型意义

1. 家暴行为证据的采纳与认定具有特殊性。家庭暴力往往具有私密性，目睹家庭暴力的极可能仅有未成年子女，导致许多家庭暴力难以得到及时认定和处理。本案中，人民法院委托家事调查员与邹小某进行谈话，邹小某对家事调查员表示其曾看到过一次父母在家吵架，父亲打了母亲，母亲的嘴部流血，综合邹某承认其与张某确实发生争吵伴有肢体接触，其对张某有压制行为，并看到张某嘴部流血，法院认定2013年6、7月邹某实施了家暴行为。法院采纳未成年子女提供的与其年龄、智力相适应的证言，在能与其他证据相印证达到较大可能性标准的情况下，认定施暴人的家暴行为，既有利于充分保护受暴者，同时对涉家暴纠纷审判实践也具有指导意义。

2. 受暴方是否有过错，殴打行为是否具有严重性、经常性、持续性均不是认定家庭暴力的构成要件。《反家庭暴力法》第2条规定："本法所称家庭暴力，是指家庭成员之间以殴打、捆绑、残害、限制人身自由以及经常性谩骂、恐吓等方式实施的身体、精神等侵害行为。"因此，家庭成员之间一方以殴打方式对另一方身体实施了侵害行为，即构成家庭暴力。本案中，邹某以张某有过错，其行为不具有严重性、经常性、持续性为由主张不构成家庭暴力，没有任何法律依据，亦不符合反家庭暴力法的立法精神和目的。

3. 实施家庭暴力是离婚法定事由，应依法判决离婚，及时阻断家庭暴力。审判实践中，对于初次起诉离婚，又无充分证据证明双方感情确已破裂的，人民法院本着维护婚姻家庭稳定的原则，一般判决不予离婚。但是，根据《民法典》第1079条第3款第2项规定："有下列情形之一，调解无效的，应准予离婚：……（二）实施家庭暴力或者虐待、遗弃家庭成员；……"因此，对于存在家庭暴力等离婚法定事由的，即便是初次起诉离婚，也应当准予离婚。邹某在婚姻关系存续期间，对张某实施家庭暴力，张某坚决要求离婚，即使邹某不同意离婚，法院也应依法判决双方离婚，及时遏制家庭暴力。

4. 根据最有利于未成年人原则，施暴方一般不宜直接抚养未成年子女。在处理离婚纠纷涉子女抚养权归属时，是否存在家庭暴力是确定子女抚养权归属的重要考量因素。审判实践中，施暴者往往辩称家暴行为只存在于夫妻之间，并不影响其对孩子的感情，甚至以希望孩子有完整的家庭为由，拒绝离婚。但是，家庭暴力是家庭成员之间的严重侵害行为，未成年子女目睹施暴过程会给其内心造成极大的心理创伤，目睹家庭暴力的未成年人实际上也是家庭暴力的受害者。因此，若父母一方被认定构成家暴，无论是否直接向未成年子女施暴，如无其他情形，一般认定施暴方不宜直接抚养未成年子女。本案中，张某仅有邹小某一子，邹某与前妻另育有一子，加之邹小某在张某、邹某分居后一直居住在张某父母家，由外公、外婆、舅舅等照顾日常生活起居，已适应了目前的生活、学习环境，为有利于儿童身心健康及防止家庭暴力的代际传递，法院认定邹小某应由张某抚养为宜。

从国际标准看，《联合国消除对妇女一切形式歧视公约》及其一般性建议框架要求，"在针对妇女的暴力（包括家庭暴力）案件中，决定监护权和探视权时应考虑受害人和儿童的权利安全"。本案裁判中考虑到儿童身心健康及预防家庭暴力的代际传递，判决由张某获得抚养权，这一裁判符合国际标准。

009. 涉家暴离婚案件审理必须多举措实现案结事了[1]

基本案情：经李某某（女）申请，人民法院于2018年5月2日作出人身安全保护令民事裁定，禁止郑某某（男）对李某某实施殴打、威胁、谩骂等家庭暴力行为。2018年6月8日李某某起诉离婚，7月23日两位书记员上门送达诉讼资料时，郑某某多次语言威胁并将留置的资料掷回书记员。7月25日两名法官、两名法警、一名书记员一行共计5人向郑某某送达诉讼资料，郑某某继续大吵大闹，拍桌子、辱骂送达的工作人员，近一个小时未能送达诉讼资料。

李某某与郑某某共生育了三名子女，李某某提供了诊断报告书、疾病证明书、报警回执、病历、鉴定意见书、受伤照片等证据，证实2018年2月7日、2018年4月21日、2018年4月25日、2018年5月2日郑某某多次对其实施殴打。经询，三名子女均表示选择与李某某共同生活。双方要求分割的夫妻共同财产为七套房屋。郑某某在庭审中明确表示不同意离婚，如果离婚要求三个孩子的抚养权。

裁判结果：法院于2018年12月作出民事判决书：认定李某某提供的证据足以证实郑某某长期实施家庭暴力，准予双方离婚；尊重三个孩子的意愿，再结合郑某某存在家庭暴力的情形，从有利于子女身心健康角度出发，三名子女均由李某某直接抚养，被告郑某某每月支付孩子抚养费；四套房产归郑某某所有，三套房产归李某某所有。

---

[1] 《中国反家暴十大典型案例（2023年）》（最高人民法院2023年6月15日发布），李某某与郑某某离婚纠纷案，载最高人民法院网站，https://www.court.gov.cn/zixun/xiangqing/403572.html？eqid=d68903dd0000-139600000005648c0500，最后访问日期：2023年6月29日。

三、离婚纠纷

> **典型意义**
>
> 1. 重拳出击，让施暴人感受到司法的强硬。对李某某的人身安全保护令申请，法院发出人身安全保护令。李某某于2018年4月27日向法院申请人身安全保护令，法院于2018年5月2日作出人身安全保护令民事裁定，裁定禁止郑某某对李某某实施殴打、威胁、谩骂等家庭暴力行为。之后李某某又于2018年10月18日申请变更人身安全保护令，法院进行了审查认为李某某的申请合理合法，裁定予以准许，并作出民事裁定书裁定禁止郑某某对李某某及其三个子女实施殴打、威胁、谩骂等家庭暴力行为；禁止郑某某骚扰、跟踪、接触李某某及其子女。
>
> 此外，坚决惩处郑某某阻碍司法工作的行为。法院工作人员在2018年07月23日和2018年7月25日依法向郑某某送达诉讼资料时，郑某某两次对负责送达的司法工作人员进行威胁，阻碍司法工作人员执行职务。考虑到郑某某有家暴的前科，又目无法纪，威胁送达人员，如果不能坚决制止他的嚣张气焰，那么本案开庭、审理、判决都将无法顺利进行，更无法保障女方和孩子的人身安全，因此合议庭在第二次送达的现场合议后认为郑某某已经阻碍司法工作人员执行职务，符合司法拘留的情形，且现场还有刀具等物品，危险性极高，决定先将郑某某带回法院。郑某某被押回法院后仍毫无悔意，经合议庭合议，并报院长批准，决定对郑某某司法拘留15日。司法拘留让郑某某有了敬畏之心，之后基本能理性沟通，态度明显好转，为今后案件处理打下了坚实的基础。
>
> 2. 柔性司法，让受暴人感受司法的温暖。在审理方式上，虽然司法拘留之后郑某某也没有再敢对女方及孩子实施暴力，但为了确保庭审安全，合议庭决定采取隔离审判的模式，将李某某及其诉讼代理人安排在另外一个审判庭，由专门的社工陪同，通过远程技术进行网上开庭，申请了两名法警执庭，并从大门口安检开始就对郑某某保持高度戒备。确保庭审的顺

利进行。庭审后安排李某某及其委托诉讼代理人先签笔录，并从安全通道先行离开法院，避免与郑某某接触。

从国际标准看，此举措符合《联合国消除一切形式妇女歧视公约》要求中"司法部门对针对妇女的暴力（包括家庭暴力）有足够警觉，起诉及时，并且一致把保障妇女的生命权和身心健康放在公认的重要位置"，即从隔离审判、社工陪同、法警执庭等多方面考虑到妇女的安全，司法机关有足够的警觉并采取了积极措施，此举措符合国际标准要求。

启动心理干预程序。鉴于郑某某存在严重家暴，且现有证据已经反映家暴行为对三个孩子，尤其是大女儿造成了严重的心理创伤，在案件审理过程中，就安排心理干预老师对三个孩子和李某某进行心理干预。其中李某某、二女儿和小儿子的心理状况基本健康，大女儿的心理问题较为严重，存在情绪偏激的情况，甚至还说出如果郑某某再对家人实施暴力就要杀了他这样的话。针对此种情况，对大女儿展开了连续五次的心理干预，使大女儿能将情绪完全发泄出来，并理性地看待整个事情，取得了较好的效果。从国际标准看，这一举措符合《联合国消除针对妇女一切形式歧视公约》建议"针对妇女的暴力（包括家庭暴力）的受害人可以获得公安部门、检察机关及法院等部门链接的医疗、法律与社会服务"这一国际标准要求。

3. 寻求他力，合作实现案结事了。宣判当天，为了防止郑某某宣判后可能因对判决不满，而再次对李某某及孩子实施暴力，法院还给李某某住所地的派出所和居委会发出防止民转刑的函，说明郑某某所具有的高度人身危险性，请求他们共同予以高度关注，及时预警、及时出警，共同防止暴力。同时，宣判后法官、书记员引导郑某某通过上诉来表达意见，郑某某在上诉期内上诉，二审维持了一审判决，之后郑某某也没有对法官、法院、女方和孩子有暴力或威胁，实现了案结事了。

010. 家庭暴力具有较高的私密性和隐蔽性，法院可以通过积极举措降低家庭暴力事实的证明难度，平衡双方当事人之间的地位，对于认定家暴事实的，迅速作出离婚判决[①]

基本案情：马某某（女）以丁某某（男）性格暴躁，多次对其实施家庭暴力为由诉至法院要求离婚，丁某某否认其实施了家暴行为，且不同意离婚。马某某提交了多次报警记录，证明其曾因遭受家庭暴力或面临家庭暴力现实危险而报警，并提供病历和伤情鉴定证明其受伤情况，丁某某未提交任何证据佐证其抗辩意见。

裁判结果：法院生效裁判认为，原告马某某主张丁某某对其实施暴力，并提交了相关佐证证据，虽丁某某予以否认，但马某某提交的病历资料及鉴定文书中均有"全身多处软组织挫伤"等表述，而丁某某对于马某某的伤情并未给予合理解释，综合双方的陈述以及马某某提交的证据可以确认，丁某某在其与马某某发生矛盾的过程中，确实动手殴打了马某某。法院根据家暴事实的认定，并综合经审理查明的其他事实，认定双方的夫妻感情确已破裂，判决准予离婚。

> **典型意义**
>
> 1. 涉家庭暴力案件中，法院根据医疗机构的诊疗记录、伤情鉴定意见，可以认定申请人遭受家庭暴力或者面临家庭暴力现实危险的事实存在。本案中，马某某和丁某某对于家庭暴力发生的事实和经过的说法不一致，马某某对每一次家暴事实进行了详细且符合逻辑的描述，丁某某仅表述为双方"互有推搡""搂抱"，基于马某某提交的病历资料及鉴定文书中均有

[①] 《中国反家暴十大典型案例（2023年）》（最高人民法院2023年6月15日发布），马某某诉丁某某离婚案，载最高人民法院网站，https：//www.court.gov.cn/zixun/xiangqing/403572.html？eqid=d68903dd0000-139600000005648c0500，最后访问日期：2023年6月29日。

"全身多处软组织挫伤"等表述，丁某某虽否认家暴行为，但对于马某某的伤情并未给予合理解释，考虑到马某某作为受害人能够提供相关证据并合理陈述，其陈述可信度要高于丁某某的陈述。该做法也符合 2022 年 7 月最高人民法院发布的《关于办理人身安全保护令案件适用法律若干问题的规定》中有关证据认定的制度规定。

2. 查清家庭暴力事实需要法官加大依职权探究力度。普通的民事诉讼，往往采用辩论主义，但要查清家庭暴力，则更需要法官依职权去探究相关事实及调取证据。本案中，马某某提交的证据并不足以证实其遭受到了家庭暴力，但法院根据其提交的证据，并结合其陈述，对于其主张的每一次家暴事实进行了仔细询问和追问，并对其最早一次遭受家暴以及自认为最严重的一次家暴等关键事实进行了询问，马某某均给予了详细且符合逻辑的描述，通过对家暴细节进行主动调查，又根据受害人陈述可信度较高的原则，进而可以有助于家庭暴力事实的认定。

家庭暴力具有较高的私密性和隐蔽性，受害人普遍存在举证困难的问题。在涉家暴案件的审理过程中，法院可以通过积极举措降低家庭暴力事实的证明难度，平衡双方当事人之间的地位，对于认定家暴事实的，迅速作出离婚判决。本案中，法院适用一定条件下的举证责任转移及加大职权探知力度，更有利于保护在互动关系中处于弱势的家暴受害人，从而达到遏制并矫正家暴施暴人的强势控制行为，体现法院在处理涉家暴案件中的公正理念，保证裁判的公信力。

三、离婚纠纷

011. 滥施"家规"构成家庭暴力吗[①]

基本案情：原告陈某转、被告张某强于1988年8月16日登记结婚育有女儿张某某（已成年）。因经常被张某强打骂，陈某转曾于1989年起诉离婚，张某强当庭承认错误保证不再施暴后，陈某转撤诉。此后，张某强未有改变，依然要求陈某转事事服从。稍不顺从，轻则辱骂威胁，重则拳脚相加。2012年5月14日，张某强认为陈某转未将其衣服洗净，辱骂陈某转并命令其重洗。陈某转不肯，张某强即殴打陈某转。女儿张某某在阻拦过程中也被打伤。2012年5月17日，陈某转起诉离婚。被告张某强答辩称双方只是一般夫妻纠纷，保证以后不再殴打陈某转。庭审中，张某强仍态度粗暴，辱骂陈某转，又坚决不同意离婚。

裁判结果：法院经审理认为，家庭暴力是婚姻关系中一方控制另一方的手段。法院查明事实说明，张某强给陈某转规定了很多不成文家规，如所洗衣服必须让张某强满意、挨骂不许还嘴、挨打后不许告诉他人等。张某强对陈某转的控制还可见于其诉讼中的表现，如在答辩状中表示道歉并保证不再殴打陈某转，但在庭审中却对陈某转进行威胁、指责、贬损，显见其无诚意和不思悔改。遂判决准许陈某转与张某强离婚。一审宣判后，双方均未上诉。

一审宣判前，法院依陈某转申请发出人身安全保护裁定，禁止张某强殴打、威胁、跟踪、骚扰陈某转及女儿张某某。裁定有效期六个月，经跟踪回访确认，张某强未违反。

[①] 《最高人民法院公布十起涉家庭暴力典型案例》，陈某转诉张某强离婚纠纷案，载《最高人民法院公报》2015年第2期。

（三）裁判依据

《中华人民共和国民法典》

第一千零七十六条 夫妻双方自愿离婚的，应当签订书面离婚协议，并亲自到婚姻登记机关申请离婚登记。

离婚协议应当载明双方自愿离婚的意思表示和对子女抚养、财产以及债务处理等事项协商一致的意见。

第一千零七十七条 自婚姻登记机关收到离婚登记申请之日起三十日内，任何一方不愿意离婚的，可以向婚姻登记机关撤回离婚登记申请。

前款规定期限届满后三十日内，双方应当亲自到婚姻登记机关申请发给离婚证；未申请的，视为撤回离婚登记申请。

第一千零七十八条 婚姻登记机关查明双方确实是自愿离婚，并已经对子女抚养、财产以及债务处理等事项协商一致的，予以登记，发给离婚证。

第一千零七十九条 夫妻一方要求离婚的，可以由有关组织进行调解或者直接向人民法院提起离婚诉讼。

人民法院审理离婚案件，应当进行调解；如果感情确已破裂，调解无效的，应当准予离婚。

有下列情形之一，调解无效的，应当准予离婚：

（一）重婚或者与他人同居；

（二）实施家庭暴力或者虐待、遗弃家庭成员；

（三）有赌博、吸毒等恶习屡教不改；

（四）因感情不和分居满二年；

（五）其他导致夫妻感情破裂的情形。

一方被宣告失踪，另一方提起离婚诉讼的，应当准予离婚。

经人民法院判决不准离婚后，双方又分居满一年，一方再次提起离婚诉讼的，应当准予离婚。

《中华人民共和国涉外民事关系法律适用法》

第二十三条　夫妻人身关系，适用共同经常居所地法律；没有共同经常居所地的，适用共同国籍国法律。

第二十四条　夫妻财产关系，当事人可以协议选择适用一方当事人经常居所地法律、国籍国法律或者主要财产所在地法律。当事人没有选择的，适用共同经常居所地法律；没有共同经常居所地的，适用共同国籍国法律。

第二十五条　父母子女人身、财产关系，适用共同经常居所地法律；没有共同经常居所地的，适用一方当事人经常居所地法律或者国籍国法律中有利于保护弱者权益的法律。

第二十六条　协议离婚，当事人可以协议选择适用一方当事人经常居所地法律或者国籍国法律。当事人没有选择的，适用共同经常居所地法律；没有共同经常居所地的，适用共同国籍国法律；没有共同国籍的，适用办理离婚手续机构所在地法律。

第二十七条　诉讼离婚，适用法院地法律。

《中华人民共和国军人地位和权益保障法》

第四十一条　国家对军人的婚姻给予特别保护，禁止任何破坏军人婚姻的行为。

《最高人民法院关于适用〈中华人民共和国民法典〉婚姻家庭编的解释（一）》

第一条　持续性、经常性的家庭暴力，可以认定为民法典第一千零四十二条、第一千零七十九条、第一千零九十一条所称的"虐待"。

第二条　民法典第一千零四十二条、第一千零七十九条、第一千零九十一条规定的"与他人同居"的情形，是指有配偶者与婚外异性，不以夫妻名义，持续、稳定地共同居住。

第三条　当事人提起诉讼仅请求解除同居关系的，人民法院不予受理；已经受理的，裁定驳回起诉。

当事人因同居期间财产分割或者子女抚养纠纷提起诉讼的，人民法院应当受理。

第六十二条 无民事行为能力人的配偶有民法典第三十六条第一款规定行为，其他有监护资格的人可以要求撤销其监护资格，并依法指定新的监护人；变更后的监护人代理无民事行为能力一方提起离婚诉讼的，人民法院应予受理。

第六十三条 人民法院审理离婚案件，符合民法典第一千零七十九条第三款规定"应当准予离婚"情形的，不应当因当事人有过错而判决不准离婚。

四、离婚后财产纠纷

（一）地方法院典型案例

012. 协议离婚后，一方是否有义务协助另一方办理不动产变更登记手续[①]

基本案情：原告李某与被告林某原系夫妻关系，2018年4月3日因双方感情不和，已在温岭市民政部门办理离婚手续，并对婚姻关系存续期间的共同财产进行处理，将坐落于贵州省安顺市普定县的房屋约定归原告所有，房屋按揭贷款由原告支付。现原告已还清房屋贷款，需办理房屋过户手续，但被告拒不履行配合办理，侵害了原告合法权益。原告诉至贵州省安顺市普定县人民法院请求：1. 判令被告履行《离婚协议书》第三条即配合原告办理商品房过户手续，将该房产变更到原告名下；2. 案件受理费由被告承担。被告林某未作答辩。

裁判要旨

贵州省安顺市普定县人民法院认为，原告李某与被告林某原系夫妻关系，双方于2018年4月3日在温岭市民政局办理了离婚登记，并达成《离

[①] 《省法院发布第二批弘扬社会主义核心价值观典型案例》，（贵州省高级人民法院2020年5月27日发布），李某诉林某离婚后财产纠纷案，载贵州高院微信公众号，https://mp.weixin.qq.com/s/jUg3uh57AEpplbewJaBJwQ，最后访问日期：2023年7月3日。

婚协议书》，内容为：一、男女双方自愿离婚；二、婚生女抚养权归男方，并跟随男方生活；三、婚姻关系存续期间共同财产坐落于某某房屋归女方所有，房屋按揭贷款由女方支付；四、婚姻关系存续期间的债权、债务由男方享有承担，与女方无关。同时，温岭市民政局发给离婚证。此后，原告将该房屋按揭贷款还清，并于 2018 年 12 月从银行取回该房屋房产证。现原告要将该房屋过户到自己名下，被告不予配合办理。原告诉至法院。根据《婚姻法》第 31 条"男女双方自愿离婚的，准予离婚。双方必须到婚姻登记机关申请离婚。婚姻登记机关查明双方确实是自愿并对子女和财产问题已有适当处理时，发给离婚证。"和《婚姻法解释（二）》第 8 条"离婚协议中关于财产分割的条款或者当事人因离婚就财产分割达成的协议，对男女双方具有法律约束力。当事人因履行上述财产分割协议发生纠纷提起诉讼的，人民法院应当受理"的规定，原、被告自愿协议离婚，双方达成的财产分割协议即案涉房屋归原告所有，对双方具有法律约束力。根据《物权法》第 9 条"不动产物权的设立、变更、转让和消灭，经依法登记，发生效力；未经登记，不发生效力，但法律另有规定的除外。依法属于国家所有的自然资源，所有权可以不登记"的规定，该房屋所有权现登记为原、被告共有，而双方在协议离婚时将房屋约定归原告所有。现原告要求被告协助办理房屋变更登记手续，符合法律规定，法院予以支持。

裁判结果：依照《物权法》第 9 条，《婚姻法解释（二）》第 8 条的规定，判决：被告林某在本判决生效之日起三十日内协助原告李某办理所有权归原告李某所有的变更登记手续。

典型意义

现实生活中，多数夫妻在离婚时，通过双方沟通协商，达成一致意见后，到民政部门办理协议离婚手续。但由于大多数人法律意识不强，法律知识不足，达成的协议经常会因为不够准确、具体，导致有操作性，为双方今后产生新的矛盾埋下隐患。本案中，双方当事人在协议离婚时，就共同财产房屋一套进行了分割，但未及时到相关部门办理过户登记手续，一直搁置不管，直到发现没有办理过户登记存在种种不便时，才要求对方协助办理过户手续，此时难度较大，容易引发诉讼。本案判决要求被告协助原告办理房屋过户手续，维护了原告的合法权益。同时，也提醒大家，在拟定离婚协议时，内容应具体明确且具有可操作性，特别是涉及不动产房屋转移时，一定要按照法律规定，及时到不动产登记机关办理相应手续，以保护自己的合法权益，为社会创造安定和谐的环境。

013. 婚前财产婚后加名，离婚时加名一方能否要求均分[①]

基本案情：石某（男）与周某（女）于2016年2月登记结婚。婚前，石某母亲全资为儿子购买房屋一套。2018年办理房屋产权登记时，石某将周某登记为房屋共同共有人，后双方产生矛盾分居。2021年9月，周某诉至法院要求离婚并主张分割案涉房屋50%的份额。石某认为案涉房屋系母亲赠与自己的，不应作为夫妻共同财产分割，且周某在离婚前两年内存在转移夫妻共同财产的行为。

裁判结果：江苏省徐州市泉山区人民法院经审理认为，石某与周某婚后缺乏沟通交流，夫妻感情出现隔阂，双方已分居两年，感情确已破裂，应准予离婚。案涉房屋虽系石某母亲于双方婚前出资为石某购买，但在婚姻关系存续期间登记在双方名下，应认定为夫妻共同财产。综合考虑购房出资情况、

[①]《江苏法院发布家事纠纷典型案例（2021—2022年度）《（2023年3月7日发布），婚前房产婚后加名，考虑实际出资不均分，载江苏法院网，http://www.jsfy.gov.cn/article/95069.html，最后访问日期：2023年6月29日。

双方婚姻关系存续时间、双方对离婚均有过错以及周某存在转移夫妻共同财产的行为等情形，遂判决：准予石某与周某离婚，案涉房屋归石某所有，石某支付周某房屋价值25%的补偿。周某不服一审判决，提出上诉。江苏省徐州市中级人民法院判决驳回上诉，维持原判。

> **典型意义**
>
> 　　赠与合同是赠与人将自己的财产无偿给予受赠人，受赠人表示接受赠与的合同。本案中，虽然案涉房屋系石某母亲于双方婚前出资为石某购买，但石某在婚后办理房屋产权登记时的加名行为应视为对周某的赠与，案涉房屋由个人财产变更为夫妻共同财产。
>
> 　　《民法典》第1087条第1款规定："离婚时，夫妻的共同财产由双方协议处理；协议不成的，由人民法院根据财产的具体情况，按照照顾子女、女方和无过错方权益的原则判决。"本案裁判并未机械对半分割夫妻共同财产，而是综合考虑购房出资、婚姻存续时间、离婚原因、女方存在转移夫妻共同财产的行为等因素确定女方获得25%的房屋价值补偿，既体现了对过错行为的归责，又有效防止在房价畸高情形下可能导致的利益失衡，平衡了双方利益，具有较好的社会价值导向。

014. 夫妻一方在离婚诉讼期间隐瞒夫妻共同财产，另一方在离婚后发现该共同财产的，是否可以请求分割[①]

基本案情：梁某与李某诉讼离婚后，以李某在离婚诉讼期间隐瞒已就原夫妻共同所有的两处房屋签订拆迁补偿协议的事实，隐藏并转移拆迁补偿款

[①] 《2022年湖北省高级人民法院少年审判工作新闻发布会典型案例》（2022年6月1日发布），李某乐等与梁某离婚后财产纠纷案，载湖北省高级人民法院网站，http://www.hbfy.gov.cn/DocManage/ViewDoc?docId=05563956-0630-4c7c-a7de-81360ac0aa83，最后访问日期：2023年6月29日。

四、离婚后财产纠纷

为由,提起离婚后财产纠纷诉讼,要求分割房屋拆迁补偿款。一审法院判决后,李某不服,提出上诉。二审期间,李某去世,其母亲刘某以及两未成年子女李某乐、李某欢为其法定继承人。二审法院为此征求三位法定继承人意见,是否继续参加本案诉讼。刘某表示参加诉讼并坚持被继承人李某提出的上诉请求;李某乐、李某欢的母亲,即本案被上诉人梁某作为二人的法定监护人,代为表示放弃被继承人李某的上诉请求。

裁判结果:二审法院经审查认为,李某乐、李某欢作为李某的法定继承人继承李某在本案中的诉权后,与其法定监护人、本案被上诉人梁某的诉讼地位对立,且与其存在利益冲突。从实体利益分析,涉案房屋拆迁补偿款中亦包含两未成年子女应享有的拆迁补偿利益。李某去世后两未成年子女抚养问题尚未确定,家庭矛盾较大。现梁某作为两未成年人的监护人代为放弃上诉请求,不利于其未成年子女利益保护。为全面保护李某乐、李某欢诉权和实体权益,二审法院决定在本案中引入"未成年人利益代表人制度",积极联合当地妇联,委托妇联指派未成年人利益代表人,由未成年人利益代表人作为独立的诉讼主体直接参与诉讼。二审法院经审理,在确认李某乐、李某欢享有房屋拆迁安置利益40余万元的前提下,判决梁某应分得属于夫妻共同财产的房屋拆迁补偿款的60%款项。

典型意义

维护未成年人利益最大化是联合国《儿童权利公约》确立的一项基本原则,我国未成年人保护法也明确了未成年人特殊、优先保护原则。家事案件审理中,通常由未成年人的父母作为监护人,但父母有时为了各自利益所作决定并非以子女最大利益为出发点,未成年子女的利益因此遭受损害,我国现行诉讼制度尚未对此给出解决路径。本案系湖北省首例未成年人利益代表人参与诉讼的案件,法院在本案中引入"未成年人利益代表人制度",探索了第三人担任未成年人利益代表人,在诉讼中维护未成年人独立地位和权利的可能性，契合了家事审判改革的基本目标，未成年人利益代表人代表未成年人的利益实施相关诉讼活动，切实保障了未成年人的实体和程序权益，实现了对未成年人的全面保护。

015. 离婚协议中的财产处理部分属于撤销权的行使范畴吗[①]

上诉人（原审被告）：郭某莉，女，1979年5月9日出生，汉族，住北京市北京经济技术开发区。

委托诉讼代理人：殷某，广东某（北京）律师事务所律师。

被上诉人（原审原告）：计某汉，男，1968年12月14日出生，汉族，住河北省邯郸市邯山区。

委托诉讼代理人：王某静，北京市某律师事务所律师。

原审被告：陈某浪，男，1980年6月27日出生，汉族，住浙江省三门县。

上诉人郭某莉因与被上诉人计某汉、原审被告陈某浪债权人撤销权纠纷一案，不服北京市大兴区人民法院（2021）京0115民初7433号民事判决，向本院提起上诉。本院于2021年7月7日立案后，依法组成合议庭对本案进行了审理。本案现已审理终结。

郭某莉上诉请求：撤销一审判决，改判驳回计某汉一审全部诉讼请求，或发回一审法院重新审理；一、二审诉讼费用由计某汉承担。主要事实和理由：

一、一审法院认定事实错误，作出相应判决有误。其一，一审法院通过（2020）京0115执4397号案件执行过程中陈某浪无财产可供执行，即认定陈

[①] 北京市第二中级人民法院（2021）京02民终10017号民事判决书，载中国裁判文书网，最后访问日期：2023年7月3日。

某浪本人并未从离婚协议中获得合理的份额属于认定事实错误。1. 离婚协议书不适用于债务人无偿转让财产的情形。离婚协议书系夫妻双方对解除婚姻关系、子女抚养、财产分割等问题达成的一揽子解决方法，是基于特殊人身关系以解除婚姻关系为前提，包含对夫妻关系及子女抚养等因素综合考量之后达成的整体方案，并非单纯处分财产的协议。如果片面孤立地以一方在离婚时分配财产的状况来判断其处分行为有偿、无偿或者对一方债权人造成损害，是对婚姻制度的庸俗化、片面化理解，既忽略婚姻关系的社会属性和精神价值，也对夫妻另一方不公平。本案中的离婚协议书同理，不适用于债务人无偿转让财产的情形。2. 杭州千某网络科技有限公司（以下简称千某公司）的股权属于财产性利益，随着公司的经营情况等因素的影响，其经济价值会发生变动，不能只根据2020年6月12日对股权的执行情况来判断2018年7月19日签订《离婚协议书》时，陈某浪得到公司股权但未从离婚协议中获得合理的份额，而应当对《离婚协议书》签订之时该涉诉股权价值来判断陈某浪是否在《离婚协议书》中获得合理的份额。郭某莉申请法院对签订《离婚协议书》时千某公司的股权价值状况进行评估鉴定，主要从当时公司的业绩走向、流量和曝光度等多方面进行评估鉴定，进而认定陈某浪在离婚协议书中是否获得了合理份额。3. 判断陈某浪是否在离婚协议书中获得了合理份额还要进行综合考量，因为夫妻离婚协议不仅包含对共同实体财产的分割，还包含对财产性利益的分割，隐含着关于人身关系的约定，是一个复杂的、综合的、对婚姻存续期间整体的清算和分割过程。具体而言包括以下几点：（1）关于抚养费的问题，离婚协议书约定陈某浪不承担两孩子的抚养费用，而由郭某莉独立承担抚养费，该笔费用应当计算至两孩子成年，其中包含两孩子的保姆费用、延续私立学校教育标准的费用、延续目前两孩子生活开销标准的支出等，其中的开销是巨大的，该笔费用实际是陈某浪放弃房产，将房产归郭某莉所有产生的对价，双方在离婚协议中达成的利益交换，即陈某浪放弃房产而由郭某莉负担两孩子抚养费、承担房屋还贷债务。因此，该笔费用足以证明离婚协议书中对财产的处分不符合能够行使债权人撤销权的法定情形，不属于明显不合理转让财产的情形。（2）离婚协议书属于当事人的意思自治，陈某浪由于外遇属于过错方，依法应当少分或者不分财产，单纯判断是否平等分割进而判断陈某浪是否获得合理份额是贸然的，是不负责任的。离婚协议书中的财产处分是否合理，应当考量陈某浪对婚姻的背叛应当对郭某莉承担精神补偿的部分。（3）虽然双方在离婚协议书中约定房产皆属于郭某莉，但是房产在婚姻存续期间皆由郭某莉承担还贷责任，离婚以后也由郭某莉承担巨额的还贷压力，这也应当属于陈某浪在离婚协议书中获得的利益，这部分也应当作为是否符合债权人撤销权构成要件的评价要素。（4）不应当单纯从离婚协议对财产的处分判断债务人是否不合理转移财产，而应当从离婚协议书对婚姻存续期间的整体清算上进行评价，在婚姻存续期间郭某莉明显对夫妻的生活贡献更大，在结婚之前年收入180万到240万元区间，而陈某浪的公司当时经营状况不佳，郭某莉经常资助陈某浪，在夫妻双方的孩子的生育、哺乳期开销等诸多方面，有证据证明皆由郭某莉一人的收入负担，在涉案借款发生之前，双方早在2017年夏天即感情破裂，双方多次发生冲突（有损坏的家具及当时保姆的证人证言可以证明该事实），双方对离婚已经达成一致，只是对财产分割还未达成书面协议，2018年4月陈某浪对外负担债务，在双方感情破裂的情况下，郭某莉毫无理由帮助陈某浪逃避债务，更不存在恶意、无偿转让财产的任何可能。综上所述，应当综合考量离婚协议书中涉及财产性利益、财产处分、精神损害赔偿等方面在离婚协议来判断是否符合债权人撤销权构成要件的问题。经考量后，郭某莉认为离婚协议书中其实不涉及无偿转让财产的问题，反而郭某莉很可能受有重大损失。其二，本案涉及的债务实际属于计某汉对千某公司的投资款。计某汉债权涉及款项皆用于千某公司运营，系陈某浪代表千某公司与计某汉间达成的公司投资款项，计某汉与千某公司签订有《股东出资协议书》。陈某浪、计某汉同为千某公司的股东（计某汉为隐名股东），双方虽然签订了借条，但郭某莉认为本案所涉及的陈某浪对计某汉的债务明显不真实，该笔借款名义上是借款实际是计某汉对千某公司的投资。陈某浪对此借款是否有义务归还尚不明确，要求郭某莉以其财产对此部分借款清偿更无道理。

二、计某汉诉讼主张缺乏事实和法律依据。其一，计某汉主张2019年12月10日才知道陈某浪与郭某莉离婚明显不真实。债权人与陈某浪、郭某莉夫妻为邻居，且双方私交甚好，其对陈某浪、郭某莉夫妻离婚一事早已知情。债权人在诉讼的过程中不断主张自己对其二人离婚一事不知情，要求郭某莉以其合理分得的房产清偿欠款，本质上是计某汉投资失败，为了转嫁商业风险，利用诉讼手段恶意侵害郭某莉私有财产和合法权益。其二，计某汉诉称的恶意串通毫无事实根据和法律依据。民法上的"恶意串通"指的是意思主义的恶意，指动机不良，即合同当事人为一方私利，损害他人利益为目的。1. 郭某莉对本案所涉债务并不知情，不存在恶意逃避的主观基础，如上文所述，双方早已感情破裂，且2019年7月24日郭某莉已经再婚，不存在假借离婚逃避债务的逻辑基础。调解书所涉债务用于千某公司进货，并非用于郭某莉家庭生活，款项流转也没有通过陈某浪，而是计某汉妻子直接转给了案外人张某船，郭某莉不知情。判决书所涉债务也是用于千某公司，郭某莉不是公司股东，也不参与公司经营。郭某莉对案涉借款缺乏知情条件，不可能存在损害第三人利益的动机。另外，该笔投资款发生在2018年3月26日，2018年7月19日双方协议离婚，在此期间陈某浪由于婚外感情问题早已与郭某莉分居，在离婚协议书签订时，计某汉未就上述两笔款项向法院提起诉讼，郭某莉不知情符合常理。计某汉作为郭某莉的邻居，对于借款事实有条件告知郭某莉却不告知，直到强制执行遇到困难时才转向郭某莉，且第二笔借款系在第一笔款项已经到期未还情况下发生，计某汉更应谨慎行事，但其始终未告知郭某莉，计某汉亦未提交证据证明郭某莉对此知情，其关于郭某莉与陈某浪恶意串通的主张缺乏事实依据。2. 依据本案现有证据不足以证明在签订离婚协议时双方主观上对所谓的"债务"实际是投资款项存在恶意串通或主观上具有逃避债务的恶意。

三、一审法院适用法律错误。首先是关于离婚协议书中财产变动的约定是否为无偿行为的问题。一审法院在初次审理判决书中作出了详细论述，结论是《离婚协议书》中财产变动的约定依法不属于无偿行为，郭某莉认为该论述事实理由充分，不应当在发回重审后推翻。其次，撤销权不适用于婚姻关系中离婚协议中的相关约定，在整个离婚协议中，关于人身关系的约定及财产关系的约定是相辅相成、互相依存的，如关于子女抚养关系的约定与房产归属的约定中存在着不可分割的关系，不能单独评价离婚协议中财产处分的部分，更不能贸然类推适用到离婚协议中来，这是对郭某莉不公平的，也是对法律的错误理解及适用。最后，离婚协议属于双方对婚姻存续期间的整体清算，在婚姻存续期间涉案房产全部由郭某莉偿还贷款，陈某浪未支出任何费用，离婚以后虽然房产由郭某莉所有，但也需要郭某莉继续偿还大量贷款，房产实际价值远低于表象价值。且双方在离婚协议书中约定由郭某莉抚养两个孩子，并独自支出全部抚养费，还包括请保姆、报名辅导班、保险费等大量生活开销。陈某浪不承担也无能力承担任何抚养义务和生活上的物质支持，在离婚协议书中反而是郭某莉受有不公平、利益受损，而且离婚协议书对于财产的分割有别于商业性转让，追求完全对等，倾向于女方及带孩子的一方既符合常理也符合法律规定，不能完全用商业性交易思维进行判断。鉴于郭某莉、陈某浪系协议离婚，实质上系因陈某浪亲口承认在郭某莉哺乳期出轨女主播六次，导致双方感情破裂，由此陈某浪以房产份额折抵抚养费、股权价款、银行债务以及郭某莉的精神损害抚慰金。更何况，针对郭某莉主动抚养子女，陈某浪存在过错，根据法律的分割原则，郭某莉理应多分。故一审法院认定陈某浪未在离婚协议书中获得合理份额是存在很大偏颇。本案二审法院仅针对事实问题裁定发回重审，经上级法院裁定发回重审后，一审法院在查明的事实没有变化的情况下，通过简单的论述便推翻了第一次判决。

计某汉辩称：

一、一审法院认定事实清楚，适用法律正确。首先，离婚协议中有关财产的约定属于平等主体意思自治的范畴，亦应当受相关法律规范的调整。债权人撤销权，是指债权人对于债务人所实施的危害债权的行为，可请求法院予以撤销的权利。债权人是否有权对债务人离婚协议中财产约定部分提起撤销之诉，应从离婚协议的性质来看。根据规定，离婚协议是双方当事人自愿离婚的意思表示以及对子女抚养、财产及债务处理等事项协商一致而达成的意见。从协议主体来看，离婚的男女双方是身份平等的民事主体；从协议内容看，离婚协议涉及自愿离婚、子女抚养、财产及债务处理三项内容；从协议的作出方式来看，离婚协议是男女双方在自愿协商的情况下作出的。离婚协议中当事人自愿离婚的意思表示及子女抚养的约定属于夫妻和子女身份关系，不能适用合同相关法规。但财产及债务处理部分是夫妻双方在协商基础上对夫妻财产及债务的处理约定，对夫妻双方均具有约束力，其本质上属于平等主体意思自治的范畴，亦应当受合同法相关法律规范的规制。离婚协议中财产的约定损害了债权人的利益，债权人可以申请撤销。在离婚协议中财产的约定明显不合理的情况下，势必会造成作为债务人的夫妻一方的财产非正常减少，导致其偿付债务的能力下降，进而损害债权人的合法权益。根据上述规定，此种情况下，债权人可以申请撤销离婚协议中财产约定部分。债权人对债务人离婚协议中财产约定部分提起撤销之诉，在客观要件方面需满足：离婚协议的签订是在债权成立之后；离婚协议中财产约定部分明显不合理，亦即，使债务人的责任财产非正常减少；因此导致债务人偿债能力下降，不能偿付债权。本案中，陈某浪、郭某莉在离婚协议中约定将夫妻的共有财产："存款、家用电器、家具、金银首饰、宝马525轿车、大兴某路219.29平方米住房、三亚凤凰水城72.24平方米住房等"价值将近2000万元，全部归女方所有（未包括夫妻共同存款，郭某莉、陈某浪年家庭收入近200万元，具体数额可通过调取银行存款账户予以查清），男方"净身出户"未分得任何夫妻共同财产，导致其名下无任何可供执行的财产，明显损害债权人的合法权益,债权人依法可以行使撤销权,原审法院适用法律正确。

二、郭某莉已经客观认可其构成无偿转让财产的情形。郭某莉在上诉状第 2 页中称:"1. 离婚协议书不适用于债务人无偿转让财产的情形。离婚协议书系夫妻双方对解除婚姻关系、子女抚养、财产分割等问题达成的一揽子解决方法……"从郭某莉这一上诉理由的前提可知,郭某莉事实上已经认可了陈某浪和郭某莉构成无偿转让财产。

三、郭某莉称对涉案债务不知情不符合常理。从原一、二审庭审情况来看,千某公司的《股东出资协议书》《合伙人协议》《借条》《电子银行回单》等均为计某汉与陈某浪之间的协议书,在一审庭审中,计某汉询问陈某浪有无该证据的原件,陈某浪回答没有该证据原件,但该《股东出资协议书》《合伙人协议》《借条》《电子银行回单》的原件却出现在郭某莉的证据中,并当庭提交,该情形与《离婚协议书》中其他部分约定的"杭州千林网络有限公司一直由男方经营、女方从未参与该公司的任何经营行为"的内容,明显存在矛盾。一个声称从未参与千某公司任何经营的案外人竟然掌握千某公司的重要商业原件。郭某莉不仅参与了千某公司的经营而且对债务一清二楚。另外,事实上,陈某浪不仅持有千某公司的股权,其还持有上海某望文化传播有限公司 80%的股权,上海某热贸易有限公司 100%的股权,并担任该三家企业的法定代表人。其中,上海某热贸易有限公司是陈某浪和郭某莉共同经营的公司,主要通过电视购物给环球购物供货,而郭某莉是该公司电视购物主播,通过上海某热贸易有限公司销售产品。以上证据均可以充分地证明郭某莉对涉案债务不仅知情,而且存在恶意串通,逃避债务的情形。

四、涉案两笔债务事实清楚。陈某浪涉案的两笔债务已经由生效判决所确定,事实清楚,陈某浪应当予以偿还。

陈某浪述称:郭某莉不知道借款的事情,也没有参与过千某公司的经营。陈某浪离婚的时候没有任何东西。确实还有两个婚前公司,与郭某莉没有关系。离婚是因为陈某浪的过错。房子是郭某莉付的首付。郭某莉的收入比陈某浪稳定,陈某浪不能保证每个月支付稳定的抚养费。

计某汉向一审法院提出诉讼请求:1. 判令撤销陈某浪、郭某莉于2018年7月19日签署的《离婚协议书》中对夫妻共同财产分割的处理(撤销范围以原调解书、判决书所确定的债权数额为限);2. 判令陈某浪、郭某莉承担律师费35000元;3. 诉讼费用由陈某浪、郭某莉负担。

一审法院认定事实如下:2020年6月2日,计某汉以债权人撤销权纠纷为由将陈某浪、郭某莉起诉至法院,诉讼请求为:1. 判令撤销陈某浪、郭某莉于2018年7月19日签署的《离婚协议书》中第二项和第三项;2. 判令陈某浪、郭某莉承担律师费35000元;3. 诉讼费用由陈某浪、郭某莉负担。

原审认定事实:陈某浪与郭某莉在2013年10月26日办理结婚登记。2018年4月2日,陈某浪、张某船、王某向计某汉借款100万元,款项由计某汉妻子转账给张某船,2018年6月1日借款期限届满。2019年3月11日,针对该笔借款纠纷,经法院主持调解当事人自愿达成如下协议:陈某浪与王某共同偿还计某汉借款本金30万元及利息3万元;于2019年3月至8月每月偿还5万元,于9月偿还3万元;如没有按期支付,以应偿还的借款本金数额为基数,自逾期之日按照年利率24%给付逾期付款利息。同日,法院制作(2019)京0115民初4525号民事调解书。因陈某浪未按调解书履行义务,计某汉向法院申请强制执行,立案日期为2019年9月4日,案号为(2019)京0115执9499号。2019年10月22日,法院针对陈某浪作出限制消费令。在该案执行中,法院将郭某莉名下位于北京市北京经济技术开发区某街1号院11号楼7层至8层703房(以下简称703房)予以查封,郭某莉对此提出书面异议,认为陈某浪的债务系个人债务,涉案房屋虽系共同财产,但在离婚时约定由郭某莉个人所有,故请求法院中止执行,解除对房屋的查封。2020年1月10日,法院作出执行裁定认为,陈某浪与计某汉债务发生在婚姻关系存续期间,涉案房屋亦系婚姻关系存续期间购买,系共同财产,陈某浪在借款到期后离婚并约定涉案房屋归郭某莉所有,有逃避债务的嫌疑,故对郭某莉的要求不予支持，裁定驳回郭某莉的异议请求。郭某莉向一审法院提起案外人异议之诉，截止本案法院辩论终结时，该案正在审理中。2018年6月14日，陈某浪作为借款人、王某作为担保人向计某汉出具借条，载明计某汉借给陈某浪70万元，借款期限自2018年6月14日至12月13日，借款用途为千某公司短期资金周转。2020年2月28日，针对该笔借款纠纷，法院作出（2020）京0115民初914号民事判决，判令借款人陈某浪偿还计某汉借款本金55万元及借款利息。因陈某浪未履行判决书确定的给付义务，计某汉向法院申请强制执行，立案日期为2020年5月18日，案号为（2020）京0115执4397号。由于陈某浪无财产可供执行，法院于2020年6月12日裁定终结本次执行。2018年7月19日，陈某浪与郭某莉签订离婚协议书，内容如下：1.子女抚养：儿子（2014年6月8日出生）、女儿（2017年9月16日出生）归郭某莉抚养，陈某浪不付抚养费。2.财产分割：存款、家用电器、家具、金银珠宝首饰归女方所有，某品牌525轿车归女方所有。3.房产处理：703房、三亚市3号楼1301房（以下简称1301房）均归女方所有。4.债务处理：703房的贷款、1301房的房贷均由女方归还。5.其他：千某公司一直由男方经营，女方从未参与该公司的任何经营行为，双方一致同意男方所持有的该公司股权及收益、债务全部归男方所有。同日，陈某浪、郭某莉在民政局办理离婚登记并取得离婚证。2020年5月28日，计某汉与北京市某律师事务所就本案诉讼签订法律服务合同，代理费为固定金额35000元，于本合同签订时支付。2020年6月1日，该律所向计某汉开具两张发票，项目为法律咨询、律师费，金额合计35000元。另查明，某品牌525轿车系在陈某浪与郭某莉办理结婚登记前以郭某莉名义贷款购买。703房系2015年以郭某莉名义签订合同购买，用途为办公，首付款3393308万元由郭某莉的账户支付，贷款人为郭某莉，贷款金额339万元，放款日期2015年10月20日，贷款期数120个月，在办理离婚登记时贷款余额2631973.85元。1301房系2017年以郭某莉名义签订合同购买，首付款840000元，贷款人为郭某莉，贷款金额125万元。在与陈某浪于 2018 年 7 月 19 日离婚后，郭某莉于 2019 年 7 月 24 日已经再婚。一审诉讼中，郭某莉提交收据、转账记录，证明其子幼儿园学费每年 74550 元，其女已经向幼儿园支付定金，学费标准相同；提交微信聊天截图，证明其子家教费用每月 8400 元；提交扫码付费账单清单，证明其女早教费为每年 20000 元；提交微信收款截图、银行转账截图、保姆证人证言，证明郭某莉为两个孩子每月支付保姆费 12000 元；提交人寿保险证书，证明其女子的保险费支出共计 166813 美元/约 116 万元。以上证据综合证明两个子女的抚养费很高，郭某莉单独抚养需要付出极大精力和财力。再查明，2018 年 3 月 26 日，计某汉与千某公司签订股东出资协议书约定，计某汉向千某公司认缴出资额 20 万元，实缴 50 万元，付至陈某浪个人账户。

原审法院认为：根据法律规定，因债务人放弃其到期债权或者无偿转让财产，对债权人造成损害的，债权人可以请求人民法院撤销债务人的行为。债务人以明显不合理的低价转让财产，对债权人造成损害，并且受让人知道该情形的，债权人也可以请求人民法院撤销债务人的行为。对于夫妻间变动财产归属的行为，债权人是否可以通过债权人撤销权予以撤销，应根据债务性质予以区别对待。如债务属于夫妻共同债务，从而夫妻间对该债务负担连带给付义务，夫或者妻个人的全部财产均系担保该债权实现的责任财产，故财产在夫妻间的归属变动不影响债权人的整体责任财产范围，对债权人没有造成损害，不符合债权人撤销权的构成要件。相反，债务不属于夫妻共同债务，而是夫或者妻个人债务的，财产在夫妻间发生归属变动会影响债务人清偿能力，对债权人造成损害，故应进一步审查夫妻间财产变动行为是否属于法律规定的无偿转让财产或者以明显不合理的低价转让财产。因此，本案的裁判涉及以下问题：涉案债务的性质为个人债务还是夫妻共同债务；离婚协议书所涉财产为个人财产还是夫妻共同财产；离婚协议书关于财产变动的约定是有偿行为还是无偿行为；如果是有偿行为，是否属于不合理低价。第一，计某汉的债权是否为夫妻共同债务。本案中，计某汉的债权有两笔：一是经法院民事调解书所记载的债权；二是法院民事判决确认的债权。在以上两起案件中，郭某莉均不是案件被告，对于郭某莉是否属于共同债务人，尚无法院作出生效裁判，故本案对此应予认定。涉案两笔借款债务均系陈某浪在其和郭某莉婚姻关系存续期间以个人名义所负债务，且金额超出了家庭日常生活需要，而计某汉未能证明借款用于夫妻共同生活、共同生产经营或者基于夫妻双方共同意思表示，故两笔债务不属于夫妻共同债务，系陈某浪的个人债务，郭某莉对此不负有清偿义务。第二，离婚协议书所涉财产是否为夫妻共同财产。依据相关法律规定，夫妻在婚姻关系存续期间所得的财产原则上为夫妻共同所有，除非双方另行作出书面约定。本案中，陈某浪与郭某莉并未签订婚后财产归各自所有的书面协议。离婚协议书所涉财产包括以下内容：存款、家用电器、家具、金银珠宝首饰、某品牌525轿车、703房、1301房。虽然离婚协议书未明确记载上述财产是否为夫妻共同所有，但既然离婚协议书未载明其为个人财产，而明确将其作为财产分割对象，应推定为夫妻共同所有，除非陈某浪或郭某莉证明属于其个人所有。存款、家用电器、家具认定为夫妻共同财产符合社会一般认知；金银珠宝首饰应根据其具体价值判断其是否属于一方专用的生活用品，但本案中陈某浪或郭某莉没有证据证明金银珠宝首饰的具体价值，故认定为夫妻共同所有较妥；某品牌525轿车系双方结婚登记前以郭某莉名义购买，为郭某莉个人财产；两套房屋均购买于夫妻关系存续期间，虽然以郭某莉名义购买，也系由郭某莉账户向银行偿还房贷，但是购买名义以及还款情况并不影响该房屋成为夫妻共同财产的事实。综上，存款、家用电器、家具、金银珠宝首饰以及两套房屋属于夫妻共同财产，某品牌525轿车系郭某莉婚前个人财产。离婚协议书关于某品牌525轿车的约定，并未变动陈某浪的财产状况，故未对计某汉的债权造成损害。第三，离婚协议书关于财产变动的约定是否为无偿行为。如上所述，存款、家用电器、家具、金银珠宝首饰以及两套房屋属于夫妻共同财产，陈某浪对以上财产享有财产份额，离婚协议书关于存款、家用电器、家具、金银珠宝首饰以及两套房屋归郭某莉所有的约定，属于陈某浪处分自身财产份额的行为。关于该行为是否属于无偿行为问题，法律并未对有偿或者无偿的概念作出界定，一般是根据合同相对方取得合同权益是否需要付出相应对价或者代价予以判断。所谓对价或者代价，并不限定于财产的转移，还包括提供劳务等可用财产衡量的行为；受领对价的对象可以是合同直接相对方，也可以是双方约定的第三人。本案中，从离婚协议书来看，虽然存款、家用电器、家具、金银珠宝首饰以及两套房屋归郭某莉所有，但郭某莉并非没有承担任何义务，因为离婚协议书同时约定两套房屋的全部剩余贷款均由郭某莉负担。尽管离婚协议书关于贷款债务的约定不具有对抗贷款债权人的效力，但通过该约定，在陈某浪与郭某莉之间形成债权债务关系，或者由郭某莉实际偿还全部贷款，使得陈某浪免于偿还债务从而受有利益，或者在陈某浪偿还后向郭某莉取得追偿权，无论如何，郭某莉都系贷款债务的最终承担者，这属于其取得陈某浪财产份额的对价或者代价，故离婚协议书关于财产变动的约定不是无偿行为。第四，郭某莉所付出的对价或者代价是否构成不合理低价。是否构成不合理低价，举证责任由计某汉负担。郭某莉依据离婚协议书所取得的是存款、家用电器、家具、金银珠宝首饰以及两套房屋中原本属于陈某浪所有的财产份额。本案中，没有证据证明存款、家用电器、家具、金银珠宝首饰的具体金额。两套房屋虽然购于夫妻关系存续期间，但在2018年7月19日离婚时，尚有较大数额的贷款未清偿，而按照离婚协议书约定，上述贷款均由郭某莉负责偿还，相较于郭某莉所取得的财产份额而言，上述贷款余额并不构成不合理低价的情形。综上，计某汉在本案中行使债权人撤销权，不符合法律规定的条件，对其诉讼请求，原审法院不予支持。据此，原审法院于2020年9月27日作出（2020）京0115民初10474号民事判决，判决驳回计某汉的全部诉讼请求。

原审判决作出后，计某汉上诉于北京市第二中级人民法院。北京市第二中级人民法院经审理认为，计某汉在二审中提出调查取证申请，本案需对陈某浪、郭某莉《离婚协议书》的真实性以及涉案债务是否属于夫妻共同债务等事实进一步审查认定。据此，北京市第二中级人民法院于2020年12月30日作出（2020）京02民终10889号民事裁定书，裁定：一、撤销北京市大兴区人民法院（2020）京0115民初10474号民事判决；二、本案发回北京市大兴区人民法院重审。

本案系上述案件发回重审后的案件。审理中，一审法院依法调取了陈浪静、郭某莉在民政局留档的《离婚协议书》。经审查，原审提交的《离婚协议书》与一审法院调取的《离婚协议书》核对无异。当事人在本案中提交的证据与原审一致。另查，千某公司于2018年1月26日成立，股东分别为张凯健（45%的股权）、陈某浪（45%的股权）、陈路路（10%的股权）。

一审庭审中，关于涉案借款的性质，计某汉主张应为夫妻共同债务，最终以法院认定为准；郭某莉主张是陈某浪的个人债务，郭某莉主张其对涉案借款并不知情。关于债权金额，计某汉主张截至本案一审庭审时债权金额为150万元左右。关于《离婚协议书》中所分割的房产的价值，郭某莉主张703房的购买价格为678万元，截至原审开庭时的贷款余额为260多万，1301房的购买价格为209万元，贷款余额为117万余元；计某汉主张703房的现值大概为800万元，如法院要求对撤销权行使的标的进行选择，则优先选择703房。关于《离婚协议书》中所分割的千某公司的股权，计某汉主张在执行案件中，千某公司的股权查封了，但是没有执行到财产。

一审法院认为，根据我国民事诉讼法的规定，当事人有答辩并对对方当事人提交的证据进行质证的权利，陈某浪经一审法院合法传唤，无正当理由未按时到庭参加诉讼，视为其放弃答辩和质证的诉讼权利。

《时间效力规定》第1条第2款规定："民法典施行前的法律事实引起的民事纠纷案件，适用当时的法律、司法解释的规定，但是法律、司法解释另有规定的除外。"本案中《离婚协议书》的签订时间及计某汉行使撤销权的时间均于民法典施行之前，故本案应当适用当时的法律、司法解释的规定。

《民法典》第 539 条规定："债务人以明显不合理的低价转让财产、以明显不合理的高价受让他人财产或者为他人的债务提供担保，影响债权人的债权实现，债务人的相对人知道或者应当知道该情形的，债权人可以请求人民法院撤销债务人的行为。"《民法典》第 540 条规定："撤销权的行使范围以债权人的债权为限。债权人行使撤销权的必要费用，由债务人负担。"本案争议焦点是陈某浪与郭某莉签订的《离婚协议书》是否存在陈某浪放弃财产的行为并损害了债权人计某汉的债权。对此，该院认为，首先，本案中，计某汉仍未能提交证据证明陈某浪以个人名义所负超出家庭日常生活所需的涉案借款用于夫妻共同生活、共同生产经营或者基于夫妻双方共同意思表示，故对于计某汉关于涉案借款应为夫妻共同债务的主张，该院不予支持。其次，《离婚协议书》分割的房产系陈某浪与郭某莉婚内购买，为夫妻关系存续期间的共同财产。离婚协议书约定将房产均归郭某莉所有，陈某浪放弃所有权，构成了陈某浪将夫妻共同财产中属于自己的财产部分无偿转让给郭某莉的行为。陈某浪虽在离婚时分得千某公司的股权，但（2020）京 0115 执 4397 号案件执行过程中，由于陈某浪无财产可供执行，法院于 2020 年 6 月 12 日裁定终结本次执行。据此，该院认为陈某浪本人并未从离婚协议中获得合理的份额，《离婚协议书》客观上使得陈某浪可供偿还债务的财产数额降低，并导致其无力清偿其所欠计某汉之债务。综上，该院认为，陈某浪与郭某莉签订的《离婚协议书》对共同财产的分割行为损害了计某汉的债权，故计某汉依法可以请求法院撤销陈某浪、郭某莉之间相应的财产分割行为。撤销权的行使范围应以债权人的债权为限。本案中计某汉要求撤销《离婚协议书》中关于财产分割的所有约定，其主张已经超出了其债权金额。经该院释明后，计某汉主张优先选择撤销对 703 房的分割。对此，该院认为，703 房的价值虽然超过了计某汉主张的债权金额，但综合考虑房屋的不可分割性，对于计某汉的该项主张，该院予以支持。债权人行使撤销权的必要费用，由债务人负担。计某汉要求陈某浪赔偿行使撤销权支出的律师费 35000 元符合法律规定，该院予以支持。

综上,一审法院缺席判决如下:一、撤销陈某浪与郭某莉于2018年7月19日签订的《离婚协议书》中关于北京市北京经济技术开发区某街1号院11号楼7层至8层703房的分割约定;二、陈某浪于本判决生效后十日内向计某汉赔偿行使撤销权支出的律师费35000元;三、驳回计某汉的其他诉讼请求。如果未按判决指定的期间履行给付金钱义务,应当依照《民事诉讼法》第253条之规定,加倍支付迟延履行期间的债务利息。

本院经审理查明:二审中,郭某莉主张因陈某浪的过错导致离婚,其应少分或不分财产,并向本院提交吵架时家具损坏照片、证人证言予以证明,计某汉对上述证据的真实性不认可;主张两个孩子的抚养费达千万元,并向本院提交租房、家教等证据,计某汉对上述证据的真实性不认可;主张陈某浪婚前债务、夫妻共同债务由郭某莉婚后偿还,并向本院提交打款记录等证据,计某汉对上述证据的真实性认可,但不认可关联性。

陈某浪与郭某莉在2013年11月26日办理结婚登记,一审法院就此认定有误,本院予以纠正。

计某汉申请本院调取郭某莉名下四张银行卡交易明细以确认离婚协议签订时的余额。

本院认为,首先,离婚协议中有关财产的约定属于平等主体意思自治的范畴,是否应当受《民法典》上述规定的调整。债权人撤销权,是指债权人对于债务人所实施的危害债权的行为,可请求法院予以撤销的权利。债权人是否有权对债务人离婚协议中财产约定部分提起撤销之诉,从离婚协议的性质来看,离婚协议是双方当事人自愿离婚的意思表示以及对子女抚养、财产及债务处理等事项协商一致而达成的意见;从协议主体来看,离婚的男女双方是身份平等的民事主体;从协议内容看,离婚协议涉及自愿离婚、子女抚养、财产及债务处理三项内容;从协议的作出方式来看,离婚协议是男女双方在自愿协商的情况下作出的。离婚协议中当事人自愿离婚的意思表示及子女抚养的约定属于夫妻和子女身份关系，不能适用合同相关法律，但财产及债务处理部分是夫妻双方在协商基础上对夫妻财产及债务的处理约定，对夫妻双方均具有约束力，其本质上属于平等主体意思自治的范畴，亦应当受合同相关法律的规制。其次，离婚协议中财产的约定损害了债权人的利益，债权人是否可以申请撤销。在离婚协议中财产的约定明显不合理的情况下，势必会造成作为债务人的夫妻一方的财产非正常减少，导致其偿付债务的能力下降，进而损害债权人的合法权益。根据上述规定，此种情况下，债权人可以申请撤销离婚协议中财产约定部分。最后，债权人对债务人离婚协议中财产约定部分提起债权人撤销之诉需要满足的条件，在客观要件方面需满足：离婚协议的签订是在债权成立之后；离婚协议中财产约定部分明显不合理，使债务人的责任财产非正常减少；债务人因此导致偿债能力下降，不能偿付债权。在主观要件方面来讲，夫妻双方对财产分割明显不合理，致使夫妻一方财产减少，另一方受益，而这种受益多数情况下是无偿的，所以无需考虑债务人配偶的主观态度。

关于离婚协议中的财产分割是否明显不合理，需要具体情况具体分析。比如，夫妻双方离婚过程中，因债务人一方存在明显过错或孩子由债务人配偶抚养等原因，导致债务人财产少分的，只要比例在合理范围内，不应当认定为"无偿转让财产"情形，需要根据财产金额、分配比例、离婚背景等具体情况来作出判断。本案中，一方面，经生效裁判文书确认，计某汉对陈某浪享有的两笔债权发生在陈某浪与郭某莉签订离婚协议之前；另一方面，根据陈某浪与郭某莉签订的离婚协议书，郭某莉分得存款、家用电器、家具、金银珠宝首饰以及两套房屋，同时承担两套房子的剩余贷款，陈某浪分得千某公司股权，无须支付孩子的抚养费。首先，703房屋购买价格约678万元，签订离婚协议时贷款余额约260万元，基于北京房地产市场价格未曾明显下降，陈某浪就该套房屋应分得约200万元。其次，1301房屋于2017年购买，价格为209万，贷款125万元，签订离婚协议时，陈某浪就该套房屋应分得约 40 万元。再次，千某公司注册资本 100 万元，陈某浪认缴 45%，并未实缴，且在签订离婚协议前，将其中 20% 股权转让给了计某汉，参照陈某浪与计某汉签订股权转让协议书价格，千某公司股权价值（除去认缴额）约为 40 万元，陈某浪多分股权价值约 20 万元。最后，两位未成年的子女的抚养费，在离婚协议签订时，未有证据显示陈某浪有稳定高额的收入，抚养费应当酌情予以确定，显然不能以郭某莉主张的标准计算。基于上述情形，且不考量郭某莉分得的存款、家用电器、家具等财产价值，郭某莉与陈某浪签署《离婚协议书》将夫妻共同财产中主要且大额财产约定归郭某莉所有，实际系将夫妻共同财产中属于陈某浪所有的部分无偿转让给郭某莉所有，使郭某莉取得的夫妻共同财产在价值上远远多于陈某浪取得的夫妻共同财产，客观上减少了陈某浪应取得的可供偿债的财产价值，并致使计某汉对郭某莉的债权无法实现，该行为应认定为陈某浪"无偿转让财产"，侵害了计某汉债权的实现，计某汉有权申请撤销。

计某汉申请本院调取郭某莉名下四张银行卡交易明细以确认离婚协议签订时的余额，该证据并不影响本案的处理结果，故本院不予准许。

综上所述，郭某莉的上诉请求不成立，一审法院认定事实清楚，适用法律正确，判决结果并无不当。依照《民事诉讼法》第 170 条第 1 款第 1 项规定，判决如下：

驳回上诉，维持原判。

二审案件受理费 70 元，由郭某莉负担（已交纳）。

本判决为终审判决。

（二）裁判依据

《中华人民共和国民法典》
第一千零九十二条 夫妻一方隐藏、转移、变卖、毁损、挥霍夫妻共同财产，或者伪造夫妻共同债务企图侵占另一方财产的，在离婚分割夫妻共同财产时，对该方可以少分或者不分。离婚后，另一方发现有上述行为的，可以向人民法院提起诉讼，请求再次分割夫妻共同财产。

《最高人民法院关于适用〈中华人民共和国民法典〉婚姻家庭编的解释（一）》

第六十九条　当事人达成的以协议离婚或者到人民法院调解离婚为条件的财产以及债务处理协议，如果双方离婚未成，一方在离婚诉讼中反悔的，人民法院应当认定该财产以及债务处理协议没有生效，并根据实际情况依照民法典第一千零八十七条和第一千零八十九条的规定判决。

当事人依照民法典第一千零七十六条签订的离婚协议中关于财产以及债务处理的条款，对男女双方具有法律约束力。登记离婚后当事人因履行上述协议发生纠纷提起诉讼的，人民法院应当受理。

第七十条　夫妻双方协议离婚后就财产分割问题反悔，请求撤销财产分割协议的，人民法院应当受理。

人民法院审理后，未发现订立财产分割协议时存在欺诈、胁迫等情形的，应当依法驳回当事人的诉讼请求。

第七十一条　人民法院审理离婚案件，涉及分割发放到军人名下的复员费、自主择业费等一次性费用的，以夫妻婚姻关系存续年限乘以年平均值，所得数额为夫妻共同财产。

前款所称年平均值，是指将发放到军人名下的上述费用总额按具体年限均分得出的数额。其具体年限为人均寿命七十岁与军人入伍时实际年龄的差额。

第七十二条　夫妻双方分割共同财产中的股票、债券、投资基金份额等有价证券以及未上市股份有限公司股份时，协商不成或者按市价分配有困难的，人民法院可以根据数量按比例分配。

第七十三条　人民法院审理离婚案件，涉及分割夫妻共同财产中以一方名义在有限责任公司的出资额，另一方不是该公司股东的，按以下情形分别处理：

（一）夫妻双方协商一致将出资额部分或者全部转让给该股东的配偶，其他股东过半数同意，并且其他股东均明确表示放弃优先购买权的，该股东的配偶可以成为该公司股东；

（二）夫妻双方就出资额转让份额和转让价格等事项协商一致后，其他股东半数以上不同意转让，但愿意以同等条件购买该出资额的，人民法院可以对转让出资所得财产进行分割。其他股东半数以上不同意转让，也不愿意以同等条件购买该出资额的，视为其同意转让，该股东的配偶可以成为该公司股东。

用于证明前款规定的股东同意的证据，可以是股东会议材料，也可以是当事人通过其他合法途径取得的股东的书面声明材料。

第七十四条 人民法院审理离婚案件，涉及分割夫妻共同财产中以一方名义在合伙企业中的出资，另一方不是该企业合伙人的，当夫妻双方协商一致，将其合伙企业中的财产份额全部或者部分转让给对方时，按以下情形分别处理：

（一）其他合伙人一致同意的，该配偶依法取得合伙人地位；

（二）其他合伙人不同意转让，在同等条件下行使优先购买权的，可以对转让所得的财产进行分割；

（三）其他合伙人不同意转让，也不行使优先购买权，但同意该合伙人退伙或者削减部分财产份额的，可以对结算后的财产进行分割；

（四）其他合伙人既不同意转让，也不行使优先购买权，又不同意该合伙人退伙或者削减部分财产份额的，视为全体合伙人同意转让，该配偶依法取得合伙人地位。

第七十五条 夫妻以一方名义投资设立个人独资企业的，人民法院分割夫妻在该个人独资企业中的共同财产时，应当按照以下情形分别处理：

（一）一方主张经营该企业的，对企业资产进行评估后，由取得企业资产所有权一方给予另一方相应的补偿；

（二）双方均主张经营该企业的，在双方竞价基础上，由取得企业资产所有权的一方给予另一方相应的补偿；

（三）双方均不愿意经营该企业的，按照《中华人民共和国个人独资企业法》等有关规定办理。

第七十六条 双方对夫妻共同财产中的房屋价值及归属无法达成协议时，人民法院按以下情形分别处理：

（一）双方均主张房屋所有权并且同意竞价取得的，应当准许；

（二）一方主张房屋所有权的，由评估机构按市场价格对房屋作出评估，取得房屋所有权的一方应当给予另一方相应的补偿；

（三）双方均不主张房屋所有权的，根据当事人的申请拍卖、变卖房屋，就所得价款进行分割。

第七十七条 离婚时双方对尚未取得所有权或者尚未取得完全所有权的房屋有争议且协商不成的，人民法院不宜判决房屋所有权的归属，应当根据实际情况判决由当事人使用。

当事人就前款规定的房屋取得完全所有权后，有争议的，可以另行向人民法院提起诉讼。

第七十八条 夫妻一方婚前签订不动产买卖合同，以个人财产支付首付款并在银行贷款，婚后用夫妻共同财产还贷，不动产登记于首付款支付方名下的，离婚时该不动产由双方协议处理。

依前款规定不能达成协议的，人民法院可以判决该不动产归登记一方，尚未归还的贷款为不动产登记一方的个人债务。双方婚后共同还贷支付的款项及其相对应财产增值部分，离婚时应根据民法典第一千零八十七条第一款规定的原则，由不动产登记一方对另一方进行补偿。

第七十九条 婚姻关系存续期间，双方用夫妻共同财产出资购买以一方父母名义参加房改的房屋，登记在一方父母名下，离婚时另一方主张按照夫妻共同财产对该房屋进行分割的，人民法院不予支持。购买该房屋时的出资，可以作为债权处理。

第八十条 离婚时夫妻一方尚未退休、不符合领取基本养老金条件，另一方请求按照夫妻共同财产分割基本养老金的，人民法院不予支持；婚后以夫妻共同财产缴纳基本养老保险费，离婚时一方主张将养老金账户中婚姻关系存续期间个人实际缴纳部分及利息作为夫妻共同财产分割的，人民法院应予支持。

第八十一条 婚姻关系存续期间，夫妻一方作为继承人依法可以继承的遗产，在继承人之间尚未实际分割，起诉离婚时另一方请求分割的，人民法院应当告知当事人在继承人之间实际分割遗产后另行起诉。

第八十二条 夫妻之间订立借款协议，以夫妻共同财产出借给一方从事个人经营活动或者用于其他个人事务的，应视为双方约定处分夫妻共同财产的行为，离婚时可以按照借款协议的约定处理。

第八十三条 离婚后，一方以尚有夫妻共同财产未处理为由向人民法院起诉请求分割的，经审查该财产确属离婚时未涉及的夫妻共同财产，人民法院应当依法予以分割。

第八十四条 当事人依据民法典第一千零九十二条的规定向人民法院提起诉讼，请求再次分割夫妻共同财产的诉讼时效期间为三年，从当事人发现之日起计算。

五、离婚后损害责任纠纷

（一）地方典型案例

016. 婚姻关系存续期间，一方又与他人生育子女的，无过错方可以要求精神损害赔偿[①]

上诉人（原审原告）：张某涛，男，1982年1月9日出生，汉族，住山东省潍坊市寒亭区某街道某村198号。

委托诉讼代理人：赵某山，山东某律师事务所律师。

被上诉人（原审被告）：殷某芳，女，1983年12月26日出生，汉族，住山东省潍坊市潍城区某街道某村。

上诉人张某涛因与被上诉人殷某芳离婚后损害责任纠纷一案，不服山东省潍坊市潍城区人民法院（2022）鲁0702民初3084号民事判决，向本院提起上诉。本院受理后，依法组成合议庭进行了审理。本案现已审理终结。

张某涛上诉请求：1. 撤销潍城区人民法院作出的（2022）鲁0702民事判决，依法改判或发回重审；2. 一、二审诉讼费用全部由被上诉人承担。事实和理由：一审法院怠于调查取证，系适用法律错误。1. 上诉人请求确认其与张某玥是否具有亲子关系，是典型的涉及身份关系的纠纷，而且，上诉人在立案时已向法院提交了书面的亲子鉴定申请，但一审以被上诉人"明确拒

[①] 山东省潍坊市中级人民法院（2022）鲁07民终10368号民事判决书，载中国裁判文书网，最后访问日期：2023年7月3日。

绝配合"为由认为上诉人"未提供其他必要证据否认与张某玥的亲子关系",而驳回上诉人的诉讼请求,系适用法律错误。根据《民事诉讼法》第 67 条第 2 款"当事人及其诉讼代理人因客观原因不能自行收集的证据,或者人民法院认为审理案件需要的证据,人民法院应当调查收集"等的规定,在被上诉人多次在庭审中承认张某玥不是上诉人亲生的情况下,上诉人有充分的理由怀疑,与张某玥系非亲子关系,那么,亲子关系鉴定就成了《民事诉讼法》第 67 条第 2 款规定的"审理案件需要的证据",按照该条规定,人民法院应当依职权调查收集,而不能因被上诉人明确拒绝为由而怠于调查收集。2. 被上诉人在(2022)鲁 0702 民初 1314 号民事案件和本案一审中,均明确承认张某玥与上诉人不具有亲子关系,但毫无理由地拒绝配合做亲子鉴定。法院以"涉及身份关系的,不适用有关自认的规定"为由,驳回上诉人的诉讼请求,属于怠于调查取证,应当予以纠正。综上,一审法院适用法律错误,请求依法重新审理,支持上诉人的上诉请求。

被上诉人殷某芳辩称,上诉人的上诉理由不成立。

张某涛向一审法院起诉请求:1. 请求确认张某涛与张某玥非亲子关系;2. 请求判令殷某芳支付张某涛各项损失共计 162505 元;3. 请求本案所有诉讼费、鉴定费由殷某芳承担。

一审法院认定事实:张某涛、殷某芳于 2016 年 8 月 9 日登记结婚。殷某芳于 2018 年 5 月 1 日生一女张某玥,在分娩期间支出住院费用 7486.68 元。2022 年 1 月 19 日,潍坊市寒亭区人民法院出具(2021)鲁 0703 民初 4072 号民事判决书,判决张某涛与殷某芳离婚。在婚姻存续期内,双方共同抚养张某玥至两岁;支出保险费 12239.31 元(4079.77 元×3 次)。

一审法院认为,当事人对自己提出的诉讼请求所依据的事实,应当提供证据加以证明。根据《最高人民法院关于民事诉讼证据的若干规定》[①],涉及身份关系的,不适用有关自认的规定,张某涛申请对其与张某玥是否具有亲

---

① 以下简称为《民事诉讼证据的若干规定》。

子关系进行鉴定，殷某芳虽明确拒绝配合做鉴定，但张某涛亦未提供其他必要证据否认其与张某玥的亲子关系，仅以殷某芳的自认不足以推定张某涛与张某玥间不存在亲子关系，故，张某涛请求确认与张某玥间非具有亲子关系的诉讼请求证据不足，不予支持，张某涛待证据充分后，可另行主张。在现有证据未否定张某涛与张某玥间不具有亲子关系的前提下，张某涛的其他诉讼请求理由不当，不予支持。据此，依照《民事诉讼法》第67条，《民法典婚姻家庭编解释（一）》第39条，《最高人民法院关于适用〈中华人民共和国民事诉讼法〉的解释》[①] 第96条，《民事诉讼证据的若干规定》第8条之规定，判决如下：驳回张某涛的诉讼请求。案件受理费3550元，减半收取计1775元，由张某涛负担。

二审经审理查明，在原审法院（2022）鲁0702民初1314号案中，被上诉人明确陈述婚生女张某玥非上诉人亲生。本案一、二审审理中，被上诉人明确陈述婚生女非上诉人亲生，认为没有鉴定的必要，拒绝配合亲子鉴定。上诉人和被上诉人抚养张某玥期间在潍坊经济开发区的某村居住生活。

另查明，2019年山东省农村居民人均消费性支出12308.9元；2020年山东省农村居民人均消费性支出12660.4元。

本院二审查明的其他事实与一审判决认定的事实基本一致。

本院认为，《民法典婚姻家庭编解释（一）》第39条第1款规定："父或者母向人民法院起诉请求否认亲子关系，并已提供必要证据予以证明，另一方没有相反证据又拒绝做亲子鉴定的，人民法院可以认定否认亲子关系一方的主张成立。"本案中，上诉人请求确认婚生女张某玥与上诉人不存在亲子关系，被上诉人明确陈述张某玥非上诉人亲生，但拒绝做亲子鉴定，依照上述司法解释之规定，可以认定上诉人的主张成立，即应确认张某玥与上诉人不存在亲子关系。一审未予确认不当，本院予以纠正。

关于上诉人主张的被上诉人赔偿精神损失问题。上诉人、被上诉人婚姻

[①] 以下简称《民事诉讼法解释》。

存续期间，被上诉人与他人生育子女，违反婚姻忠实义务，必然造成上诉人精神损害。上诉人要求被上诉人赔偿精神损失，合法有据，依法应予支持。考虑被上诉人的过错程度、承担责任的经济能力等因素，本院酌定被上诉人赔偿上诉人精神抚慰金 10000 元。

上诉人要求被上诉人返还双方共同抚养张某玥支出的相关费用，合法有据，依法应予支持。双方共同抚养张某玥期间居住在农村，故依法可参照山东省农村居民人均消费性支出认定抚养费。张某玥出生后双方共同抚养两年，支出抚养费共计 24569.3 元（12308.9 元+12660.4 元）。另外，被上诉人在分娩期间支出住院费用 7486.68 元，共同抚养张某玥期间还支出保险费 12239.31 元。以上费用共计 44295.29 元（24569.3 元+7486.68 元+12239.31 元）。上述费用依法应认定为由夫妻共同财产支出，被上诉人应返还上诉人一半，计款 22147.65 元（44295.29 元/2）。

综上所述，上诉人张某涛的上诉请求部分成立，予以支持。依照《民法典》第 1091 条，《民法典婚姻家庭编解释（一）》第 39 条、第 88 条，《民事诉讼法》第 177 条第 1 款第三项规定，判决如下：

一、撤销山东省潍坊市潍城区人民法院（2022）鲁 0702 民初 3084 号民事判决；

二、确认上诉人张某涛与张某玥不存在亲子关系；

三、被上诉人殷某芳支付上诉人张某涛精神损害抚慰金 10000 元；

四、被上诉人殷某芳返还上诉人张某涛抚养费 22147.65 元；

以上三、四项合计 32147.65 元，于本判决生效之日起十日内付清。

五、驳回上诉人张某涛的其他诉讼请求。

如果未按本判决指定的期间履行给付金钱义务，应当依照《民事诉讼法》第 260 条规定，加倍支付迟延履行期间的债务利息。

一审案件受理费 3550 元，减半收取计 1775 元，由张某涛负担 1424 元，殷某芳负担 351 元；二审案件受理费 3550 元，由张某涛负担 2887 元，殷某芳负担663元。

本判决为终审判决。

（二）裁判依据

《中华人民共和国民法典》

第一千零九十一条 有下列情形之一，导致离婚的，无过错方有权请求损害赔偿：

（一）重婚；

（二）与他人同居；

（三）实施家庭暴力；

（四）虐待、遗弃家庭成员；

（五）有其他重大过错。

《最高人民法院关于适用〈中华人民共和国民法典〉婚姻家庭编的解释（一）》

第八十六条 民法典第一千零九十一条规定的"损害赔偿"，包括物质损害赔偿和精神损害赔偿。涉及精神损害赔偿的，适用《最高人民法院关于确定民事侵权精神损害赔偿责任若干问题的解释》的有关规定。

第八十七条 承担民法典第一千零九十一条规定的损害赔偿责任的主体，为离婚诉讼当事人中无过错方的配偶。

人民法院判决不准离婚的案件，对于当事人基于民法典第一千零九十一条提出的损害赔偿请求，不予支持。

在婚姻关系存续期间，当事人不起诉离婚而单独依据民法典第一千零九十一条提起损害赔偿请求的，人民法院不予受理。

第八十八条 人民法院受理离婚案件时，应当将民法典第一千零九十一条等规定中当事人的有关权利义务，书面告知当事人。在适用民法典第一千零九十一条时，应当区分以下不同情况：

（一）符合民法典第一千零九十一条规定的无过错方作为原告基于该条规定向人民法院提起损害赔偿请求的，必须在离婚诉讼的同时提出。

（二）符合民法典第一千零九十一条规定的无过错方作为被告的离婚诉讼案件，如果被告不同意离婚也不基于该条规定提起损害赔偿请求的，可以就此单独提起诉讼。

（三）无过错方作为被告的离婚诉讼案件，一审时被告未基于民法典第一千零九十一条规定提出损害赔偿请求，二审期间提出的，人民法院应当进行调解；调解不成的，告知当事人另行起诉。双方当事人同意由第二审人民法院一并审理的，第二审人民法院可以一并裁判。

第八十九条　当事人在婚姻登记机关办理离婚登记手续后，以民法典第一千零九十一条规定为由向人民法院提出损害赔偿请求的，人民法院应当受理。但当事人在协议离婚时已经明确表示放弃该项请求的，人民法院不予支持。

第九十条　夫妻双方均有民法典第一千零九十一条规定的过错情形，一方或者双方向对方提出离婚损害赔偿请求的，人民法院不予支持。

六、婚姻无效纠纷

（一）地方法院典型案例

017. 三代以内旁系血亲能否结婚[①]

原审原告：类某，女，1989年7月1日出生，汉族，农民，住蒙阴县。

委托诉讼代理人：石某，山东某律师事务所律师。

原审被告：罗某1，男，1986年8月14日出生，汉族，农民，住蒙阴县。

原审原告类某与原审被告罗某1宣告婚姻关系无效一案，本院于2018年12月28日作出（2018）鲁1328民初5206号民事判决书，已经发生法律效力。经本院院长提交审判委员会讨论认为，该案判决书确有错误，予以再审。本院于2021年5月6日作出（2021）鲁1328民监5号民事裁定书，裁定：本案另行组成合议庭再审。再审期间，中止原判决的执行。本院立案后，另行组成合议庭，公开开庭进行了审理。原审原告类某及其委托诉讼代理人石某到庭参加诉讼，原审被告罗某1经传唤未到庭参加诉讼。本案现已审理终结。

原审原告类某向本院提出再审申请：1. 请求撤销（2018）鲁1328民初5206号民事判决书；2. 宣告原审原告类某与原审被告罗某1宣告婚姻关系无

[①] 山东省蒙阴县人民法院（2021）鲁1328民再12号民事判决书，载中国裁判文书网，最后访问日期：2023年7月3日。

效；3. 本案诉讼费由原审被告罗某1承担。

原审被告罗某1未作答辩。

本院经审理认定事实如下：原审原告类某母亲邱某英与原审被告母亲邱某兰系同胞姊妹关系，原审原告与原审被告罗某1系姨家表兄妹，于××××年××月××日在蒙阴县民政局办理结婚登记手续。××××年××月××日生育一男孩，取名罗某2。原审原告曾诉至本院要求与原审被告罗某1离婚，本院于2018年12月28日作出（2018）鲁1328民初5206号民事判决书，判决不准离婚，已经发生法律效力。经原审原告申请，本院院长提交审判委员会讨论认为，判决书确有错误，予以再审。本院于2021年5月6日作出（2021）鲁1328民监5号民事裁定书，裁定：一、本案另行组成合议庭再审；二、再审期间，中止原判决书的执行。

上述事实，由当事人陈述、结婚证、庭审笔录及相关证据材料等予以证实，并均已收集、记录在卷。

本院认为，本案争议的焦点为类某与罗某1之间的婚姻是否有效。依据《民法典》第1051条规定，有下列情形之一的，婚姻无效：（1）重婚的；（2）有禁止结婚的亲属关系的；（3）婚前患有医学上认为不应当结婚的疾病，婚后尚未治愈的；（4）未到法定婚龄的。本案中，原审原告类某母亲邱某英与原审被告母亲邱某兰系同胞姊妹关系，原审原告类某与原审被告罗某1系姨家表兄妹，系三代以内旁系血亲，属于法律禁止结婚的亲属关系情形。故对于原审原告类某要求宣告与原审被告罗某1宣告婚姻关系无效的请求，符合法律规定，本院依法予以支持。

根据《民法典》第1048条、第1051条，《民事诉讼法》第147条之规定，判决如下：

一、撤销（2018）鲁1328民初5206号民事判决书。

二、原审原告类某与原审被告罗某1婚姻关系无效。

案件受理费100元，由原审原告类某负担50元，原审被告罗某1负担

50元。

如不服本判决，可在判决书送达之日起十五日内，向本院递交上诉状，并按对方当事人的人数提出副本，上诉于山东省临沂市中级人民法院。

018. 未离婚的情况下冒用他人身份证办理结婚登记的，构成重婚，该婚姻无效[①]

上诉人（原审原告）：雷某（曾用名雷某凤），女，1976年5月2日出生，汉族，住浙江省桐乡市。

委托诉讼代理人：戈某峰，山东某律师事务所律师。

委托诉讼代理人：孔某军，山东某律师事务所律师。

被上诉人（原审被告）：武某1，男，1982年9月20日出生，汉族，住安徽省蒙城县。

委托诉讼代理人：潘某琦，安徽某律师事务所律师。

上诉人雷某因与被上诉人武某1婚姻无效纠纷一案，不服安徽省蒙城县人民法院（2019）皖1622民初7275号之一民事判决，向本院提起上诉。本院2020年4月15日立案后，依法组成合议庭，开庭进行了审理。上诉人雷某及其委托诉讼代理人戈某峰、被上诉人武某1及其委托诉讼代理人潘某琦到庭参加诉讼。本案现已审理终结。

雷某上诉请求：1. 撤销一审判决，依法改判支持雷某的一审诉讼请求；2. 本案一审、二审诉讼费用由武某1承担。事实和理由：一、一审法院认定雷某"关于分割无效婚姻关系期间共同财产的诉讼请求"构成重复起诉，系认定事实错误。（1）本案与前案的诉讼请求不同，本案的诉讼请求在实质上没有否定前案裁判结果。前案的诉讼请求为："判决武某1协助雷某办理位于

[①] 安徽省亳州市中级人民法院（2020）皖16民终1609号民事判决书，载中国裁判文书网，最后访问日期：2023年7月3日。

蒙城县的相关过户手续",属于给付之诉。本案的诉讼请求为:"分割原、被告同居期间的共同财产",属于变更之诉。从内容上看,两个诉讼请求明显不同。前案诉讼请求的事实依据是双方在"蒙城县民政局办理的《离婚协议书》",本案诉讼请求的事实依据是双方婚姻无效后,依照法律的规定和当事人的约定"分割同居期间所创造的共同财产"。因此,本案的诉讼请求在实质上并没有否定前案的裁判结果。(2)本案与前案的诉讼标的不同。前案的诉讼标的为离婚后发生的财产纠纷法律关系,本案的诉讼标的为因同居发生的析产纠纷法律关系。一个是基于合法婚姻产生的婚后财产纠纷,另一个是基于无效婚姻产生的同居关系析产纠纷。可见,本案的诉讼标的与前案的诉讼标的不是同一诉讼标的,因此不构成重复起诉。二、非婚生子女武某2、武某3均应当由雷某抚养,武某1支付抚养费。本案中,雷某有固定的工作和收入。在雷某与武某1同居期间,雷某对非婚生子女全力照顾,非婚生子女更愿意跟随母亲一起生活。武某1有出轨行为以及家庭暴力,不利于子女的后期成长。因此,非婚生子女武某2、武某3应当由雷某抚养,由武某1支付抚养费。综上,本案不构成重复起诉,雷某与武某1同居期间所创造的共同财产应当依法分割,两名非婚生子女均应当由雷某抚养。

　　武某1辩称,一审判决认定事实清楚,适用法律正确,无论两次起诉是要求过户还是产权分割,它的实质就是要争议房子,所以我们认为本次诉讼构成重复诉讼,且争议房产已经卖掉,所得价款也已用于偿还债务,两次诉讼都是基于雷某重婚行为,虽未追究刑事责任,但重婚事实存在,基于犯罪行为产生的法律后果应属无效。雷某以雷某凤之名与武某1签订协议都是无效的。即使协议有效,也是赠与行为,赠与人在标的物交付之前可以撤销和撤回。武某1将房屋出售用于偿还债务就是通过实际行动撤销了赠与行为,雷某无权要求分割房屋。子女抚养的诉求,雷某在上一段婚姻中也有子女,对子女也未尽到抚养义务,现在要求抚养武某2我们表示同意,但武某3表示不愿意和雷某生活。雷某冒用他人名义从事违法犯罪行为不能给子女树立良好榜样,对子女成长极为不利,雷某不适合抚养子女。综上,请二审法院依法驳回雷某上诉请求。

雷某向一审法院起诉请求:1.确认原、被告之间的婚姻关系无效;2.分割原、被告同居期间的共同财产;3.判令非婚生子女武某2、武某3由雷某抚养,由武某1每月支付抚养费;4.本案诉讼费用由武某1承担。

一审法院认定事实:2003年雷某与武某1同居生活,××××年××月××日(农历)生育女儿武某2,××××年××月××日(农历)生育儿子武某3。××××年××月××日雷某冒用雷某凤(身份证号5321281986××××××××)与武某1在蒙城县民政局办理结婚登记手续。2017年3月3日在蒙城县民政局协议离婚,办理了离婚登记。离婚时双方协议约定:在婚姻关系存续期间共同财产中位于蒙城县归雷某所有(屋内一切设施都归雷某所有),蒙城县某处的一间车库归雷某所有(离婚后武某1需无条件配合雷某办理房产过户手续)。雷某与朱发华于××××年××月××日登记结婚,2010年9月30日经浙江省桐乡市人民法院判决双方离婚。镇雄县公安局花山派出所出具的情况说明,证明武某1之妻(假雷某凤)实为雷某,女,汉族,生于1976年5月2日,居民身份证号为5321281976××××××××,户籍地址为:浙江省桐乡市。目前,武某1之妻(假雷某凤)的户口已被安徽省蒙城县公安局乐土派出所予以注销,雷某凤的户口已按规定得以恢复。另查明:雷某与武某1无效婚姻关系存续期间购买奥迪A4车一辆,位于蒙城县房屋一套,20万元定期存单,购买31万元保险。

一审法院认为,雷某与他人尚未解除婚姻关系时冒用雷某凤之名与武某1登记结婚,其行为已构成重婚。故其与武某1的婚姻关系因违反法律的规定而无效,属无效婚姻,应依法宣告无效,本案案由应变更为婚姻无效纠纷。关于雷某要求判令武某1支付孩子抚养费及依法分割家庭财产的诉请,另行制作判决书。据此,依照规定,作出安徽省蒙城县人民法院(2019)皖1622民初7275号民事判决,判决:宣告雷某与武某1的婚姻无效。雷某要求判令非婚生子女武某2、武某3由其抚养,由武某1支付抚养费。考虑到目前女儿武某2随雷某生活,儿子武某3与父亲及祖父母一起生活,改变生活环境对子女健康不利,女儿武某2由母亲雷某直接抚养,儿子武某3由父亲武某1直接抚养,双方互不付抚养费。雷某关于分割无效婚姻关系期间共同财产的诉请,已经(2018)皖1622民初7980号及(2019)皖16民终1544号民事判决处理,其诉讼请求已被驳回。雷某分割财产的诉讼请求的实质是否定前诉裁判结果,构成重复诉讼。综上所述,安徽省蒙城县人民法院作出(2019)皖1622民初7275号之一民事判决,判决:女儿武某2由雷某直接抚养,儿子武某3由武某1直接抚养,双方互不付抚养费。案件受理费1825元,由雷某负担。

本院二审期间,当事人围绕上诉请求依法提交了证据,本院组织当事人进行了证据交换和质证。对于当事人二审争议的事实,本院认证如下,对武某1二审提交的证据一,即2017年6月5日武银才(武某1父亲)、雷某、李良(雷某代理人)之间的对话录音及武银才取款的银行流水一份,真实性予以认定,但达不到其证明目的;对武某1提交的证据二,即20万存单档案信息一份和证据三30万保单退保金一份、证据四车辆还款流水一份的真实性、合法性及关联性予以认定,能证明双方当事人的共同财产状况。本院对一审采信的证据及认定的基本事实予以确认。另查明,20万元定期存单显示已于2016年11月1日销户;31万元保险已于2016年9月29日退保。

本院认为,综合当事人举证、质证及诉辩意见,本案二审争议的焦点是:一审认定事实是否有误,雷某要求分割共同财产的诉讼请求是否构成重复诉讼;雷某要求抚养非婚生子女武某2、武某3是否应支持。

关于重复诉讼问题。《民事诉讼法解释》第247条规定:"当事人就已经提起诉讼的事项在诉讼过程中或者裁判生效后再次起诉,同时符合下列条件的,构成重复起诉:(一)后诉与前诉的当事人相同;(二)后诉与前诉的诉讼标的相同;(三)后诉与前诉的诉讼请求相同,或者后诉的诉讼请求实质上否定前诉裁判结果。当事人重复起诉的，裁定不予受理；已经受理的，裁定驳回起诉，……"第一，本案双方当事人与（2019）皖16民终1544号民事案件的双方当事人相同；第二，诉讼标的是指当事人之间存在的民事实体法律关系或者当事人所享有的民事实体权利，在（2019）皖16民终1544号民事案件中，雷某要求武某1协助办理位于蒙城县的相关过户手续的诉请是基于其出资与武某1共同购买涉案房屋而形成的合同关系，本案中，雷某要求判决蒙城县房屋归其所有同样是基于双方共同出资购房而形成的合同关系，雷某只是将（2019）皖16民终1544号案件中要求武某1协助办理涉案房屋过户手续的请求转换为了本案中要求涉案房屋归其所有的请求，其诉讼标的并未发生实质性改变，可以看出雷某在（2019）皖16民终1544号民事案件中的诉讼标的与本案的诉讼标的相同；第三，从诉讼请求来看，雷某在本案中提出的诉讼请求实质上是想否定（2019）皖16民终1544号生效民事判决。雷某提出本案诉讼，符合《民事诉讼法解释》第247条的规定，构成重复起诉，因此，一审法院未支持其分割财产的诉讼请求，并无不当。

对子女抚养问题，应从有利于子女身心健康，保障子女的合法权益出发，结合父母双方的抚养能力和抚养条件等具体情况确定。本案中，双方生育两个子女，现女儿武某2随雷某生活，儿子武某3随武某1生活，考虑不改变生活环境对子女成长更为有利以及双方的抚养能力等因素，一审确定女儿武某2随雷某生活，儿子武某3随武某1生活，双方互不负担子女抚养费，并无不妥。一、二审中，雷某均未提供证据证明其在抚养能力和条件上存在明显优势，故对其要求抚养武某2和武某3的上诉请求，本院不予支持。

综上所述，雷某的上诉请求均不能成立，依照《民事诉讼法》第170条第1款第1项规定，判决如下：

驳回上诉，维持原判。

二审案件受理费300元，由雷某负担。

本判决为终审判决。

（二）裁判依据

《中华人民共和国民法典》

第一千零五十一条 有下列情形之一的，婚姻无效：

（一）重婚；

（二）有禁止结婚的亲属关系；

（三）未到法定婚龄。

第一千零五十四条 无效的或者被撤销的婚姻自始没有法律约束力，当事人不具有夫妻的权利和义务。同居期间所得的财产，由当事人协议处理；协议不成的，由人民法院根据照顾无过错方的原则判决。对重婚导致的无效婚姻的财产处理，不得侵害合法婚姻当事人的财产权益。当事人所生的子女，适用本法关于父母子女的规定。

婚姻无效或者被撤销的，无过错方有权请求损害赔偿。

《中华人民共和国涉外民事关系法律适用法》

第二十一条 结婚条件，适用当事人共同经常居所地法律；没有共同经常居所地的，适用共同国籍国法律；没有共同国籍，在一方当事人经常居所地或者国籍国缔结婚姻的，适用婚姻缔结地法律。

第二十二条 结婚手续，符合婚姻缔结地法律、一方当事人经常居所地法律或者国籍国法律的，均为有效。

《最高人民法院关于适用〈中华人民共和国民法典〉婚姻家庭编的解释（一）》

第九条 有权依据民法典第一千零五十一条规定向人民法院就已办理结婚登记的婚姻请求确认婚姻无效的主体，包括婚姻当事人及利害关系人。其中，利害关系人包括：

（一）以重婚为由的，为当事人的近亲属及基层组织；

（二）以未到法定婚龄为由的，为未到法定婚龄者的近亲属；

六、婚姻无效纠纷

（三）以有禁止结婚的亲属关系为由的，为当事人的近亲属。

第十条 当事人依据民法典第一千零五十一条规定向人民法院请求确认婚姻无效，法定的无效婚姻情形在提起诉讼时已经消失的，人民法院不予支持。

第十一条 人民法院受理请求确认婚姻无效案件后，原告申请撤诉的，不予准许。

对婚姻效力的审理不适用调解，应当依法作出判决。

涉及财产分割和子女抚养的，可以调解。调解达成协议的，另行制作调解书；未达成调解协议的，应当一并作出判决。

第十二条 人民法院受理离婚案件后，经审理确属无效婚姻的，应当将婚姻无效的情形告知当事人，并依法作出确认婚姻无效的判决。

第十三条 人民法院就同一婚姻关系分别受理了离婚和请求确认婚姻无效案件的，对于离婚案件的审理，应当待请求确认婚姻无效案件作出判决后进行。

第十四条 夫妻一方或者双方死亡后，生存一方或者利害关系人依据民法典第一千零五十一条的规定请求确认婚姻无效的，人民法院应当受理。

第十五条 利害关系人依据民法典第一千零五十一条的规定，请求人民法院确认婚姻无效的，利害关系人为原告，婚姻关系当事人双方为被告。

夫妻一方死亡的，生存一方为被告。

第十六条 人民法院审理重婚导致的无效婚姻案件时，涉及财产处理的，应当准许合法婚姻当事人作为有独立请求权的第三人参加诉讼。

第十七条 当事人以民法典第一千零五十一条规定的三种无效婚姻以外的情形请求确认婚姻无效的，人民法院应当判决驳回当事人的诉讼请求。

当事人以结婚登记程序存在瑕疵为由提起民事诉讼，主张撤销结婚登记的，告知其可以依法申请行政复议或者提起行政诉讼。

七、撤销婚姻纠纷

（一）最高人民法院公报案例及典型案例

019. 因胁迫结婚的，受胁迫的一方可以向人民法院请求撤销婚姻[1]

基本案情：女孩周某在其母亲安排下与付某相亲。因付某家庭条件较好，两家又系远房亲戚，周某母亲非常希望周某与付某缔结婚姻。在周某明确拒绝与付某交往后，周某母亲强行将在外地工作的周某接回家，并以死相逼，表示如周某不同意该婚事就将其赶出家门。周某害怕家庭关系破裂，又担心母亲寻短见，不得不与付某登记结婚并举办婚礼。婚后近一年时间里，双方并未建立夫妻感情，也从未有过夫妻生活。但周某母亲仍不准许周某提出离婚，母女俩多次争吵并发生肢体冲突。周某诉至人民法院，请求撤销其与付某之间的婚姻关系。

裁判结果：审理法院认为，《民法典》第1052条第1款规定："因胁迫结婚的，受胁迫的一方可以向人民法院请求撤销婚姻。"结婚应当是男女双方完全自愿的行为，禁止任何一方对另一方加以胁迫，禁止任何组织或者个人加以干涉。在周某多次明确提出不愿意和付某恋爱、结婚的情况下，周某母亲

---

[1] 《第三批人民法院大力弘扬社会主义核心价值观典型民事案例》（最高人民法院2023年3月1日发布），周某诉付某撤销婚姻纠纷案，载最高人民法院网站，https://www.court.gov.cn/zixun-xiangqing-390531.html，最后访问日期：2023年6月29日。

仍以将周某赶出家门、"死给周某看"等作为要挟，导致周某在违背自由意志的情况下与付某结婚。周某母亲的行为严重干涉了周某的婚姻自由，其行为构成胁迫。现周某要求撤销其与付某之间的婚姻符合法律规定，为维护当事人的合法权益，弘扬自由、文明的社会主义核心价值观，故判决撤销周某与付某之间的婚姻关系。

> **典型意义**
>
> 　　母亲要求女儿按自己的意愿组建家庭，虽然本意是希望女儿能有一个幸福的归宿，但以死相逼，胁迫女儿与相亲对象结婚，不仅没有让女儿获得如期的幸福，反而给女儿带来痛苦和绝望。在子女婚恋问题上，父母"该放手时应放手"，可以做好参谋但不能代作决断、强行干预，否则不但会侵害子女的婚姻自由、伤害父母子女之间的血脉亲情，也会违反法律规定。本案判决撤销周某与付某之间的婚姻关系，既保护了周某个人的合法权益，也向整个社会传达了婚姻自由的理念，有利于倡导独立、自主的婚姻观和自由、法治的社会主义核心价值观。

020. 夫妻一方婚前隐瞒自己患有艾滋病的，另一方能否申请撤销婚姻[①]

基本案情：林某和张某经人介绍相识，于 2020 年 6 月 28 日登记结婚。在登记之后，张某向林某坦白其患有艾滋病多年，并且长期吃药。2020 年 7 月，林某被迫人工终止妊娠。2020 年 10 月，林某提起诉讼要求宣告婚姻无效。诉讼中，林某明确若婚姻无效不能成立，则请求撤销婚姻，对此，张某

---

① 《人民法院贯彻实施民法典典型案例（第二批）》（最高人民法院 2023 年 1 月 12 日发布），林某诉张某撤销婚姻纠纷案，载最高人民法院网站，https://www.court.gov.cn/zixun-xiangqing-386521.html，最后访问日期：2023 年 6 月 29 日。

亦无异议。

裁判结果：生效裁判认为，自然人依法享有缔结婚姻等合法权益，张某虽患有艾滋病，但不属于婚姻无效的情形。林某又提出撤销婚姻的请求，张某对此亦无异议，为减少当事人讼累，人民法院一并予以处理。张某所患疾病对婚姻生活有重大影响，属于婚前应告知林某的重大疾病，但张某未在结婚登记前告知林某，显属不当。故依照《民法典》第1053条的规定，判决撤销林某与张某的婚姻关系。判决后，双方均未上诉。

> **典型意义**
>
> 本案是依法适用民法典相关规定判决撤销婚姻的典型案例。对于一方患有重大疾病，未在结婚登记前如实告知另一方的情形，民法典明确另一方可以向人民法院请求撤销婚姻。本案中，人民法院依法适用民法典相关规定，判决撤销双方的婚姻关系，不仅有效保护了案件中无过错方的合法权益，也符合社会大众对公平正义、诚实信用的良好期待，弘扬了社会主义核心价值观。

（二）地方法院典型案例

021. 夫妻一方婚前隐瞒自己犯有精神分裂症的，另一方能否申请撤销婚姻[①]

基本案情：陆某（女）与叶某（男）于2020年通过互联网交友平台相识相恋后登记结婚。2021年1月，陆某因琐事与自己父母发生争吵并出现精

[①] 《江苏法院发布家事纠纷典型案例（2021—2022年度）(2023年3月7日发布）》，婚前隐瞒重大疾病，婚姻可以被撤销，载江苏法院网，http://www.jsfy.gov.cn/article/95069.html，最后访问日期：2023年6月29日。

神异常，在家人陪同下前往南通某医院精神科就诊，诊断为未分化型精神分裂症。陆某曾于 2014 年 4 月向南京某医院申请挂号，预约精神分裂症类型的门诊医疗诊治。2021 年 6 月，陆某以夫妻感情破裂为由向法院提起离婚诉讼。叶某在诉讼中主张其婚后才知晓陆某婚前患有精神分裂症长达八年，该疾病属于重大疾病，若提前告知，其不会与之结婚，故要求撤销婚姻。

裁判结果：一审法院经审理认为，双方婚后陆某出现精神分裂症症状，夫妻分居至今，感情确已破裂，但叶某提交的证据不足以证明陆某婚前被确诊为精神分裂症，故对其撤销婚姻的请求不予支持。遂判决：准予陆某与叶某离婚。叶某不服一审判决，提出上诉。江苏省南通市中级人民法院经审理认为，法院开具调查令查明陆某曾于 2014 年至南京某医院治疗并被确诊为精神分裂症，陆某在与叶某的聊天记录中亦陈述婚前一直服用阿立哌唑进行治疗，陆某于 2021 年 1 月在南通某医院精神科就诊时，入院记录载明"敏感多疑，言行异常半月余，病期八年"。上述证据相互印证，可以证明陆某婚前患有精神分裂症。该疾病属于重大疾病，足以影响叶某是否决定结婚的自由意志，对双方婚后生活造成重大影响，陆某婚前未能将其患病情况如实告知叶某，故叶某有权主张撤销婚姻。遂判决：撤销一审判决，撤销陆某与叶某的婚姻。

典型意义

婚姻自由要求婚姻当事人作出缔结婚姻的意思表示应是真实完整的，系建立在彼此信任了解的基础之上。《民法典》第 1053 条第 1 款规定："一方患有重大疾病的，应当在结婚登记前如实告知另一方；不如实告知的，另一方可以向人民法院请求撤销婚姻。"

《民法典》将疾病婚从原《婚姻法》规定的婚姻无效情形变更为可撤销婚姻，一方面，系对婚姻自由原则的贯彻，允许患有重大疾病的自然人结婚；另一方面，明确要求患有重大疾病的一方在办理结婚登记前秉持诚实信用原则履行如实告知义务，否则其婚姻将面临被撤销的风险。立法将婚前婚姻当事人患有重大疾病告知义务固化为法定义务，是对强制婚检制度退出历史舞台后如何保证婚姻质量和家庭幸福的法律补位，尊重和保障另一方的知情权，符合公平正义的法治精神。加重有重大疾病婚姻当事人自觉履行告知义务的法律责任，也是为了防止因婚后病发给另一方带来过重的扶养义务，有助于防范骗婚风险，以法律兜底保障优生优育，从而为夫妻间的相互理解和婚后家庭幸福奠定基础，其意义自不待言。至于哪些疾病属于重大疾病，参照《母婴保健法》《婚前保健工作规范》等相关规定，主要包括严重的遗传性疾病、指定传染病、重型精神疾病等。

022. 结婚登记前，一方将精神分裂等重大疾病谎称为一般抑郁症的，另一方婚后能否向人民法院请求撤销婚姻[①]

上诉人（原审原告）：卢某某，男，1992年9月10日出生，汉族，住陕西省华阴市。

委托诉讼代理人：商某龙，陕西省华阴市某法律服务所法律工作者。

被上诉人（原审被告）：何某甲，（何某艳），女，1994年10月19日出生，汉族，住陕西省华阴市。

被上诉人（原审被告）：何某乙，男，1972年6月24日出生，汉族，住陕西省华阴市。

上诉人卢某某因与被上诉人何某甲、何某乙撤销婚姻纠纷一案，不服陕西省华阴市人民法院（2022）陕0582民初1260号民事判决，向本院提起上诉。本院于2023年2月7日立案后，依法组成合议庭进行了审理。上诉人卢

[①] 陕西省渭南市中级人民法院（2023）陕05民终295号民事判决书，载中国裁判文书网，最后访问日期：2023年7月3日。

某某及其委托诉讼代理人商某龙、被上诉人何某乙到庭参加诉讼；被上诉人何某甲经本院传票通知未到庭参加诉讼。本案现已审理终结。

上诉人卢某某上诉请求：一、撤销华阴市人民法（2022）陕0582民初1260号民事判决，改判支持上诉人一审诉讼请求或发回重审；二、上诉费及一审诉讼费由被上诉人承担。事实与理由：一、一审认定事实错误。1.上诉人经媒人介绍认识被上诉人何某甲，恋爱一个月左右订婚、领证、结婚。媒人是上诉人舅舅，在介绍时只给上诉人说过何某甲患有轻微抑郁症，上诉人同意。婚后发现何某甲每天服用"盐酸齐某西酮胶囊、盐酸丁螺环酮片、盐酸苯海索片"，上诉人给何某甲去陕西荣复军人第二医院（精神病医院）购买过一次该药。婚后2个月外出打工，其间何某甲停服药物，几天后出现精神异常，上诉人确定何某甲患有严重疾病，遂返回华阴并把何某甲送回娘家，并提出离婚。因退还彩礼发生分歧，上诉人诉至一审法院请求离婚，经一审法院调解，被上诉人何某乙不肯退还彩礼，上诉人撤诉，现再次起诉请求撤销婚姻。2.一审对以下事实未认定。（1）上诉人当庭变更增加诉讼请求，由被告承担原告支付被告办酒席菜钱5000元，原告办酒席钱30000元，婚庆费4500元，结婚照3500元，案件代理费7000元，交通费2000元共52000元未认定。（2）被上诉人何某甲婚后服用"盐酸齐鲁西胶囊、盐酸丁螺环酮片、盐酸苯海索片"，该药是否属于治疗"精神分裂症"药物未认定。（3）被上诉人何某甲婚前在陕西省荣复军人第二医院两次住院治疗精神分裂症未认定。（4）被上诉人第二次出院仅三个月便与本村杨某杰订婚，之后出现精神异常，杨某杰发现后要求退婚的事实未认定。（5）媒人陈某娃出庭做证的证人证言未认定，其证明婚前没有如实告知上诉人何某甲患有严重疾病"精神分裂症"。（6）被上诉人婚前患有精神分裂症是否属于严重疾病未认定。（7）上诉人为支付彩礼向卫某玲、张某战分别借款4万元的事实未认定。（8）上诉人提交的证据对证据来源及证明目的没有审查认定意见。3.一审认定被上诉人婚前将何某甲患有精神类疾病告知上诉人实为错误认定，被上诉人何某乙仅是口头告知媒人何某甲患有轻微抑郁症，而没有告知何某甲患有严重精神分裂症。二、一审适用法律错误。一审依据《民法典》第1053条驳回上诉人请求明显错误，该条明确规定"一方患有重大疾病的，应当在结婚登记前如实告知另一方"。被上诉人没有提交任何证据能够证明婚前已向上诉人如实告知何某甲患有重大疾病，被上诉人何某甲婚前隐瞒自己患有重大疾病，未如实告知上诉人患有重大疾病的事实存在，因此本案应依据《民法典》第1054条、1055条之规定改判支持上诉人请求。

被上诉人何某甲、何某乙提交答辩状称，1. 上诉人所列事实不属实，2022年2月经过上诉人舅舅介绍，上诉人与被上诉人认识并登记结婚，被上诉人婚前已告知上诉人患有轻微抑郁症并且正在治疗。介绍人既是上诉人舅舅，也是何某乙多年好友，对被上诉人特别了解。且介绍人和被上诉人也没有隐瞒，上诉人所述被上诉人婚前患有轻微抑郁症并不能作为可撤销婚姻理由。2. 上诉人曾以此理由于2022年6月2日起诉离婚，当时法庭调查期间，被上诉人何某甲也到庭陈述，为正常人所为，根本没有上诉人诉说重大疾病。3.《民法典婚姻家庭编解释（一）》第17条中规定，当事人以《民法典》第1051条规定的三种无效婚姻（重婚、近亲属、未到法定婚龄）以外的情形请求确认婚姻无效的，人民法院应当判决驳回当事人的诉讼请求，因此双方婚姻合法有效，并不具备撤销条件。4. 婚后被上诉人与上诉人前往北京打工，上诉人明知被上诉人在治疗期内而让其停止服药，并对被上诉人有虐待行为，造成被上诉人病情加重，给被上诉人造成巨大的精神损害，被上诉人应赔偿上诉人精神损失费及继续治疗的费用。5. 上诉人提出的退还赠与的彩礼及见面礼缺乏法律依据。《民法典婚姻家庭篇解释（一）》第5条规定，当事人请求返还彩礼的有明确的规定，该案件并不存在上述情形，并且结婚为双方家庭之事，上诉人家庭为此也付出巨大的代价，被上诉人父母亲为被上诉人结婚时陪嫁物品高达5万—6万元，结婚时所收的礼金3万元，也全部给予上诉人和被上诉人前往北京打工花销。

原告卢某某向一审法院提出诉讼请求：1. 依法撤销原告与被告何某甲的婚姻关系；2. 判令二被告返还原告彩礼8.8万元，见面礼1.01万元；3. 诉讼费由被告承担。

一审法院认定事实：卢某某与何某甲双方对经媒人介绍恋爱、给付彩礼见面礼、登记结婚的事实及过程均无异议，予以确认。双方对被告何某甲患有重大疾病是否在婚前如实告知原告有较大争议。原告递交了被告何某甲的住院病案、媒人书面证言及原告与被告何某甲父亲何某乙的通话录音，证明被告何某甲婚前患有精神分裂症，而仅告知原告其患有轻微的抑郁症，属于法律规定的一方患有重大疾病而未在婚前如实告知对方的情形，应撤销双方之间的结婚。被告对原告上述证据的证明目的不认可，被告认为原、被告双方既是同村村民，还是远房亲戚，介绍双方认识、结婚的媒人既是原告的舅舅，也是与被告家来往比较紧密的朋友，双方对对方家庭的情况也比较了解，其在婚前也将何某甲患病的情况告知了原告，原告是在知道被告何某甲患有疾病的情况下与其登记结婚的，不应撤销双方的结婚登记。

一审法院认为，婚姻可撤销的法理是一方未将自己患有严重疾病的情况在婚前如实告知对方，侵害了对方是否缔结婚姻的选择权，故此类纠纷的核心是患病方是否将自己的病情如实告知对方，是否履行了病情的告知义务。经对本案审理查明，被告何某甲婚前患有精神分裂症属客观事实，婚前被告也通过媒人将何某甲患有精神类疾病的情况告知了原告，但是否需要明确告知疾病的种类和严重程度，需考虑当事人对相关疾病的认知，也需要平衡患病方的隐私保护。具体到本案而言，缔结婚姻的双方既同住一村，亦是远房亲戚，撮合婚姻的媒人既是被告何某乙的朋友，也是原告的舅舅，原告卢某某和被告何某甲在登记结婚前亦进行了婚前检查，以上情况可以综合认定被告在婚前如实向原告告知了被告何某甲的患病情况，原告卢某某在婚前对被告何某甲的患病情况也是了解的。

综上所述，被告在婚前并不存在未如实告知原告其患有严重疾病的情形，原告的诉讼请求缺乏事实依据，本院不予支持。依照《民法典》第1053条之规定，判决：驳回卢某某的诉讼请求。案件受理费3352元，减半收取1676元，由卢某某负担。

经审理，本院认定案件事实如下：2022年1月26日，卢某某与何某甲经媒人陈某娃（卢某某舅舅、何某甲父亲何某乙朋友）介绍婚恋，陈某娃告知卢某某及家人何某甲患有轻微抑郁症。同年2月6日订婚，卢某某给付见面礼10001元，2月14日二人领取结婚证，2月18日卢某某家人通过媒人给付彩礼88000元，2月28日举办婚礼。婚后二人外出北京打工，其间卢某某发现何某甲精神异常，遂返回华阴。2022年5、6月间，卢某某向华阴市人民法院起诉离婚，后因故撤诉。

另查明，2020年3、4月期间，2021年3、4月期间，何某甲在陕西省荣复军人第二医院住院治疗，被诊断为："精神分裂症"。

本院认为，结婚应当男女双方完全自愿。《民法典》第1053条第1款规定："一方患有重大疾病的，应当在结婚登记前如实告知另一方；不如实告知的，另一方可以向人民法院请求撤销婚姻。"本案中，被上诉人何某甲婚前患有"精神分裂症"，虽经治疗，但未完全治愈。在结婚登记前，何某甲及家人未将此病情如实告知结婚登记的相对人卢某某，而是仅仅告知何某甲患有轻微抑郁症，上述告知内容存在告知不实情形，影响对方的婚姻选择权。故上诉人请求撤销婚姻符合法律规定。关于返还彩礼问题，导致涉案婚姻撤销，二被上诉人负有主要过错责任，故上诉人卢某某主张返还彩礼，本院予以支持，综合双方订婚、结婚时间，给付彩礼数额等因素，本院酌定返还彩礼40000元。

综上所述，上诉人的部分上诉请求成立，予以支持。依照《民法典》第1053条、《民事诉讼法》第177条第1款第2项规定，判决如下：

一、撤销陕西省华阴市人民法院（2022）陕0582民初1260号民事判决；

二、撤销上诉人卢某某与被上诉人何某甲的婚姻关系；

三、由被上诉人何某甲、何某乙在本判决生效后十日内返还上诉人卢某某婚约彩礼 40000 元；

四、驳回上诉人卢某某其他诉讼请求。

如果未按本判决指定的期限履行给付金钱义务，应当依照《民事诉讼法》第 260 条的规定，加倍支付迟延履行期间的债务利息。

一审案件受理费 1676 元，由卢某某负担 676 元，由何某甲、何某乙负担 1000 元；二审案件受理费 3352 元，由卢某某负担 1352 元，由何某甲、何某乙负担 2000 元。

本判决为终审判决。

023. 可撤销婚姻中"重大疾病"如何认定[①]

上诉人（原审原告）：许某，男，1995 年 4 月 23 日出生，汉族，住山东省夏津县。

委托诉讼代理人：范某同，山东某律师事务所律师。

委托诉讼代理人：姜某富，山东某律师事务所律师。

被上诉人（原审被告）：杨某，女，1997 年 10 月 12 日出生，汉族，住山东省夏津县。

委托诉讼代理人：栾某辉，某精英法律服务所法律工作者。

上诉人许某因与被上诉人杨某撤销婚姻纠纷一案，不服山东省夏津县人民法院（2021）鲁 1427 民初 631 号民事判决，向本院提起上诉。本院于 2021 年 11 月 10 日立案后，依法组成合议庭进行了审理。本案现已审理终结。

许某上诉请求：改判撤销婚姻，返还彩礼 244990 元，并赔偿上诉人精神损失费 5 万元。事实和理由：一、一审对重大疾病范围的认定错误。上诉人

[①] 山东省德州市中级人民法院（2021）鲁 14 民终 3562 号民事判决书，载中国裁判文书网，最后访问日期：2023 年 7 月 3 日。

认为应按照该重大疾病是否会给未患病的婚姻当事人的家庭生活造成损害以致影响到未患病一方当事人结婚的真实意思表示（《民法典婚姻家庭编继承编理解与适用》［最高人民法院民法典贯彻实施工作领导小组主编］第102页）的主旨精神，综合评断红斑狼疮、狼疮性肾炎属于重大疾病范畴。红斑狼疮为一类慢性、反复发作的自身免疫性疾病的总称，该病目前尚无法根治，该病具有基因遗传性，遗传概率约10%，如果生育女孩，遗传概率还会成倍增加。且该病容易反复发作，治疗费用高，非普通家庭经济能够承担。双方结婚一年多被上诉人治疗就花费了5万余元，上诉人家庭属于普通农村家庭，家庭年收入也不能维持被上诉人治疗支出，且被上诉人已经发展成了狼疮性肾炎，严重累及脏器，这种情况下医生建议不宜生育，否则妊娠风险成倍增加，且面临遗传风险，这也是结婚两年被上诉人不能怀孕的根本原因。被上诉人若不隐瞒病情，上诉人断然不会同意这门婚事，也不会与之结婚。因为被上诉人隐瞒重大疾病，给上诉人的家庭造成重大影响，上诉人所提撤销婚姻符合《民法典》1053条规定。二、《母婴保健法》第8条规定的严重遗传性疾病、指定传染病、有关精神病与重大疾病不是同一概念。况且现在《民法典》第1048条仅是禁止直系血亲或者三代以内的旁系血亲结婚，母婴保健法上述疾病不再属于禁止结婚的范畴。一审法院依照母婴保健法判断重大疾病属于适用法律错误。三、被上诉人恶意隐瞒重大疾病，给上诉人造成了重大的精神压力，依据《民法典》应当赔偿上诉人精神损失。四、婚姻被撤销后，双方婚姻自始无效，被上诉人应当返还彩礼244990元。

杨某辩称，一审法院认定事实清楚，适用法律正确，依法应驳回上诉人的上诉请求，维持原判。一、答辩人病症不属于我国法律规定的重大疾病范畴，也不属于我国法律规定婚前要进行检查的三类疾病，即严重遗传性疾病、指定传染病、有关精神病。首先，法律对重大疾病并未作出明确规定，且我国现行法律也未将系统性红斑狼疮疾病列为重大疾病，即禁止性结婚。其次，随着我国医疗技术和水平的进步提高，不同历史时期对重大疾病的认识也会随之变化。一般来讲重大疾病通常是指医疗花费巨大，且在较长时间内严重影响患者的正常生活和工作的疾病。结合本案答辩人在一审庭审时也积极参加庭审，从答辩人的神情气色来讲，答辩人并没有像上诉人陈述已经发展到不能自理，并且答辩人在进行简单治疗后一直从事工作，并未因此病症长期卧床及行动不便。在一审庭审时，上诉人调取的答辩人的住院病案中也有明显显示答辩人病情好转，该病症并非不可治愈。答辩人主治医师及相关医务工作人员、专家等均对该病症作出详细释明，并且每个病患当事人对疾病所产生的影响也具有极大的差异性。答辩人病情并未达到上诉人主张的恶劣情形，且答辩人病情已经到稳定控制，逐步康复。故上诉人主张系统红斑狼疮系重大疾病无事实依据和法律依据。一审认定答辩人患病不属于重大疾病并无不当，符合法律规定，应当依法驳回上诉人的上诉请求，维持原判。二、上诉人以答辩人并未告知为由，对自己同床共枕生活近两年半之久的妻子提出撤销婚姻，其目的显而易见，仅仅是找个合适的理由索要彩礼，虽然一审法院错误认定答辩人婚前隐瞒患病事实，但结合本案二人生活两年半九百多个日夜，上诉人对答辩人的情况一点都不了解，不符合正常的思维逻辑，综上，一审法院认定事实清楚，适用法律正确，系统性红斑狼疮病症不属于无故重大疾病的范畴，上诉人上诉请求亦不构成撤销婚姻的要件，请求驳回上诉，维持原判。

许某向一审法院起诉请求：1. 撤销婚姻；2. 返还彩礼款244990元；分割同居期间的财产、分担债务；3. 赔偿精神损失5万元；4. 本案诉讼费由被告承担。

一审法院认定事实：2018年5月1日，许某与杨某经媒人介绍相识并确定恋爱关系。2018年6月1日，原、被告举行订婚仪式。2018年10月22日，被告进入山东大学齐鲁医院治疗，并确诊患有系统性红斑狼疮、狼疮性肾炎。2018年11月23日，被告再次到山东大学齐鲁医院住院治疗。2018年12月13日，被告办理出院手续，出院诊断为系统性红斑狼疮、狼疮性肾炎好转。

2018年12月28日，原、被告在夏津县民政局办理结婚登记手续。2019年1月16日，原、被告举行结婚仪式后同居生活。

一审法院认为，《民法典》第1053条规定，一方患有重大疾病的，应当在结婚登记前如实告知另一方；不如实告知的，另一方可以向人民法院请求撤销婚姻。原告诉称被告婚前患有系统性红斑狼疮并隐瞒病情，被告辩称婚前已明确告知原告病情，原告举证证明了被告患病的事实，被告未提交证据证明其辩称，且经法庭多次明确询问，均不能回答告知原告病情的时间、地点、在场人员，故一审法院对原告诉称的事实予以采纳，对被告的辩称不予采纳，即被告婚前向原告隐瞒了患病的事实。被告患有的系统性红斑狼疮是否属于《民法典》第1053条规定的重大疾病，一审法院认为，首先，法律对重大疾病并未作出明确规定，但随着技术的进步、医疗水平的提高，不同历史时期对重大疾病的认识也会随之变化，但原告关于重大疾病的两个认定要素，具有极强的主观性，不同当事人对疾病的影响具有极大的差异性，且没有法律依据，故一审法院对原告关于重大疾病认定要素的诉称不予采纳；其次，《民法典》婚姻家庭编对重大疾病的规定，出发点应为是否危害对方当事人的健康以及子孙的健康，是否影响婚姻的本质，《母婴保健法》对此已有明确规定，结婚前患有指定疾病的，医师应当提出医学意见，指定疾病包括严重遗传性疾病、指定传染病、有关精神病；最后，系统性红斑狼疮是一种多发于青年女性的、累及多脏器的自身免疫性炎症性结缔组织病，病因至今尚未确定。综上，一审法院认为，被告所患的系统性红斑狼疮不属于《民法典》第1053条规定的重大疾病，即被告婚前向原告隐瞒了患病事实，但该情形不构成撤销婚姻要件，原告要求撤销婚姻的诉讼请求一审法院不予支持。一审法院判决：驳回原告许某的诉讼请求。案件受理费775元，由原告许某负担。

本院二审期间，被上诉人杨某没有提交新证据，上诉人许某提交证据一组，即被上诉人一审庭审之后在齐鲁医院治疗的门诊收费记录，拟证明被上诉人的疾病并未彻底治愈的事实。针对上诉人提交的该组证据，被上诉人杨某质证称对证据的真实性、关联性及证明事实均有异议。对于当事人争议的证据及事实，本院认定如下：以上证据被上诉人不予认可其真实性但并未提出反驳证据，对该证据的真实性本院予以采信，但上述证据仅能证明被上诉人进行治疗的事实，与该疾病是否属于"重大疾病"没有直接的证明关系。本院对一审查明的其他事实予以确认。

本院认为，根据上诉人许某的上诉及被上诉人杨某的答辩理由，本案当事人争议的焦点问题为系统性红斑狼疮是否属于《民法典》第1053条规定的重大疾病，上诉人许某主张撤销婚姻、返还彩礼并赔偿精神损失的诉讼请求应否得到支持。

关于患有的系统性红斑狼疮是否属于《民法典》第1053条规定的重大疾病的问题。对重大疾病的审查一方面要考量该疾病是否足以影响另一方当事人决定结婚的自由意志，审查是否对双方婚后生活造成重大影响，另一方面应审查双方缔结婚姻关系后家庭生活的实际状况、婚后生活的亲密度。本案上诉人主张被上诉人隐瞒其患有系统性红斑狼疮疾病，如被上诉人婚前告知，其不会同意与被上诉人缔结婚姻关系，本案双方共同生活已有两年多时间，具有一定的生活关系紧密度，不宜仅以上诉人对缔结婚姻关系的主观意识来确认案涉疾病属于重大疾病，本案关键还要客观审查该疾病是否属于重大疾病范畴。首先，本案所涉疾病不属于《母婴保健法》第9条规定的不宜结婚的疾病，即指定传染病在传染期内或者有关精神病；也不属于法律明文规定以外不宜结婚的疾病如先天性生殖系统疾病、尿毒症、不能生育的生理缺陷等。其次，系统性红斑狼疮是自身免疫性疾病，症状由轻到重遍及全身，会累及皮肤、关节、心、肺和中枢神经系统等，系统性红斑狼疮是慢性病，需要长期治疗，一般治疗分为两个阶段，缓解病情期和长期维持期，只要坚持长期治疗，患者是能做到像正常人一样生活的。本院认为，结合医疗技术水平的进步与不断提高，不同历史时期对重大疾病的认识也会随之变化，重大疾病的范围逐步减少符合医学进步的客观事实。系统性红斑狼疮疾病已经由过去的急性、高致死性疾病转为慢性、可控性疾病，该疾病非遗传性疾病，病情稳定的狼疮患者亦可正常孕育，被上诉人虽婚前向上诉人隐瞒了患病事实，但综合以上分析一审认定该疾病不属于《民法典》第1053条规定的重大疾病并无不妥。一审驳回上诉人撤销婚姻、返还彩礼及赔偿精神损害的诉求并无不当。

综上所述，本案经本院审委会讨论决定，许某的上诉请求不能成立，应予驳回；一审判决认定事实清楚，适用法律正确，应予维持。依照《民事诉讼法》第170条第1款第1项规定，判决如下：

驳回上诉，维持原判。

二审案件受理费775元，由上诉人许某负担。

本判决为终审判决。

（三）裁判依据

《中华人民共和国民法典》

第一千零五十二条 因胁迫结婚的，受胁迫的一方可以向人民法院请求撤销婚姻。

请求撤销婚姻的，应当自胁迫行为终止之日起一年内提出。

被非法限制人身自由的当事人请求撤销婚姻的，应当自恢复人身自由之日起一年内提出。

第一千零五十三条 一方患有重大疾病的，应当在结婚登记前如实告知另一方；不如实告知的，另一方可以向人民法院请求撤销婚姻。

请求撤销婚姻的，应当自知道或者应当知道撤销事由之日起一年内提出。

第一千零五十四条 无效的或者被撤销的婚姻自始没有法律约束力，当事人不具有夫妻的权利和义务。同居期间所得的财产，由当事人协议处理；协议不成的，由人民法院根据照顾无过错方的原则判决。对重婚导致的无效婚姻的财产处理，不得侵害合法婚姻当事人的财产权益。当事人所生的子女，适用本法关于父母子女的规定。

婚姻无效或者被撤销的，无过错方有权请求损害赔偿。

《最高人民法院关于适用〈中华人民共和国民法典〉婚姻家庭编的解释（一）》

第十八条　行为人以给另一方当事人或者其近亲属的生命、身体、健康、名誉、财产等方面造成损害为要挟，迫使另一方当事人违背真实意愿结婚的，可以认定为民法典第一千零五十二条所称的"胁迫"。

因受胁迫而请求撤销婚姻的，只能是受胁迫一方的婚姻关系当事人本人。

第十九条　民法典第一千零五十二条规定的"一年"，不适用诉讼时效中止、中断或者延长的规定。

受胁迫或者被非法限制人身自由的当事人请求撤销婚姻的，不适用民法典第一百五十二条第二款的规定。

第二十条　民法典第一千零五十四条所规定的"自始没有法律约束力"，是指无效婚姻或者可撤销婚姻在依法被确认无效或者被撤销时，才确定该婚姻自始不受法律保护。

第二十一条　人民法院根据当事人的请求，依法确认婚姻无效或者撤销婚姻的，应当收缴双方的结婚证书并将生效的判决书寄送当地婚姻登记管理机关。

第二十二条　被确认无效或者被撤销的婚姻，当事人同居期间所得的财产，除有证据证明为当事人一方所有的以外，按共同共有处理。

八、夫妻财产约定纠纷

（一）地方法院典型案例

024. 夫妻之间赠与房产以后赠与方反悔，赠与协议效力应依照合同法律制度的有关规定予以审查认定[①]

上诉人（原审原告）：汤某，男，1968年9月23日生，汉族，住合肥市蜀山区。

委托代理人：汤某东，男，1967年10月20日出生，汉族，住合肥市蜀山区，合肥市蜀山区井岗镇某社区居民委员会推荐。

被上诉人（原审被告）：谢某华，女，1977年9月21日生，汉族，住肥东县。

委托代理人：贺某，肥东县法律援助中心法律援助律师。

上诉人汤某因与被上诉人谢某华夫妻财产约定纠纷一案，不服安徽省肥东县人民法院（2017）皖0122民初2331号民事判决，向本院提起上诉。本院依法组成合议庭，公开开庭审理了本案。上诉人汤某及其委托诉讼代理人汤某东，被上诉人谢某华及其委托诉讼代理人贺某到庭参加诉讼。本案现已审理终结。

汤某上诉请求撤销肥东县人民法院（2017）皖0122民初2331号民事判

[①] 合肥市中级人民法院（2017）皖01民终5611号民事判决书，载中国裁判文书网，最后访问日期：2023年7月3日。

决,改判支持汤某一审的诉讼请求,并由谢某华承担本案一审及二审诉讼费用。事实和理由:一、一审判决认定事实错误。汤某与谢某华均系再婚,为与谢某华和睦相处、互敬互爱、白头偕老,与谢某华婚前签订婚内协议一份,约定将合肥市蜀山区某路二环新村2幢103室和405室房屋赠与被告作为夫妻共同财产。汤某婚后发现谢某华系以骗取财产为目的,并非真心与其共同生活,婚后半年时间均是为了财产闹纠纷。汤某将房屋赠与谢某华是一种附条件、具有人身依附关系的赠与,一审判决认定该赠与行为不能撤销没有法律依据。二、汤某有权依法撤回房屋的赠与。根据法律的规定,汤某赠与谢某华的房屋产权没有转移之前,有权撤销赠与。三、一审判决适用法律错误。谢某华辩称,案涉婚内协议系夫妻双方对婚前及婚后财产的约定,对双方均具有法律效力。一、案涉协议的名称明确表明婚内夫妻协议,并不是赠与协议,协议第二条明确约定男方自愿将该两套房屋归属于夫妻共同财产,其中并未出现赠与一词,更没有赠与的意思表示。二、协议首部注明双方为合法夫妻,都愿意共筑爱巢、白头偕老,为防止今后可能出现的财产纠纷,经友好协商,达成如下协议。协议第九条也明确注明签订协议的目的为双方和睦相处、互敬互爱,衷心希望双方能白头偕老,双方自愿签订,清偿了解协议的法律效力,并遵守约定内容。三、汤某上诉主张谢某华以骗取财产为目的,没有事实和法律依据。谢某华与汤某共同生活期间,帮汤某前妻偿还了200000元左右的债务,且谢某华婚前个人钱款被汤某用掉近600000元,汤某至目前仍未能提出任何证据证明谢某华是以骗取财产为目的,且双方签订的协议说明双方都愿意共筑爱巢、白头偕老。案涉婚内夫妻协议是夫妻双方对婚前及婚后财产的约定,是双方对各自财产以及共同财产的分割,性质上属于夫妻对其名下财产权属作出的特殊约定,意思表示真实,内容不违反法律禁止性规定,具有法律效力,双方都应当遵守。请求二审驳回汤某的上诉,维持原判。

汤某向一审法院起诉请求:一、撤销汤某、谢某华于2014年4月4日签订的婚内协议第二条中关于合肥市蜀山区某路二环新村2幢405室房屋产权赠与谢某华作为夫妻共同财产的约定；二、本案诉讼费用由谢某华承担。

一审法院认定事实：2013年7月，汤某、谢某华通过网络认识，××××年××月××日，在双方朋友见证下，双方签订了一份《婚内夫妻协议》，其中第二条约定：婚前甲方（汤某）拥有二环新村小区二号楼103室、405室房屋两套，自结婚登记之日起，甲方自愿将两套房屋属于夫妻共同财产、给予乙方谢某华最少占用有百分之六十产权属于个人的，甲方该两套房屋产权人变更登记（加上乙方名谢某华拥有产权最少占百分之六十）必须在婚姻登记生效之日起一个月内启动……。××××年××月××日，汤某、谢某华登记结婚，双方均系再婚。2015年至2017年，汤某三次向一审法院起诉离婚，均被一审法院依法驳回。

一审法院认为：汤某、谢某华通过网络认识后，××××年××月××日，为了缔结婚姻，双方在婚前签订了一份《婚内夫妻协议》，该协议第二条约定：甲方（汤某）自愿将该两套房屋属于夫妻共同财产。××××年××月××日，汤某、谢某华登记结婚，双方均为再婚，为了婚后互敬互爱、和睦相处，对婚前及婚后的财产作了约定并签订了书面协议，此协议是双方真实意思表示，且明确约定"将该两套房屋属于夫妻共同财产"。从缔结协议的主体、内容和目的来看，此份协议系夫妻双方对婚前及婚后财产的约定，具有法律效力。因此，汤某主张该协议是附条件的具有人身关系的赠与，当事人有权撤销，一审法院不予认可。对谢某华关于婚姻关系存续期间债权的主张，由于其请求与本案无关，并且没有提供相关证据予以证明，一审法院不予采信。依据《婚姻法》第19条第1、2款之规定，判决驳回汤某的诉讼请求。

双方当事人二审均未提交新的证据材料。

二审查明事实与一审查明事实一致。

本院认为，汤某与谢某华婚前签婚内夫妻订协议，约定将登记在汤某名下的合肥市蜀山区某路二环新村2幢405室房屋产权与谢某华共同享有，目的是为了明确夫妻双方之间的赠与行为，所签订的协议应当属于赠与协议，谢某华认为协议名称为婚内夫妻协议，并非赠与协议的主张不能成立。

《民法典婚姻家庭编解释（一）》第 32 条规定，婚前或者婚姻关系存续期间，当事人约定将一方所有的房产赠与另一方或者共有，赠与方在赠与房产变更登记之前撤销赠与，另一方请求判令继续履行的，人民法院可以按照《民法典》第 658 条的规定处理。该条明确将《民法典》第 658 条作为调整夫妻赠与房产任意撤销的依据。《民法典》第 658 条规定，赠与人在赠与财产的权利转移之前可以撤销赠与。经过公证的赠与合同或者依法不得撤销的具有救灾、扶贫、助残等公益、道德义务性质的赠与合同，不适用欠款规定。由此可见，只要不具有救灾、扶贫等社会公益、道德义务性质的赠与或是经过公证的赠与合同，赠与人就应享有任意撤销赠与的权利。合肥市蜀山区某路二环新村 2 幢 405 室属于汤某婚前个人财产，汤某与谢某华婚前所签订的协议虽具有法律效力，但汤某与谢某华在协议中对房屋产权的约定属于赠与协议，根据法律规定，除了具有救灾、扶贫等社会公益、道德义务性质的赠与合同，或者经过公证的赠与合同之外，汤某在房产产权变更登记之前都可以撤销赠与。鉴于汤某与谢某华在协议中所约定的房产并未办理产权变更登记，汤某主张撤销赠与符合法律和司法解释的规定，应当予以支持。

综上所述，汤某的上诉请求成立，予以支持。一审判决认定事实清楚，适用法律正确，应予维持。根据《民事诉讼法》第 170 条第 1 款第 2 项的规定，判决如下：

一、撤销肥东县人民法院（2017）皖 0122 民初 2331 号民事判决；

二、撤销汤某与谢某华在婚内夫妻协议中关于合肥市蜀山区某路二环新村 2 幢 405 室房屋产权赠与的约定。

一审案件受理费 8800 元，减半收取 4400 元；二审案件受理费 8800 元，合计 13200 元，由谢某华负担。

本判决为终审判决。

（二）裁判依据

《中华人民共和国民法典》

第一千零六十三条 下列财产为夫妻一方的个人财产：

（一）一方的婚前财产；

（二）一方因受到人身损害获得的赔偿或者补偿；

（三）遗嘱或者赠与合同中确定只归一方的财产；

（四）一方专用的生活用品；

（五）其他应当归一方的财产。

第一千零六十五条 男女双方可以约定婚姻关系存续期间所得的财产以及婚前财产归各自所有、共同所有或者部分各自所有、部分共同所有。约定应当采用书面形式。没有约定或者约定不明确的，适用本法第一千零六十二条、第一千零六十三条的规定。

夫妻对婚姻关系存续期间所得的财产以及婚前财产的约定，对双方具有法律约束力。

夫妻对婚姻关系存续期间所得的财产约定归各自所有，夫或者妻一方对外所负的债务，相对人知道该约定的，以夫或者妻一方的个人财产清偿。

《最高人民法院关于适用〈中华人民共和国民法典〉婚姻家庭编的解释（一）》

第三十一条 民法典第一千零六十三条规定为夫妻一方的个人财产，不因婚姻关系的延续而转化为夫妻共同财产。但当事人另有约定的除外。

九、同居关系纠纷

（一）地方法院典型案例

025. 非以夫妻名义同居期间所得财产属于共同共有还是按份共有[1]

上诉人（原审原告）：白某，男，1979年8月14日出生。

委托诉讼代理人：白静，北京市某律师事务所律师。

被告：居某，女，1979年6月5日出生。

委托诉讼代理人：谢某，北京某律师事务所律师。

委托诉讼代理人：于某，北京某律师事务所实习律师。

上诉人白某因与上诉人居某同居关系析产纠纷一案，不服北京市通州区人民法院（2019）京0112民初35638号民事判决，向本院提起上诉。本院于2021年6月23日立案后，依法组成合议庭进行了审理，本案现已审理终结。

白某上诉请求：将本案发回重审或直接改判为：1.撤销一审判决第一项，改判19-1房产房屋征收补偿款3031440元；2.撤销一审判决第四项，改判居某向我返还医保款项12300元；3.本案一审、二审诉讼费用由居某承担。事实与理由：一、关于19-1房产：我对19-1房产出资比例超过91%，一审法院对此认定错误；一次性搬迁费、临时安置费及搬迁奖励费都应是19-1房

---

[1] 北京市第三中级人民法院（2021）京03民终10986号民事判决书，载中国裁判文书网，最后访问日期：2023年7月3日。

产补偿款,我应当有权分割;公积金应为我对19-1房产出资。二、关于医保,一审法院认定"医保账户取款为同居期间财产混同"错误:居某取款时间2018年1月24日系双方同居关系结束之后;医保账户款项是社保基金分配给我个人的专属财产。

居某答辩称,不同意白某的上诉请求和理由。

居某上诉请求:1. 撤销一审判决第一项,维持一审判决第二、三项,依法改判驳回白某的全部诉讼请求;2. 本案一审、二审诉讼费用由白某承担。事实与理由:一、一审判决认定双方存在同居关系,同居期间财产混同,属于事实认定错误:我与居某于2016年9月8日协议离婚,2016年9月8日至2018年1月20日,我们仅仅系共同使用房屋,双方生活自主、财产独立;我们之间财产往来记录均有相对应的基础法律关系,不能作为认定财产混同的依据。二、一审判决推定19-1房产双方共有,属于认定事实错误:购买19-1房产时,双方并没有共同投资的合意,白某支付相关款项的意思表示是履行离婚协议约定。三、一审判决未予认定白某支付19-1房产费用是履行《离婚协议书》项下的支付义务,属于认定事实错误:白某的付款金额、付款时间均与《离婚协议书》第三条(1)的约定相呼应,且1901-1房产相关的购房合同、贷款合同、预约登记等均在居某一人名下。四、一审判决以未出庭作证证人的书面证言作为认定事实依据,属于严重程序错误。五、一审判决仅适用合同相关的规定,未适用物权和共有的相关法律规定,属于适用法律错误。

白某答辩称,不同意居某的上诉请求和理由。

白某向一审法院起诉请求:1. 依法分割19-1房产的房屋征收补偿款4787324元;2. 判令居某返还白某公积金款项92568.28元,并按照银行同期存款利率,支付该款项自2018年1月24日起至实际付清之日止的利息;3. 判令居某返还白某医保款项12300元;4. 判令居某返还其代收崔某清款项80000元;5. 判令居某与白某共同承担因购买19-1房产产生的共同债务本息共计930539.16元；6.判令居某与白某共同承担因购买19-1房产产生的花旗银行信用卡手续费15359元；7.诉讼费用由居某负担。

一审法院认定事实：白某与居某于2009年5月8日登记结婚，于2009年12月13日生育长女白某2，于2012年11月30日生育次女白某3。双方于2013年8月协议离婚，于2015年1月10日登记复婚，又于2016年9月8日在北京市西城区民政局协议离婚，双方《离婚协议书》约定："一、男女双方自愿离婚。二、子女抚养、抚养费及探望权：两个女儿均由女方抚养，随同女方生活，抚养费由男方全部负责，男方每月支付抚养费15000元，直至两个女儿均大学毕业……三、夫妻共同财产的处理：（1）存款：双方名下所有银行存款共80万元，全部归女方所有。男方应于2016年9月15日前一次性支付80万元给女方。（2）房屋：2206的房屋为男方婚前个人财产，离婚后产权仍归男方单独所有。但为了方便孩子上学，经双方协议，女方及孩子享有房屋的实际居住权，直到二女儿大学毕业，在女方享有居住权期间，男方不得擅自处理此套房产。女方名下1601和1901两套房屋是女方婚前个人财产，离婚后仍归女方单独所有。（3）车辆：男方名下现代雅尊汽车一辆，及女方名下路虎极光一辆，均归女方所有。（4）其他财产：2206房屋内的所有家具电器都归女方所有。四、债务的处理：双方确认在婚姻关系存续期间没有发生任何共同债权、债务，任何一方如对外负有债务的，由负债方自行承担。五、一方隐瞒或转移夫妻共同财产的责任：双方确认夫妻共同财产在上述第三条已作出明确列明。除上述房屋、家具、家电及银行存款外，并无其他财产，任何一方应保证以上所列婚内全部共同财产的真实性……六、违约责任的约定：任何一方不按本协议约定期限履行支付款项义务的，应付违约金10000元给对方……"自2016年9月8日离婚后至2018年1月20日期间，居某、白某2、白某3仍与白某共同居住在2206房屋。

2016年9月19日，居某与天津某房地产开发有限公司签订《天津市商品房买卖合同》，约定：居某购买19-1房产，总房款2215138元，首付款

665138元，剩余房款1550000元由居某以银行贷款方式支付。2016年11月29日，居某与中国银行股份有限公司北京宣武支行签订《个人一手住房贷款合同》，向该银行借款1550000元用于购买19-1房产，贷款期限360个月。经核实，19-1房产所涉款项支付情况如下：2016年9月12日，白某向案外人贾某名下账户转账713743元（备注为预付款），同日，案外人田某向贾某名下账户转账100000元，上述款项包含：首付款665138元、公共维修基金22151元、契税31644.83元及更名费用。2016年10月2日，白某向案外人转账支付80000元，另以花旗银行信用卡方式向其支付100000元。2017年1月21日，白某支付19-1房产物业管理费、车位管理费、垃圾清运费共计17393元。19-1房产贷款由居某偿还。

2016年11月7日，19-1房产取得预告登记，登记权利人（申请人）为居某。2020年5月26日，居某与天津市武清区住房和建设委员会签订《房屋征收补偿协议》，约定对19-1房产进行征收，居某自愿选择货币补偿方式，货币补偿包括被征收房屋价值4728724元、一次性搬迁费5000元、临时安置费3600元、搬迁奖励费50000元，以上共计4787324元。上述协议签订前后，居某取得货币补偿共计4787324元。

白某曾以变更抚养关系为由将居某诉至法院，请求判令白某2由白某自行抚养。法院经审理作出（2018）京0112民初8602号民事判决，判决驳回白某的诉讼请求。白某不服该判决，上诉至二审法院，二审法院于2018年7月23日作出（2018）京03民终8766号民事判决，判决驳回上诉，维持原判。

2018年3月1日，白某2、白某3以抚养费纠纷为由将白某诉至北京市西城区人民法院，请求判令白某给付白某2、白某3自2016年9月9日至2018年2月28日止的抚养费共计270000元，判令白某自2018年3月起至白某2、白某3大学毕业止支付每人每月抚养费7500元。该案认定的事实包括"自2016年9月8日离婚后至2018年1月20日期间，原告白某2、白某3及母亲居某仍与被告白某共同居住在2206的房屋"。北京市西城区人民法院审理后认为：1.二原告之母居某与被告白某于2016年9月8日协议离婚，双方约定白某每月支付二原告抚养费合计15000元，该离婚协议是二原告之母居某与被告白某自愿签署，合法有效。在没有正当事由的情况下，离婚双方应遵从离婚协议对双方权利义务的约定；2.本案中，被告白某辩称，自2016年9月8日签订离婚协议后至2018年1月20日期间，双方仍共同生活且白某承担了部分家庭共同开支，包括物业费、旅游费、房产贷款、车贷、保险费用，但被告提交的证据不足以证明其按照离婚协议的约定支付了全部抚养费。对于二原告已提交证据证明双方转账存在其他基础关系的部分，不宜认定为被告向二原告支付的抚养费；对于涉及天津武清房产的17393元，因双方对此在本院另有诉讼，故该笔转账不宜作为抚养费，由双方另行解决；对于二原告未能提交证据证明存在其他基础关系的部分，可以视为被告已支付的抚养费，在应支付的总额中予以扣除；此外，在庭审中，二原告之母居某认可被告在此期间交一部分生活费用，但不是固定给付，对此本院酌情予以扣除；……综上，自2016年9月至2018年2月，被告白某按照离婚协议约定应向二原告支付抚养费合计为270000元，对于被告白某已经支付的部分，本院酌情确定为70000元，应在支付总额中予以扣除。北京市西城区人民法院于2018年9月3日作出（2018）京0102民初9206号民事判决，判决白某一次性支付白某2、白某3自2016年9月至2018年2月的抚养费合计200000元；自2018年3月起，白某每月15日前支付白某2抚养费7500元、白某3抚养费7500元，至白某2、白某3大学毕业止，驳回白某2、白某3的其他诉讼请求。

居某以离婚后财产纠纷为由将白某诉至北京市西城区人民法院，请求判令：1.白某支付违约金10000元；2.居某对2206房屋享有居住权，居住至两个婚生女儿均大学毕业；3.2206房屋内所有的家具、电器归居某所有；4.诉讼费由白某承担。北京市西城区人民法院经审理认为：1.居某与白某于

2016年9月8日签订的《离婚协议书》系双方自愿签订，为双方真实意思表示，且协议内容未违反法律规定，该协议对双方均具有法律约束力，双方均应按协议约定履行相应的义务；2. 关于白某主张分割的19-1房产及要求居某返还从白某名下公积金账户内取走的公积金余额，根据已查明事实，19-1房产系在双方离婚后购买，居某从白某名下公积金账户取走的钱款是2016年10月至2018年4月的公积金，白某未提供足够的证据证明上述房产和公积金为夫妻共同财产且尚未分割，故对上述房产和公积金的处理不属于离婚后财产纠纷案件处理的范围，本案不宜处理，双方可另行解决；3. 关于白某主张处理的共同债务20万元，因涉及案外人的利益，本案不宜处理，如权利人主张权利可另案主张。北京市西城区人民法院作出（2018）京0102民初9207号民事判决，判决：1. 2206的房屋内朝南向的次卧室由居某居住使用，厨房、卫生间、客厅等公共空间共同使用，直到二女儿白某3大学毕业止；2. 家具电器：棕色皮质3+1沙发一组、皮质电动电脑椅一把、净化器一台（已坏）、餐椅四把、梳妆椅一把、海信55吋壁挂电视一台归居某所有，白某于判决生效之日起七日内将上述物品交付给居某；3. 居某于判决生效之日起七日内给付白某某人生终身寿险（万能型）退保现金价值折价款二万零三百九十四元；4. 驳回居某的其他诉讼请求；5. 驳回白某的其他诉讼请求。白某不服该判决，上诉至北京市第二中级人民法院，上诉主张离婚协议书中的约定并非白某的真实意思表示，双方系为买房而假离婚，房屋使用权约定期间过长等。北京市第二中级人民法院经审理认为："关于居住使用权一节，本案解决的争议乃是双方协议离婚后所存在分歧的相关问题。而居某关于诉争房屋居住使用权的主张系依据白某与居某所达成的离婚协议之约定。现白某上诉提出双方系为购房规避政策而采取假离婚的方式，故主张相关协议内容无效。经询，居某对此不予认可。而在本案一、二审诉讼中白某均未能提供有效证据就假离婚一节予以证明，且其在本案诉讼前亦未曾通过其他法律途径撤销该离婚协议。鉴于此，本院认为此项上诉理由不能成立。而协议内容于法无悖，且离婚协议系对双方之间多项争议的综合考量与解决，系双方真实意思表示，白某所提出的上诉理由不足以抗辩居某的诉讼主张，故一审法院依现有证据和双方所述对居某提出的该诉讼请求予以支持是正确的。"该院作出（2020）京02民终1685号民事判决，判决驳回上诉，维持原判。

庭审中，白某主张为购买19-1房产，规避当地贷款限制政策，双方于2016年9月8日签订《离婚协议书》并办理离婚，自2016年9月8日至2018年1月20日期间，双方财产混同，且以夫妻名义共同抚养子女、购置房产，该期间取得的财产应按共同共有处理，故因19-1房产征收取得的房屋征收补偿款应予分割。为证明其主张，白某提供《天津某小区住户登记表》（显示住户为居某，"配偶及子女情况"一栏填写白某）、书面证人证言证人贾某称，2016年9月，白某、居某来天津武清购买别墅，我当时是置业顾问，为了买房，在此期间他们办理了离婚手续，签署购房合同时，购房人居某提供的个人证件中包含和白某的离婚证，购房过程中所有的款项是白某缴付的，签字手续是购房人居某办的，到物业收房是他们两人一起来办的，购房后，售楼处举办一些烧烤活动他们也都带孩子和父母一起来参加过。证人安某称，本人安某，和白某是近十年的朋友，……我和白某媳妇居某也认识，有她微信，他们都有两个孩子了，当时看着他们感情挺好的，大概是2018年年初，白某和我说他离婚了，管我要转账记录，他说打官司用，我才知道他们（白某和居某）离婚了。证人田某称，本人田某，和白某是朋友关系，……大概是2016年阴历年年底（2017年春节前）……在白某家，他媳妇（居某）做的饭，我、原某、白某一家子（他们两口子和两个孩子）一起吃的饭，当时看他们一家子感情不错，没觉得他们离婚了……2018年1月20日，我还是和原某一起去他家找他……当时看着他们感情挺好的，大概是2018年3、4月份白某管我要转账记录，说他离婚了，打官司用，我才知道他们离婚）居某对此不予认可，主张2016年9月8日至2018年1月20日期间双方仅共同居住在2206房屋，并非同居，且未以夫妻名义对外，19-1房产系双方离婚后居某自行购置，白某无权要求分割房屋征收补偿款。白某未就购买 19-1 房产时的相关贷款限制政策及双方离婚系出于购房目的举证。

庭审中，白某主张 19-1 房产的首付款及部分贷款均由白某支付，由此产生的债务共计 930539.16 元应属共同债务，该共同债务包括：上海银行个人信用消费贷款本金 590000 元及利息 140539.16 元、向田某借款 100000 元、向安某借款 100000 元。为证明其主张，白某提交：1.《（天津某小区）客户更名申请单》（显示原客户姓名杨某，现客户姓名居某，购买房屋 19-1，总价 2215138 元，已交款项 753743.14 元，客户更名原因为无贷款资格更换贷款人）；2. 银行账户及信用卡交易明细（显示白某于 2016 年 9 月 12 日向贾某转账支付 713743 元、田某于 2016 年 9 月 12 日通过中国民生银行向贾某转账支付 100000 元、白某于 2016 年 10 月 2 日分别以银行转账及花旗银行信用卡刷卡方式向案外人累计支付 180000 元、白某于 2017 年 1 月 21 日支付 19-1 房产物业及车位管理费和垃圾清运费共计 17393 元）；3. 两张借条（复印件）及相应转账记录（其一内容显示白某因购买天津武清某别墅向田某借款 100000 元，现已收到其转账至贾某账户，本借款于 2019 年 12 月 31 日前一次性归还；其二内容显示白某因购买天津某房产向安某借款 100000 元，此借款于 2016 年 9 月已转到本人账户，借款本金将于 2019 年 12 月底归还；田某于 2016 年 9 月 12 日通过中国民生银行向贾某转账支付 100000 元、安某于 2016 年 9 月 14 日通过北京银行向白某分两笔转账累计 100000 元）；4. 书面证人证言［证人贾某称，19-1 房产原来是一个叫杨某的人买的，因为办不下贷款所以转给了白某他们，当时购房款有 70 多万是白某转给我的，还有 10 万是他的朋友田某转给我的，一共 80 多万我一起转给了原房主杨某，这里大概包括了首付款、公共维修基金、契税，签约时白某还通过和开发商合作的电商平台北京梦享家科技信息有限公司刷了 18 万的电商服务款用来抵扣房款。证人安某称，本人安某，和白某是近十年的朋友，大概 2016 年 8、9 月份白某和我说他要买房（天津武清区某小区别墅）管我借十万元，我就让我父亲安某以转账形式汇给了白某两笔十万元。证人田某称,本人田某,和白某是朋友关系,大概2016年8、9月份白某和我说他要买房(天津武清区某小区别墅)管我借钱,我就借给他十万,这十万是2016年9月12日通过民生银行以转账形式汇给贾某的];5.《个人信用消费贷款授信合同》(2014年第1版)《个人贷款申请表》《上海银行个人信用报告查询授权书》及相应交易明细、照片、《个人信用消费贷款授信合同》[《个人信用消费贷款授信合同》(2014年第1版]显示授信人上海银行股份有限公司虹口支行,受信人白某,授信额度590000元,授信期限自2015年12月24日起至2018年12月24日止,贷款执行年利率为4.75%的1.3倍;居某以白某配偶身份在该贷款授信合同及贷款申请表、信用报告查询授权书上签名;2016年8月23日,上海银行市北分行向白某发放贷款590000元,此后白某偿还借款本息,于2018年12月20日将上述贷款本息提前还清;《个人信用消费贷款授信合同》显示授信人上海银行股份有限公司周家嘴路支行,受信人白某,授信额度300000元;后上海银行市北分行分别于2019年1月9日向白某发放贷款100000元、于2019年2月14日向白某发放贷款200000元,此后白某按月偿还本息);6. 花旗银行对账单及录音(显示白某于2016年10月2日向北京梦享家科技信息有限公司刷信用卡支付100000元,花旗银行客户服务人员称该100000元共计分24期,分期手续费为每月639.99元,总手续费15359元)。居某对于以上事实的认定情况如下:1. 对于银行账户及信用卡交易明细,认可白某向贾某转账713743元用于购买19-1房产,该713743元包含首付款、契税、公共维修基金,以及白某支付房产物业及车位管理费和垃圾清运费共计17393元的事实,认可杨某确实收取过更名费用,是否支付过电商服务费由法院核实,但主张白某支付19-1房产购买费用系履行《离婚协议书》关于"男方应于2016年9月15日前一次性支付80万元给女方"的约定,白某向案外人借款与居某无关;2. 对于两张借条(复印件)及相应转账记录,不认可白某为购买19-1房产向案外人借款的事实,且该事实与居某无关;3. 对于书面证人证言，不认可其真实性；4. 对于贷款授信合同及贷款申请表、信用报告查询授权书及相应交易明细、照片，认可其真实性，但居某仅作为借款人的配偶，并非白某、居某以夫妻名义共同贷款，且白某借款与居某无关；5. 对于花旗银行对账单及录音，认可该证据的真实性，但白某借款与居某无关。

庭审中，白某主张，居某自其公积金账户内取款92568.28元用于偿还19-1房产贷款、自其医保账户内取款12300元应属专属于白某个人的款项，故居某应予返还上述款项，为证明其主张，白某提交借记卡账户历史明细清单（显示2016年11月30日至2018年1月23日期间，白某名下账号为×××的公积金账户内取款共计92568.28元）、《医保业务明细查询》（显示白某名下医保账户于2018年1月24日取款12300元）予以佐证。居某认可其自白某名下公积金账户内取款92568.28元、自白某名下医保账户内取款12300元的事实，不同意返还上述款项，主张公积金款项、医保款项均系白某自愿支付用于共同生活期间的补偿，属于白某的生活费，且北京市西城区人民法院（2018）京0102民初9206号案件审理过程中，白某撤回了关于公积金和医保款项的主张后，白某2、白某3才同意在抚养费中减少70000元，该案已对此进行了处理，故本院不应再处理。白某对其主张不予认可，并坚持要求分割。经核实卷宗材料，北京市西城区人民法院（2018）京0102民初9206号案件审理中，白某、居某均未提及上述公积金款项及医保款项。

庭审中，对于《离婚协议书》关于2206房屋的约定。居某主张：双方于2009年5月8日登记结婚前，白某原有902房屋一套，双方结婚后为换房于2013年8月21日协议离婚，后将902室房屋出售后，以白某名义贷款购买2206房屋，双方于2015年1月10日登记复婚，自2015年1月10日至2016年9月8日期间，双方共同还贷22个月，2016年9月8日离婚时，居某放弃了2206号房屋的共同还贷及其对应财产增值部分利益，换取《离婚协议书》关于"男方应于2016年9月15日前一次性支付80万元给女方"的约定以及2206号房屋的居住权益。白某认可双方2013年8月21日协议离婚系出于换房目的，不认可居某的其他主张，主张双方出于购买19-1房产的目的，为规避当地贷款政策，于2016年9月8日协议离婚并签订《离婚协议书》。经法院向双方释明，双方均未就902房屋、2206号房屋的出售、购买、还贷、市场价值等事实举证。

庭审中，对于《离婚协议书》关于1601和1901号房屋的约定。居某主张：其与白某于2009年5月8日登记结婚前，原有位于北京市通州区某小区房屋一套，结婚后该房屋拆迁取得1601号和1901号房屋，该两套房屋属于其婚前财产。白某认可居某原有房屋拆迁并取得上述两套房屋的事实，主张房屋拆迁补差款约300000元及装修款约200000元均由白某支付，但是未就其出资情况举证。居某对此不予认可，主张拆迁补差款系居某向其父母借款支付，装修款虽系以夫妻共同财产支付，但其中一套房屋用于出租，租金已全部用于家庭生活，已折抵装修款，居某亦未就其主张举证。

一审法院认为，当事人对自己的诉讼请求所依据的事实，有责任提供证据加以证明。没有证据或者证据不足以证明当事人的事实主张的，由负有举证责任的当事人承担不利后果。

对于同居关系问题。经查明，白某、居某自2016年9月8日离婚后至2018年1月20日期间，共同居住于2206房屋。白某主张双方为购买19-1房产，规避当地贷款政策而签订《离婚协议书》并办理离婚，双方离婚后同居期间财产混同且以夫妻名义共同生活，居某对此不予认可。鉴于居某、白某2、白某3与白某之间存在多次诉讼，人民法院生效判决均已确认该《离婚协议书》系白某、居某自愿签署，应属合法有效，现本案中，白某未能提供确实有效证据就双方为购房办理离婚手续一节予以证明，且其未曾通过其他法律途径撤销该离婚协议，故法院认定该《离婚协议书》系双方真实意思表示，亦不违反法律法规的强制性规定，应属合法有效。对于白某关于的双方同居期间财产混同且以夫妻名义共同生活的主张，法院结合双方同居期间白某支付19-1房产款项、居某自白某名下公积金及医保账户取款以及北京市西城区人民法院（2018）京 0102 民初 9206 号案件卷宗中双方存在大量财产往来的证据材料，认定双方同居期间财产混同，但同居期间共同抚养子女的行为并不必然构成以夫妻名义共同生活，现白某提交的证据不足以证明双方同居期间系以夫妻名义共同生活的事实，故对其该部分主张，法院不予采信。

对于同居期间的财产处理问题。法院认为，白某未提交确实有效证据以证明该期间双方以夫妻名义共同生活，应当自行承担不利后果。现经法院查明，双方同居期间财产混同且对同居期间的财产处理问题无约定，在现有证据不足以证明双方以夫妻名义共同生活的情况下，对于同居期间所得财产应推定为按照出资比例按份共有为宜。

对于 19-1 房产房屋征收补偿款的分割一节。法院认为，因 19-1 房产应为双方按照出资比例按份共有，故白某有权要求按照其份额分割该房屋的征收补偿款。关于白某的出资比例，白某提交的《（天津某小区）客户更名申请单》、银行账户及信用卡交易明细、田某的借条及转账记录、贾某的证人证言、田某的证人证言、花旗银行对账单可以相互印证，已经形成完整证据链，且与法院调查情况一致，足以证明 19-1 房产系以向案外人杨某更名方式购买，该房屋除《天津市商品房买卖合同》约定的总房款外，另存在电商服务费、更名费用，以及白某支付该房屋首付款、电商服务费、更名费用的事实，故白某的出资比例应按上述出资金额计算。白某虽主张居某自其公积金账户内取款用于偿还 19-1 房产贷款，但是并未举证证实，法院不予采信。对于 19-1 房产征收补偿款中的一次性搬迁费、临时安置费及搬迁奖励费，因与房屋实际使用情况相关，且房屋征收行为距双方同居关系解除已逾两年之久，故白某无权要求分割上述款项，法院认定 19-1 房产应予分割的征收补偿款数额应以被征收房屋价值 4728724 元为限。综上，法院确定白某有权取得的房屋征收补偿款数额为 1785078 元。

对于债务及花旗银行信用卡手续费一节。法院认为，上海银行于 2016 年 8 月 23 日发放的贷款 590000 元已于 2018 年 12 月 20 日还清，该债务已消灭。

对于《个人信用消费贷款授信合同》项下由上海银行市北分行累计发放的贷款 300000 元，因该债务发生于双方同居关系解除后，现无证据证明该贷款系用于双方婚姻关系存续期间或同居期间的支出；即使如白某所主张，该款项用于购买 19-1 房产，但该费用已经计算在白某对 19-1 房产的出资中，现白某要求居某共同承担该项债务，无事实及法律依据，法院不予支持。同理，对于白某向田某的借款及花旗银行信用卡手续费，法院亦不予支持。对于安某于 2016 年 9 月 14 日通过北京银行向白某分两笔累计转账 100000 元，白某自认用于购买 19-1 房产，现因该费用已经计算在白某对 19-1 房产的出资中，白某要求居某共同承担该项债务，法院亦不予支持。

对于公积金款项及医保款项一节。因双方同居期间财产混同，现居某主张上述款项已经用于共同生活，法院对此不持异议。对于白某要求居某返还上述款项的诉讼请求，无事实及法律依据，法院不予支持。

对于居某关于白某支付 19-1 房产购买费用系履行《离婚协议书》约定的主张，因其未就此举证，白某对此亦不予认可，故法院不予采信，其可另行解决。

对于白某要求居某返还其代收款项 80000 元的诉请，因涉及案外人利益，本案不宜一并处理。

一审法院判决：一、居某支付白某天津市武清区某小区 19-1 房产房屋征收补偿款 1785078 元，于判决生效之日起七日内执行清；二、因《个人信用消费贷款授信合同》项下，由上海银行市北分行于 2019 年 1 月 9 日向白某发放 100000 元、于 2019 年 2 月 14 日向白某发放 200000 元所产生的债务属于白某个人债务，由白某个人负责偿还；三、因案外人田某于 2016 年 9 月 12 日向案外人贾某转账 100000 元、案外人安某于 2016 年 9 月 14 日向白某转账 100000 元（分两笔，各 50000 元）所产生的债务属于白某个人债务，由白某个人负责偿还；四、驳回白某的其他诉讼请求。如果未按本判决指定的期间履行给付金钱义务，应当依照《民事诉讼法》第 260 条之规定，加倍支付迟延履行期间的债务利息。

二审期间，白某向本院提交了如下证据材料：1. 贾某证人证言及贾某持身份证和证人证言照片（2019年12月1日和2021年6月4日），证明：19-1房产系白某出资购买，白某通过和开发商合作的电商平台支付18万元房款；2. 视频、录音文字版及光盘，证明白某与方某和贾某谈购买房屋事宜、贾某证言的真实性以及电商平台与开发商是合作关系，收取部分房款。对于上述证据材料，居某不予认可证明目的。居某向本院提交了截屏消费记录，白某不认可关联性。

本院经审理的认定的其他事实与一审法院认定的事实无异。

本院认为：本案为同居关系析产纠纷，双方争议焦点为房屋征收补偿款、公积金款项及医保款项、相关债务及银行信用卡手续费，关键问题在于双方同居期间财产是否存在混同。对此，本院统一分析如下：根据庭审查明的事实，白某与居某原系夫妻，其后双方因故离婚，但是一直同居生活，一审法院结合双方存在大量财产往来的事实状况，认定双方在同居期间存在财产混同，符合本案实际。在此基础上，结合双方对于同居期间的财产并无约定的事实，将双方在同居期间所得财产依照出资比例按份共有的原则予以处理，是客观公正的。据此，根据查明的出资比例对于房屋征收补偿款作出的分割，并无不当。一审法院其他处理亦无不当。

综上所述，白某、居某的上诉请求均不能成立，应予驳回；一审判决认定事实清楚，适用法律正确，应予维持。依照《民事诉讼法》第177条第1款第1项规定，判决如下：

驳回上诉，维持原判。

二审案件受理费52016元，由白某负担31150元（已交纳），由居某负担20866元（已交纳）。

本判决为终审判决。

九、同居关系纠纷

026. 离婚后又生活在一起并生育子女的，应认定为同居关系，在此期间购买的分红型保险属于共同财产，可以分割①

抗诉机关：安徽省人民检察院。

申诉人（一审原告、二审上诉人）：赵某华，女，1963年8月25日出生，汉族，农民，户籍地安徽省临泉县，现住安徽省临泉县新城区。

委托诉讼代理人：李某宽，安徽志豪律师事务所律师。

被申诉人（一审被告、二审被上诉人）：王某，男，1963年11月30日出生，汉族，农民，户籍地安徽省临泉县。

委托诉讼代理人：林某，安徽弘大律师事务所律师。

申诉人赵某华因与被申诉人王某同居关系纠纷一案，不服安徽省阜阳市中级人民法院（2015）阜民一终字第01408号民事判决，向安徽省阜阳市人民检察院申诉。安徽省人民检察院作出皖检民（行）监［2016］34000000199号民事抗诉书，向本院提出抗诉。本院作出（2016）皖民抗114号民事裁定，提审本案。本院依法组成合议庭，开庭审理了本案。安徽省人民检察院指派检察官汪永印、检察官助理陈伟出庭。申诉人赵某华及其委托诉讼代理人李某宽，被申诉人王某及其委托诉讼代理人林某到庭参加诉讼，本案现已审理终结。

安徽省人民检察抗诉认为，《最高人民法院关于人民法院审理未办结婚登记而以夫妻名义同居生活案件的若干意见》第10条规定，同居期间双方共同所得的财产或购置的财产，按一般共有处理。本案中赵某华不服原一审判决提出上诉，其上诉请求是"依法撤销（2015）临民一初字第02313号民事判决，并对两非婚生子女的抚养以及双方共有财产依法改判"。关于共有财产部

---

① 安徽省高级人民法院（2018）皖民再147号民事判决书，载中国裁判文书网，最后访问日期：2023年7月3日。

分，赵某华上诉称有双方在老家其合法所有的土地上建造的三层楼房一栋，2011年购买的阜阳市临泉县新西路南侧204号住房一套，购买的人身保险合同保费68万元，皖KW×××××本田轿车一辆等，还有双方共同开发的位于安徽省临泉县辛小庄房屋26套，应予分割。对于该项诉讼请求，阜阳市中级人民法院虽然在判决中认为"赵某华上诉称双发共同开发的位于安徽省临泉县辛小庄房屋26套应予分割，王某予以否认，赵某华未提供证明，不予采信"，但并没有对赵某华的该项诉请作出判决，属于遗漏诉讼请求，提出抗诉。

赵某华称，1. 原审对子女抚养的判决违背了孩子的意愿，适用法律错误。根据《最高人民法院关于人民法院审理离婚案件处理子女抚养问题的若干具体意见》第5条规定："父母双方对十周岁以上的未成年子女随父亲或母亲生活发生争执的，应考虑子女的意见。"本案在原二审期间，两子女均书面表示愿意随赵某华一起生活，并一直与赵某华共同生活，原审却判决赵某华和王某一人抚养一个。2. 关于享有韩某的共同债权94万元，原判未作处理，属于遗漏诉讼请求。一审庭审中王某认可韩某向其借款94万元，2015年下半年韩某已将所借款项偿还，根据《最高人民法院关于人民法院审理未办结婚登记而以夫妻名义同居生活案件的若干意见》第11条的规定："解除非法同居关系时，同居期间为共同生活、生产而形成的债权，可按共同债权处理。"赵某华享有分割权利。3. 赵某华与王某同居期间共同投资建设的25套房屋，应作为共同财产分割。2012年至2014年，赵某华与王某共同投资约300万元在临泉县实施"庞营乡老街道整改项目工程"，建设的25套楼房，应作为共同财产分割。4. 二审法院对王某与赵某华同居期间的房屋和车辆财产的分割，价值不对等，显失公平。

王某辩称，1. 原审对子女抚养的判决符合法律规定。王某与赵某华之间不是合法有效的婚姻关系，赵某华引用的法律条款或司法解释的前提存在错误。原判认定长女王某坤由赵某华抚养，次女王某宁由王某抚养符合客观实际，有利于子女的健康成长。2. 王某与赵某华离婚后的所有财产均应属于王某的个人合法财产,赵某华无权分割。王某与赵某华之间的共同财产,双方协议离婚时已经达成分割协议,两人对此没有争议。根据《最高人民法院关于人民法院审理未办结婚登记而以夫妻名义同居生活案件的若干意见》第10条规定:"解除非法同居关系时,同居生活期间双方共同所得的收入和购置的财产,按一般共有财产处理。"赵某华提出分割的财产并非双方共同投资、经营、管理等共同的行为所得,赵某华也没有证据证明其对财产的取得实际付出过,没有证据证明该财产系双方共同财产。

赵某华向一审法院起诉请求:1. 赵某华与王某所生女儿王某坤、王某宁由赵某华抚养;2. 赵某华与王某共同财产依法分割(依法院查明为准),属于赵某华的承包地依法由赵某华继续耕种;3. 二女户的国家补贴费用由赵某华领取;4. 本案诉讼费由王某负担。

一审法院查明:1989年,赵某华与王某经人介绍相识,××××年登记结婚。2001年11月15日,双方协议离婚。后双方未办理复婚登记又同居生活。××××年××月××日,生育长女王某坤,××××年××月××日,生育次女王某宁。双方同居生活期间曾一起在北京务工、经营生意等。1994年,双方以家庭承包方式在安徽省临泉县王土楼共同承包经营2.4亩耕地。2008年11月,王某在中国太平洋保险公司投保红福宝两全保险(分红型)人寿险,已缴纳保险费500000元,指定受益人为其两个女儿王某坤、王某宁;分配方式为均分,各享有50%。2012年6月,王某于在同一保险公司也为自己投保同类型险种,已缴纳保险费8万元,未指定受益人。

一审法院认为,赵某华与王某离婚后未办理复婚登记即以夫妻名义同居生活,违反了有关规定,其同居关系不受法律保护。双方同居期间生育的两个非婚生女儿,依法享有与婚生子女同等的权利,双方均有抚养、教育的权利和义务。根据案情,婚生长女王某坤由赵某华抚养,婚生次女王某宁由王某抚养为宜。对于双方同居期间的共同财产,因双方均未提供充分的证据证明,无法查清,在本案中不作处理。王某投保的红福宝两全保险(分红型)

人寿险，被保险人为王某，已累计缴纳保险费50万元，指定受益人为其两个女儿王某坤、王某宁。王某为本人投保的同类型的人寿险，累计已缴纳保险费8万元，被保险人为王某，未指定受益人，应为法定受益人。对于王某已缴纳的保险费，累计58万元，应视为双方同居生活期间的共同财产，应依法分割。依照法律规定，判决：一、非婚生长女王某坤由赵某华抚养，非婚生次女王某宁由王某抚养；二、王某共投保的58万元红福宝两全保险（分红型）保险费，由赵某华和王某各享有29万元；三、二女户享有的政府补贴，由王某、赵某华二人享有，均分；四、王某、赵某华以家庭承包的方式承包的土地，在承包期内王某、赵某华均有继续承包经营的权利，并享有相应的粮食补贴。一审案件受理费2100元，减半收取1050元，由赵某华负担525元，王某负担525元。

赵某华上诉称，赵某华与王某离婚后未办理复婚登记即同居生活，并生育2子女，双方同居生活期间所得的财产为共同财产，依法应共同分割。双方同居生活期间，在安徽省临泉县宅基地上共同建造3层楼房（每层10间），2011年双方购买的位于安徽省临泉县新建西路南侧204号住房1套，双方共同开发的位于安徽省临泉县辛小庄房屋26套及皖KW×××××号本田轿车，均为王某与赵某华同居期间的共同财产，一审判决不予认定错误。双方共同购买68万元的保险，一审判决仅认定58万元错误。2001年双方协议离婚时，约定家庭承包的2.40亩承包地由赵某华耕种、使用，享有粮食补贴，一审判决王某与赵某华均享有承包地的承包权利和粮食补贴，侵害了赵某华的合法权利。王某与赵某华以夫妻名义同居生活期间不仅对赵某华实施家暴，还长期与异性保持男女关系，对共同财产应不分或少分。一审法院未征求两子女意见，也不准许两子女出庭作证，审理程序违法。要求撤销一审判决，依法分割共同财产，并对子女抚养公正判决。

王某上诉称，《最高人民法院关于人民法院审未办结婚登记而以夫妻名义同居生活案件的若干意见》第10条适用的前提是同居生活期间双方共同所得的财产或购置的财产。王某与赵某华只是间断性、短时间共同生活，没有长期、稳定的共同生活居住，58万元保险系王某单独出资购买，一审判决认定王某与赵某华同居生活，58万元保险系王某与赵某华共同购买，认定事实和适用法律错误。要求撤销一审判决第二项。

二审查明：2001年11月15日，王某与赵某华达成夫妻共同财产分割协议，约定：3间堂屋、缝纫机、嫁妆归赵某华保管使用，小麦700斤左右、可耕地2.40亩交由赵某华保管使用。后双方登记离婚。王某与赵某华同居生活期间在安徽省临泉县宅基地上与王某同胞兄弟共同建造3层楼房（每层10间），王某与赵某华居住西头1套（一层为地下车库、二层为大通套、三层为套房），另2套由其他兄弟2人分别居住。2010年，王某购买KW×××××本田轿车1辆。2011年双方购买的位于安徽省临泉县新建西路南侧204号住房1套。

二审法院认为，2001年11月15日，王某与赵某华协议离婚后未办理复婚登记就以夫妻名义同居生活，并生育非婚生子女王某宁、王某坤，事实清楚。王某辩称其只是偶尔与赵某华生活居住，双方之间不存在同居关系，与事实不符，不予支持。《最高人民法院关于人民法院审理未办理结婚登记而以夫妻名义同居生活案件的若干意见》第10条规定，同居期间双方共同所得的财产或购置的财产，按一般共有处理。王某未提供证据证明58万元保险系个人财产所购买，其上诉称一审判决按共有财产分割错误，不予支持。赵某华上诉称共同购买的保险系68万元，不是58万元，未提供证据证明，不予采信。王某与赵某华达成的离婚协议，已经婚姻登记机关确认，为有效协议，一审判决处分离婚协议中双方对财产的约定，不符合法律规定，应予纠正。一审法院在审理本案时依法征求了王某宁、王某坤的意见，赵某华上诉称一审法院未征求子女意见，审理程序违法，与事实不符，不予支持。赵某华主张王某与其以夫妻名义同居生活期间，不仅对赵某华实施家暴，还长期与异性保持男女关系，对共同财产应不分或少分。因王某与赵某华未办理婚姻登记，二人之间的同居关系不受法律保护，对赵某华的该上诉理由，不予支持。赵某华上诉称双方共同开发的位于安徽省临泉县辛小庄房屋 26 套应予分割，王某予以否认，赵某华未提供证明，不予采信。王某与赵某华同居生活期间在安徽省临泉县宅基地上建造 3 层楼房（王某与赵某华居住西头 1 套，一层为地下车库、二层为大通套，三层为套房），王某购买 KW×××××本田轿车 1 辆及 2011 年购买的位于安徽省临泉县新建西路南侧 204 号住房 1 套，为同居期间所得的共同财产。根据案件实际情况，利于生产生活和便于化解矛盾的原则，王某购买 KW×××××本田轿车 1 辆及 2011 年双方购买的位于安徽省临泉县新建西路南侧 204 号住房 1 套归王某所有，安徽省临泉县宅基地上建造 3 层楼房的西头 1 套（包括一层为地下车库、二层为大通套，三层为套房）归赵某华管理、使用为宜。依照《最高人民法院关于人民法院审未办理结婚登记而以夫妻名义同居生活案件的若干意见》第 8 条、第 10 条等法律规定，判决如下：一、维持安徽省临泉县人民法院（2015）临民一初字第 02313 号民事判决第一、二、三项，即：非婚生长女王某坤由赵某华抚养，非婚生次女王某宁由王某抚养；王某共投保的 58 万元红福宝两全保险（分红型）保险费，由赵某华和王某各享有 29 万元；二女户享有的政府补贴，由王某、赵某华二人享有、均分；二、撤销安徽省临泉县人民法院（2015）临民一初字第 02313 号民事判决第四项；三、KW×××××本田轿车 1 辆及位于安徽省临泉县新建西路南侧 204 号住房 1 套，归王某所有；位于安徽省临泉县宅基地上建造 3 层楼房的西头 1 套（包括一层为地下车库、二层为大通套，三层为套房），归赵某华管理、使用。一审案件受理费 2100 元，减半收取 1050 元，二审案件受理费 1050 元，合计 2100 元，由赵某华负担 600 元，王某负担 1500 元。

再审庭审中，赵某华向法庭提交四组证据，第一组：××××年××月××日两非婚生女出具书面意见，均表示愿意随母亲生活，证明原判对子女抚养的处理不当；第二组：临泉县庞营村民委员会证明二份、开支笔记数页，证明庞营村建造的房屋是同居期间共同投资；第三组：一审庭审笔录、手机通话录音及文字内容，证明同居期间享有韩某债权94万元，原判未分割，处理不当；第四组：《接处警情况登记表》，证明赵某华与王某的同居关系。王某质证认为，对第一组证据，不能确认是两个孩子本人书写，真实性有异议；对第二组证据，不符合证据的法定形式要件，不能达到证明目的；投资建房发生在离婚后，赵某华没有出资证明和资金来源证明，与赵某华无关；对第三组证据，三段录音的真实性、合法性均有异议；对第四组证据，真实性予以认可，但不能证明双方的同居关系。

王某当庭申请证人周某、谷某1、王某、庞某、谷某2出庭作证，证明王某为建设庞营乡的房屋向该五人借债。赵某华质证表示对五名证人证言的真实性有异议。

本院认证认为，赵某华提交的第一组证据，属原审已提交的证据，同意原审审核意见；赵某华提交的第二组证据，村民委员会的证明没有涉及投资的具体情况，支出笔记与赵某华主张的投入资金、投资收益没有直接关联性，不能达到支持赵某华诉讼请求的证明标准；赵某华提交的第三组证据是三段通话录音，王某对真实性、合法性均不予认可，且录音资料的真实性难以核实，不能采信；王某对《接处警情况登记表》的真实性不持异议，认可该份证据的证据效力。王某提供五名证人证言，证明其为建设庞营乡的房屋拖欠该五人的债务，因没有其他证据佐证，不能实现其证明目的。

再审查明：赵某华主张其与王某共同投资，在安徽省临泉县实施"庞营乡老街道整改项目工程"，建设25套楼房。经实地查看，所建一栋二层楼房仅完成主体框架结构建造，目前仍处于停工状态。庭审中，赵某华、王某对上述房屋现状没有异议，赵某华当庭表示，将分割庞营乡25套房屋产权的诉讼请求，变更为分割王某出售庞营乡25套房屋所得的收益20万元。

原二审查明王某与赵某华同居生活期间，在安徽省临泉县宅基地上与王某同胞兄弟共同建造3层楼房（每层10间），经再审实地查看，该房屋建在临泉县公路边,一层是半地下室,并非在临泉县的宅基地上。原二审查明的2011年双方购买的位于安徽省临泉县新建西路南侧204号住房1套,王某于2011年9月5日一次性付清购房款35万元。

本院对原一审、二审查明的其他事实予以确认。

围绕赵某华的再审请求,归纳本案再审争议焦点为:1.赵某华与王某所生二女儿王某宁是否应判归赵某华抚养;2.赵某华请求分割韩某归还给王某的94万元借款,是否有事实和法律依据;3.赵某华请求分割王某建设庞营乡25套房屋获得的收益20万元,是否有事实和法律依据;4.原审对赵某华与王某同居期间的财产分割是否合理。

本院再审认为,赵某华系农民身份,无固定职业和稳定的收入,在与王某结婚和同居期间,或者随王某外出打工或者从事家务劳动及抚养二个女儿,与王某解除同居关系后没有就业,原判考虑赵某华的抚养能力,将二女儿判归王某抚养,并无不当。《最高人民法院关于人民法院审理未办结婚登记而以夫妻名义同居生活案件的若干意见》第10条规定:"解除非法同居关系时,同居生活期间双方共同所得的收入和购置的财产,按一般共有财产处理。"但赵某华并未举证证明其与王某同居期间存在共同经营或大额收入,亦不能举证证明王某出借给韩某的94万元,来源于其与王某同居期间的共同收入,其主张分割94万元,无事实依据,不予采信。关于赵某华请求分割王某在临泉县建造25套房屋的收益,因赵某华同样未举证证明建设资金来源于其与王某同居生活期间的共同收入,且该房屋未办理相关建设审批手续,工程未竣工,无法核定该房屋的具体收益和价值,故赵某华的此项诉讼请求,证据不足,不予支持。赵某华提出案涉临泉县县城的房屋和车辆的价值远大于农村所建房屋的价值,原判将县城的房屋和车辆判归王某,有失公允。根据再审查明,王某与兄弟合建的位于临泉县公路边的房屋,目前实际由王某居住,为了便于孩子在县城读书,赵某华一直带孩子在县城借住亲戚的房屋,且其在已有离婚时分得的宅基地及房屋,在同一地点无需两处住房。王某在双方同居期间购买了县城的房屋,且是一次性付清35万元购房款,该款应认定为双方同居期间的共同收入,依法应予分割,根据《最高人民法院关于人民法院审理未办结婚登记而以夫妻名义同居生活案件的若干意见》第8条规定:"人民法院审理非法同居关系的案件,如涉及非婚生子女抚养和财产分割问题,应一并予以解决。具体分割财产时,应照顾妇女、儿童的利益,考虑财产的实际情况和双方的过错程度,妥善分割。"赵某华应分得25万元。赵某华关于原审对其与王某同居期间的财产分割不合理的主张,有事实和法律依据,予以采信。综上,依照法律规定,判决如下:

一、维持安徽省阜阳市中级人民法院(2015)阜民一终字第01408号民事判决第一、二项及第三项的"KW×××××本田轿车1辆,位于安徽省临泉县新建西路南侧204号住房1套,归王某所有"部分,即:维持安徽省临泉县人民法院(2015)临民一初字第02313号民事判决第一、二、三项,即:非婚生长女王某坤由赵某华抚养,非婚生次女王某宁由王某抚养;王某共投保的58万元红福宝两全保险(分红型)保险费,由赵某华和王某各享有29万元;二女户享有的政府补贴,由王某、赵某华二人享有、均分;撤销安徽省临泉县人民法院(2015)临民一初字第02313号民事判决第四项;

二、撤销安徽省阜阳市中级人民法院(2015)阜民一终字第01408号民事判决第三项"位于安徽省临泉县宅基地上建造3层楼房的西头1套(包括一层为地下车库、二层为大通套、三层为套房),归赵某华管理、使用"部分;

三、王某于本判决生效30日内给付赵某华25万元;

四、位于安徽省临泉县公路边王某与兄弟合建楼房的西头1套归王某使用;

五、驳回赵某华的其他诉讼请求。

一审案件受理费2100元,减半收取1050元,由赵某华负担;二审案件受理费2100元,由赵某华、王某各负担1050元。

本判决为终审判决。

(二) 裁判依据

《中华人民共和国民法典》

第一千零五十四条 无效的或者被撤销的婚姻自始没有法律约束力，当事人不具有夫妻的权利和义务。同居期间所得的财产，由当事人协议处理；协议不成的，由人民法院根据照顾无过错方的原则判决。对重婚导致的无效婚姻的财产处理，不得侵害合法婚姻当事人的财产权益。当事人所生的子女，适用本法关于父母子女的规定。

婚姻无效或者被撤销的，无过错方有权请求损害赔偿。

第一千零七十一条 非婚生子女享有与婚生子女同等的权利，任何组织或者个人不得加以危害和歧视。

不直接抚养非婚生子女的生父或者生母，应当负担未成年子女或者不能独立生活的成年子女的抚养费。

《婚姻登记条例》

第四条 内地居民结婚，男女双方应当共同到一方当事人常住户口所在地的婚姻登记机关办理结婚登记。

中国公民同外国人在中国内地结婚的，内地居民同香港居民、澳门居民、台湾居民、华侨在中国内地结婚的，男女双方应当共同到内地居民常住户口所在地的婚姻登记机关办理结婚登记。

第八条 男女双方补办结婚登记的，适用本条例结婚登记的规定。

《最高人民法院关于适用〈中华人民共和国民法典〉婚姻家庭编的解释（一）》

第二条 民法典第一千零四十二条、第一千零七十九条、第一千零九十一条规定的"与他人同居"的情形，是指有配偶者与婚外异性，不以夫妻名义，持续、稳定地共同居住。

第三条 当事人提起诉讼仅请求解除同居关系的，人民法院不予受理；

已经受理的，裁定驳回起诉。

当事人因同居期间财产分割或者子女抚养纠纷提起诉讼的，人民法院应当受理。

第四条 当事人仅以民法典第一千零四十三条为依据提起诉讼的，人民法院不予受理；已经受理的，裁定驳回起诉。

第七条 未依据民法典第一千零四十九条规定办理结婚登记而以夫妻名义共同生活的男女，提起诉讼要求离婚的，应当区别对待：

（一）1994年2月1日民政部《婚姻登记管理条例》公布实施以前，男女双方已经符合结婚实质要件的，按事实婚姻处理。

（二）1994年2月1日民政部《婚姻登记管理条例》公布实施以后，男女双方符合结婚实质要件的，人民法院应当告知其补办结婚登记。未补办结婚登记的，依据本解释第三条规定处理。

第八条 未依据民法典第一千零四十九条规定办理结婚登记而以夫妻名义共同生活的男女，一方死亡，另一方以配偶身份主张享有继承权的，依据本解释第七条的原则处理。

十、亲子关系纠纷

（一）地方法院典型案例

027. 确认亲子关系是否应以双方存在夫妻关系为前提[1]

上诉人（原审被告）：付某平，男，1981年2月26日出生，汉族，住山东省青岛市市北区。

委托诉讼代理人：陈某山，山东某律师事务所律师。

委托诉讼代理人：代某宁，山东某律师事务所律师。

被上诉人（原审原告）：周某金，女，1978年8月10日出生，汉族，住山东省青岛市城阳区。

委托诉讼代理人：胡某，某律师（青岛）事务所律师。

上诉人付某平因与被上诉人周某金确认亲子关系纠纷一案，不服山东省青岛市市北区人民法院（2021）鲁0203民初9986号民事判决，向本院提起上诉。本院于2022年1月21日立案后，依法组成合议庭，开庭进行了审理。本案现已审理终结。

付某平上诉请求：撤销一审判决，依法改判上诉人与被上诉人之女周某焱之间不存在亲子关系，或者发回重审；本案一审、二审诉讼费用均由被上诉人承担。事实和理由：（一）周某金提交的证据不足以完成法定的举证责

---

[1] 山东省青岛市中级人民法院（2022）鲁02民终775号民事判决书，载中国裁判文书网，最后访问日期：2023年7月3日。

任,无法证明被上诉人与上诉人之间存在夫妻关系。被上诉人在一审中提供的青岛妇婴医院调取的授权委托书、麻醉前访视记录、产科手术知情同意书(剖宫产等)、定点医院提供特需医疗服务协议书各一份,不能证明上诉人与被上诉人之间存在夫妻关系,更不能证明被上诉人之女与上诉人之间存在亲子关系。被上诉人之间的支付宝聊天记录也是由于双方系朋友关系,客套地进行回复交流,并不能仅凭聊天记录就认定被上诉人之女与上诉人之间存在亲子关系。(二)周某金提供的证据不足以形成合理的证据链,没有完成"必要证据予以证明"的举证义务,不能证明被上诉人之女周某焱系上诉人之女。根据"谁主张,谁举证"的法律规定,被上诉人没有证据证明其女儿周某焱与上诉人之间存在亲子关系,没有提供《民法典婚姻家庭编解释(一)》第39条第2款规定中的"必要证据"证明上诉人与被上诉人之女周某焱存在推定亲子关系的可能性,无法证明上诉人与被上诉人之女周某焱之间的亲子关系。(三)上诉人已经结婚,并且育有子女。上诉人并未与被上诉人有夫妻生活,被上诉人之女周某焱并非上诉人的女儿,上诉人与被上诉人只是朋友关系,并非夫妻关系。

被上诉人周某金辩称,被上诉人从青岛妇婴医院调取的授权委托书、麻醉术前访视记录、产科手术知情同意书等以及支付宝聊天记录,这些证据显示在周某焱出生时上诉人以配偶身份进行签名,并与被上诉人就孩子的抚养的问题进行交涉。证据间相互印证,可以证明周某焱与上诉人之间存在亲子关系。亲子关系与夫妻关系是相互独立的关系。周某焱与上诉人之间存在亲子关系,与本案双方之间是否存在夫妻关系无关,被上诉人无需证明双方当事人是否为夫妻关系。在被上诉人已完成必要证据举证的情况下,上诉人没有相反证据又拒绝做亲子鉴定。一审认定周某焱与上诉人之间存在亲子关系符合法律规定。

周某金向一审法院起诉请求:1. 依法确认被告与周某焱之间存在亲子关系;2. 本案诉讼费由被告承担。事实和理由:2014年原、被告双方经人介绍相识并同居，同居期间，原告怀孕，于2015年12月23日生下女儿周某焱，自女儿出生后，被告对母女的生活不理不问，亦不支付抚养费，并对女儿的身份产生怀疑，故为了维护原告及原告女儿的合法权益，特诉至本院，望在查明事实的基础上，依法判如所请。

一审法院认定事实：周某金于2015年12月23日在青岛妇婴医院生育一女周某焱。周某金主张付某平系周某焱的亲生父亲，并提交了自青岛妇婴医院调取的授权委托书、麻醉术前访视记录、产科手术知情同意书（剖宫产等）、定点医院提供特需医疗服务协议书各一份，及其与付某平的支付宝聊天记录一宗。上述授权委托书主要内容："委托人（患者本人）：周某金，受托人：付某平，与患者关系：配偶，受托人签名：付某平（手写），2015年12月23日"；麻醉术前访视记录载明："患者授权亲属签名付某平（手写），与患者系夫妻，签名日期2015年12月23日"；产科手术知情同意书（剖宫产等）载明："病人签字：周某金（手写），授权委托人签字：付某平（手写），与病人关系：夫妻，2015年12月23日"；定点医院提供特需医疗服务协议书载明："病人或家属签字及签字日期付某平（手写）"。付某平对上述证据的真实性不认可，否认上述证据中的"付某平"签名系其本人所签，并申请笔迹鉴定。上述支付宝聊天记录中付某平提及"我们以后只谈孩子……只谈抚养孩子问题……我们把孩子抚养成人……孩子放我这里你不放心，就让阿姨看吧，我给出生活费2000一月……以后一年给你一万五抚养费……我再难我也承担抚养义务"等。对上述聊天记录的真实性，付某平予以认可。周某金向本院申请就周某焱与付某平之间存在亲子关系进行鉴定，在法庭向付某平征询意见并释明拒绝鉴定法律后果后，付某平明确拒绝进行鉴定。经付某平申请，本院依法委托了青岛联科司法鉴定所进行笔迹鉴定。2021年10月18日，该鉴定所出具《退案说明》，理由为"接受委托后，我所多次联系申请方到所办理缴费等相关手续，但该拖延至今未到所办理。故我所鉴定工作无法进行，现将案件退回贵院。"

一审法院认为，本案系亲子关系确认的争议。父或者母以及成年子女起诉请求确认亲子关系，并已提供必要证据予以证明，另一方没有相反证据又拒绝做亲子鉴定的，人民法院可以认定确认亲子关系一方的主张成立。本案中，周某金主张付某平为其女儿周某焱的亲生父亲，并已提供了其生育周某焱时的相关病案记录及其与付某平的支付宝聊天记录为证，上述证据显示付某平均以周某金的配偶身份进行签名，并曾与周某金交涉过孩子的抚养问题，且上述证据之间能够相互印证，形成较为完整的证据链。因此，在付某平拒绝进行亲子鉴定亦未提供相反证据的情况下，周某金已完成了就其主张提供必要证据的举证责任。判决：确认原告周某金之女周某焱与被告付某平存在亲子关系。

本院二审期间，各方当事人均未提交新的证据。本院对一审查明认定的事实予以确认。

本院认为，本案系确认亲子关系之诉。本案争议的焦点问题是，一审判决认定被上诉人之女与上诉人之间存在亲子关系是否正确。上诉人主张其与被上诉人不存在夫妻关系，被上诉人未完成"必要证据"的举证义务。本院认为，确认亲子关系不以双方存在夫妻关系为前提。如果当事人一方提供的证据能够形成合理的证据链条证明当事人之间可能存在亲子关系，另一方没有相反的证据又坚决不同意做亲子鉴定的，人民法院可以推定存在亲子关系。本案中，根据已查明的事实，上诉人以"配偶"身份签署被上诉人剖宫产手术知情同意书等，与被上诉人协商周某焱的抚养问题，被上诉人提供的证据证明当事人之间存在亲子关系具有一定的事实依据，然上诉人未提供相反的证据又坚决不同意做亲子鉴定，一审法院根据一方提供的"必要证据"及对方未提供反驳证据、对亲子鉴定的态度等推定被上诉人请求确认亲子关系的主张成立并无不当，本院予以维持。

综上所述，付某平的上诉请求不能成立，应予驳回；一审判决认定事实清楚，适用法律正确，应予维持。依照《民事诉讼法》第177条第1款第1

项规定，判决如下：

驳回上诉，维持原判。

二审案件受理费 100 元，由上诉人付某平负担。

本判决为终审判决。

（二）裁判依据

《中华人民共和国民法典》

第一千零七十三条 对亲子关系有异议且有正当理由的，父或者母可以向人民法院提起诉讼，请求确认或者否认亲子关系。

对亲子关系有异议且有正当理由的，成年子女可以向人民法院提起诉讼，请求确认亲子关系。

《最高人民法院关于适用〈中华人民共和国民法典〉婚姻家庭编的解释（一）》

第三十九条 父或者母向人民法院起诉请求否认亲子关系，并已提供必要证据予以证明，另一方没有相反证据又拒绝做亲子鉴定的，人民法院可以认定否认亲子关系一方的主张成立。

父或者母以及成年子女起诉请求确认亲子关系，并提供必要证据予以证明，另一方没有相反证据又拒绝做亲子鉴定的，人民法院可以认定确认亲子关系一方的主张成立。

第四十条 婚姻关系存续期间，夫妻双方一致同意进行人工授精，所生子女应视为婚生子女，父母子女间的权利义务关系适用民法典的有关规定。

第四十一条 尚在校接受高中及其以下学历教育，或者丧失、部分丧失劳动能力等非因主观原因而无法维持正常生活的成年子女，可以认定为民法典第一千零六十七条规定的"不能独立生活的成年子女"。

十一、抚养纠纷

（一）最高人民法院公报案例及典型案例

028. 在夫妻关系存续期间，通过人工授精所生的子女，其法律地位如何[①]

人工授精子女抚养纠纷案

原告：某女。

被告：某男。

原告某女因与被告某男发生婚姻和子女抚养纠纷，向基层人民法院提起诉讼。

原告诉称：双方婚后感情不和，经常争吵。被告对我及家人从不关心，致使夫妻感情彻底破裂。现请求与被告离婚；孩子归我抚养，被告要负担抚养费用；在各自住处存放的财产归各自所有。

被告辩称：夫妻感情虽已破裂，但是还应以和为好，若原告坚持离婚，我也同意。孩子是原告未经我的同意，接受人工授精所生，与我没有血缘关系。如果孩子由我抚养教育，我可以负担抚养费用；如果由原告抚养，我不负担抚养费用。同意原告对财产的分割意见。

[①] 参见《最高人民法院公报》1997年第1期。

受理此案的人民法院经不公开审理查明： 原告某女与被告某男于 1978 年 7 月结婚，婚后多年不孕，经医院检查，是某男无生育能力。1984 年下半年，夫妻二人通过熟人关系到医院为某女实施人工授精手术 2 次，均未成功。1985 年初，二人到医院，又为某女实施人工授精手术 3 次。不久，某女怀孕，于 1986 年 1 月生育一子。之后，夫妻双方常为生活琐事发生争吵，又长期分居，致使感情破裂。

受理此案的人民法院认为： 原告某女与被告某男的夫妻感情确已破裂，经法院调解，双方同意离婚，依照规定，应当准予离婚。婚姻关系存续期间所生一子，是夫妻双方在未办理书面同意手续的情况下，采用人工授精方法所生。实施人工授精时，某男均在现场，并未提出反对或者不同的意见；孩子出生后的十年中，某男一直视同亲生子女养育，即使在夫妻发生矛盾后分居不来往时，某男仍寄去抚养费。根据法律规定，某女和某男婚姻关系存续期间所生的孩子，应当视为夫妻双方的婚生子女。某男现在否认当初同意某女做人工授精手术，并借此拒绝负担对孩子的抚养义务，其理由不能成立，无论子女随哪一方生活，父母对子女都有抚养教育的义务。根据最高人民法院《关于人民法院审理离婚案件处理子女抚养问题的若干具体意见》第 5 条关于"父母双方对十周岁以上的未成年子女随父或随母生活发生争执的，应当考虑该子女的意见"的规定，经征求孩子本人的意见，孩子表示愿意随母亲生活，应予同意。依照《婚姻法》第 31 条的规定，夫妻双方对共同财产的分割协商一致，法院不予干预。据此，该人民法院于 1996 年 7 月 15 日判决：

一、准予原告某女、被告某男离婚。

二、孩子由原告某女抚养教育，被告某男自 1996 年 7 月份起每月支付孩子的抚养费 130 元，至其独立生活时止。

三、财产分割双方无争议。

宣判后，某女、某男均未提出上诉。

029. 夫妻双方离婚后，与孩子共同生活的一方未经另一方同意变换生活城市的，未与孩子生活的一方能否要求变更抚养关系[1]

基本案情：朱某甲与李某协议离婚，双方同城居住，约定未成年儿子朱某乙由朱某甲抚养，李某每月给付抚养费，每周末接走探望并送回，时间有变动另行商定。2020 年初，朱某甲因工作调动在未征得李某同意的情况下携朱某乙迁居至外埠生活，双方就孩子抚养问题产生争议。李某担心环境变化、两地分隔导致自己无法及时探望陪伴朱某乙，向人民法院起诉请求判决变更抚养关系。

裁判结果：审理法院认为，朱某乙已年满 8 周岁，依照《民法典》第 1084 条的规定，审理法院征询了朱某乙意见，其明确表示愿同朱某甲在外埠生活。考虑到孩子在父母离婚后的抚养争议中将再度面临亲情的割裂，带来新的情感和心理创伤。在充分了解当事人情感需求及孩子心理状态基础上，审理法院坚持柔性司法，通过诚挚沟通，科学规划，最终促成双方达成最有利于未成年人的协商意见：双方分段利用时间、异地共同抚养、双方共尽义务、共担探视成本、递进抚养费用。本案一揽子解决异地抚养等一系列问题，法官引用习近平总书记"七一"重要讲话内容，寄语孩子努力奋进、自强不息。

> **典型意义**
>
> 婚姻破裂，受伤害最大的通常是未成年子女。父母争夺抚养权的"战争"则可能再次将未成年子女拖入"斗争泥潭"，不利于其身心健康。本案以调解实现对未成年子女的最优保护，以柔性司法巧妙化解离异夫妻对

---

[1] 《第三批人民法院大力弘扬社会主义核心价值观典型民事案例》（最高人民法院 2023 年 3 月 1 日发布），李某诉朱某甲变更抚养关系纠纷案，载最高人民法院网站，https://www.court.gov.cn/zixun-xiangqing-390531.html，最后访问日期：2023 年 6 月 29 日。

孩子的异地抚养之争，为当前人口跨地域迁徙流动增多情况下解决离异夫妻异地抚养未成年子女问题探索出成功范例。通过异地共同抚养创新方案化解纠纷，让孩子在父母双方关爱和教育下健康成长，从而得到双重关爱和全面监护，有利于促进家庭和谐和社会稳定，有利于实现未成年人利益最大化目标，有利于弘扬和谐、文明、法治的社会主义核心价值观。

030. 事实婚姻期间生育的子女与婚生子女享有同样的权利和义务[①]

基本案情：马某文诉称：原、被告系在外打工期间相识相恋，2012年3月按农村风俗举行婚礼，以夫妻名义同居生活，因未达法定婚龄，故未办理结婚登记。2012年6月原、被告生育女儿马某瑶，马某瑶现与原告共同生活。2013年12月，因夫妻感情不和，被告离家出走，外出不归，与原告无任何联系。原告曾找过被告，但一直未找到。原、被告无共同财产，亦未有共同债权、债务。现因原、被告未办理离婚登记，且被告离家出走，外出不归，下落不明，导致女儿马某瑶无法落户，故原告特向人民法院提起诉讼，请求判令：一、解除原、被告的同居关系；二、女儿马某瑶由原告自费抚养。

裁判结果：根据《民法典婚姻家庭编解释（一）》第7条规定："未依据民法典第一千零四十九条规定办理结婚登记而以夫妻名义共同生活的男女，提起诉讼要求离婚的，应当区别对待：（一）1994年2月1日民政部《婚姻登记管理条例》公布实施以前，男女双方已经符合结婚实质要件的，按事实婚姻处理。（二）1994年2月1日民政部《婚姻登记管理条例》公布实施以后，男女双方符合结婚实质要件的，人民法院应当告知其补办结婚登记。未

[①] 《马某文诉魏某红子女抚养纠纷案》，载中国法院网，https://www.chinacourt.org/article/detail/2015/12/id/1764254.shtml，最后访问日期：2023年6月29日。

补办结婚登记的,依据本解释第三条规定处理。"本案中,原、被告于2012年3月8日未经登记即以夫妻名义同居生活,至今未补办结婚登记,应当按照同居关系处理。根据《民法典婚姻家庭编解释(一)》第3条规定:"当事人提起诉讼仅请求解除同居关系的,人民法院不予受理;已经受理的,裁定驳回起诉。当事人因同居期间财产分割或者子女抚养纠纷提起诉讼的,人民法院应当受理。"本案中,原、被告之间的同居关系并不属于有配偶者与他人同居的情形,不属于人民法院强制判令解除同居关系的情形。但依照法律规定,同居关系不受法律保护。

同居期间生育的非婚生子女,其法律权利和义务比照婚生子女的规定。女儿马某瑶一直由原告抚养,改变其生活环境对其健康成长明显不利,且被告下落不明,故女儿马某瑶由原告抚养有利于其身心健康,便于其合法权益得到保障。原告主张由其自费抚养女儿马楚瑶,不违反法律规定,法院予以支持。

综上,根据法律规定,判决如下:

原、被告生育的女儿马某瑶由原告马某文抚养,被告魏某红不支付抚养费。

> **典型意义**
>
> 事实婚实际上在我国长期大量存在,在广大农村特别是边远地区,事实婚甚至占当地婚姻相当大的比例。针对案例中这一普遍存在的现象,不仅需要当事人法律意识的提高,也需要法律工作者进行更多更广泛的法律宣传和法律教育,同时要不断促进婚姻登记制度的完善,使公民特别是广大农村边远地区的公民从思想上认识到没有登记的婚姻是不受法律保护的,以及这种同居关系对他们生活的影响,使他们在考虑婚姻缔结时能够认识到通过婚姻登记的方式给自己的婚姻关系予以法律的保护,给自己的婚后生活以法律的保障,减少类似本案例中的情况发生。

（二）地方法院典型案例

031. 父母有抚养能力的情况下，祖父母或者外祖父母代为履行抚养义务的，祖父母或者外祖父母是否有权要求父母支付医疗费、教育费、保险费、生活费等费用[①]

基本案情： 李甲（男）与高某（女）于 2015 年 5 月登记结婚，婚后生育李乙（女）。李甲与高某自 2017 年开始分居，2022 年 2 月经法院调解离婚。李某与王某系李甲的父母，李乙自 2017 年起一直跟随祖父母李某夫妇共同生活，各项生活、教育费用均由二人承担。2022 年 8 月，李某夫妇诉至法院，要求李甲与高某支付自 2017 年 1 月至 2022 年 1 月李乙的医疗费、教育费、保险费、生活费等费用。

裁判结果： 江苏省南京市江宁区人民法院经审理认为，李甲与高某系李乙的父母，对其有法定的抚养教育义务。在李甲与高某有抚养能力的情况下，李某夫妇作为祖父母，对李乙并无法定抚养义务。李某夫妇为了孙女的健康成长，代替李甲与高某履行抚养义务，构成无因管理之债。遂判决：李甲与高某向李某夫妇支付李乙自 2017 年 1 月至 2022 年 1 月的医疗费、教育费、保险费、生活费等合计 116337 元。高某不服一审判决，提出上诉。江苏省南京市中级人民法院判决驳回上诉，维持原判。

> **典型意义**
>
> 父母是抚养教育未成年子女的第一责任人。《民法典》第 1074 条第 1 款规定："有负担能力的祖父母、外祖父母，对于父母已经死亡或者父母无

[①] 《江苏法院发布家事纠纷典型案例（2021—2022 年度）》《（2023 年 3 月 7 日发布）》，婚前隐瞒重大疾病，婚姻可以被撤销，载江苏法院网，http://www.jsfy.gov.cn/article/95069.html，最后访问日期：2023 年 6 月 29 日。

力抚养的未成年孙子女、外孙子女，有抚养的义务。"

在父母有抚养能力的情况下，祖父母、外祖父母对未成年孙子女、外孙子女并无法定的抚养义务。祖父母、外祖父母出于亲情考虑代为抚养孙子女、外孙子女期间支付的医疗费、教育费、生活费等费用不能当然视为对子女的无偿赠与，在无明确约定的情况下，构成无因管理，有权要求子女返还垫付的相关费用。为人父母者，不能以"啃老"的方式怠于履行对子女的抚养教育职责，更不能将老人出于亲情的照拂视为理所当然，而应积极肩负起抚养教育子女的法定义务，为子女的健康成长树立好榜样、营造好氛围。

032. 离婚协议中约定未成年子女由一方抚养，在其未尽到抚养义务的情况下，另一方能否申请变更抚养权[①]

基本案情：刘某与韩某婚姻期间生育女儿刘某某，2020年11月，双方协议离婚时约定女儿刘某某由韩某抚养。韩某在抚养女儿期间因个人事宜将刘某某委托给朋友照看，后朋友因刘某某哭闹无法联系到韩某后报警，派出所民警在无法联系到韩某的情况下设法联系到刘某，刘某遂将刘某某接回其家生活至今。刘某向法院起诉请求判令韩某将孩子刘某某交由其抚养。

裁判结果：西安市中级人民法院生效判决认为，虽然韩某与刘某在离婚时协议约定婚生女刘某某由韩某抚养。但韩某抚养照顾女儿期间，在处理个人事务时，将仅有一岁多的女儿交由朋友照顾，其间未主动联系朋友询问孩子情况，并使自己长时间处于无法联系状态，之后仅前往刘某家探望过一次

[①] 《陕西高院发布9起未成年人司法保护典型案例》（2023年6月1日发布），六、刘某与韩某变更抚养权纠纷案，载陕西高院微信公众号，https://mp.weixin.qq.com/s/Obnak6iprfHSM2cFJg-LwA，最后访问日期：2023年7月3日。

女儿,后再未前去探望或要求接走刘某某,未尽到抚养义务。法院调查了解刘某某的生活成长环境和抚养情况发现,刘某某与其父亲感情亲昵,物质条件和生活环境较好,有祖母帮助照顾,且反复改变幼童的生活环境,会加重幼童的不安情绪,不利于其健康成长,故综合考虑刘某某的教育成长环境以及父母抚养条件,判决刘某某变更为由刘某抚养。

典型意义

本案属于未成年人抚养权变更纠纷,抚养权确定不当会对孩子造成较大身心影响,并伴随其一生。办理此案时,法院不仅按照最有利于未成年子女的原则,充分发挥审判职能,通过实地走访调研、心理疏导、案件回访等措施,确认孩子抚养权的适当归属,并联合当地公安机关和街办社区,确保本案判决的顺利履行,监督父母及近亲属在未成年子女抚养过程中是否存在不当行为,保证子女权利不受侵犯。判决书同时附有法官寄语和家庭教育令,明确了父母双方的抚养责任和义务,做到全方位保障未成年子女权利,切实为未成年人撑起法治保护伞。

033. 非婚生子女扶养费受法律同等保护[①]

基本案情:赵某红(女,内地居民)与刘某峰(男,澳门居民)非婚生育女儿刘某,刘某峰为女儿刘某办理了澳门特别行政区居民身份信息登记。刘某峰极少与赵某红母女一起生活,赵某红独自抚养女儿。因涉嫌刑事犯罪,刘某峰于 2020 年被河南省高级人民法院判处无期徒刑。

赵某红以刘某峰未履行抚养、教育、保护等法定义务为由,诉请撤销刘

[①] 《珠海法院涉澳妇女儿童权益司法保护十大案例》(2022 年 6 月 1 日发布),赵某红与刘某峰同居关系子女抚养纠纷案,载广东省珠海市中级人民法院网站,http://www.zhcourt.gov.cn/article/detail/2022/06/id/6719971.shtml,最后访问日期:2023 年 6 月 29 日。

某峰监护人资格,并确认指定自己为唯一监护人。内地法院于 2021 年判决撤销刘某峰监护人资格,指定赵某红为唯一监护人。赵某红诉至法院,请求判令单独抚养女儿刘某并由刘某峰支付抚养费。

裁判结果:横琴粤澳深度合作区人民法院生效判决认为,非婚生子女享有与婚生子女同等权利。刘某自出生起即与赵某红共同生活,已形成稳定的生活习惯,对目前生活环境比较熟悉,从有利于未成年子女健康成长出发,综合考虑刘某峰正在监狱服刑的情况,由赵某红抚养刘某为宜,刘某峰应当承担未成年女儿的抚养费,根据负担能力和当地生活水平,法院确定每月抚养费为 3000 元。

> **典型意义**
>
> 随着珠澳一体化逐渐发展,人员跨境流动频繁,沟通日益便捷,涉澳非婚同居现象时有发生,非婚同居所引发的亲子关系问题不容忽视。我国婚姻立法一直坚持非婚生子女享有与婚生子女同等的权利,在处理非婚生子女抚养费纠纷时,应当充分考虑未成年人能得到的照顾、本身的健康情况、种族和国籍情况、生活环境、教育环境、父母的收入情况、权利保障情况等多种因素,综合判断确定抚养费数额,在司法判决中遵循"有利于保护弱者利益原则",彰显法律人文关怀。

034.《出生医学证明》能否作为认定非婚生子女抚养权依据[①]

基本案情:邹某烨于 2005 年 12 月 7 日出生,根据户口本记载,最迟在 2012 年 5 月 15 日已经登记为邹某女儿。2015 年 2 月,鉴定机构出具的意见

[①] 《珠海法院涉澳妇女儿童权益司法保护十大案例》(2022 年 6 月 1 日发布),陈某与邹某变更抚养权纠纷案,载广东省珠海市中级人民法院网站,http://www.zhcourt.gov.cn/article/detail/2022/06/id/6719971.shtml,最后访问日期:2023 年 6 月 29 日。

显示，依据 DNA 分析结果，陈某（男，澳门居民）、邹某（女，内地居民）与邹某烨之间存在亲生血缘关系。当月，内地医院出具的《出生医学证明》载明，邹某烨母亲为邹某，父亲为陈某。经征求邹某烨意见，其本人表示愿意前往澳门定居生活，陈某遂诉至法院，请求判令非婚生女邹某烨由陈某直接抚养。

裁判结果：横琴粤澳深度合作区人民法院委托调解组织主持调解，当事人自愿达成如下协议：邹某烨由陈某抚养，邹某无需支付抚养费，在不影响邹某烨正常学习生活情况下，邹某可随时探望邹某烨。

典型意义

珠澳两地人员来往频繁，亲子关系诉讼成为两地婚姻家庭、继承诉讼中的重要部分。虽然内地和澳门都赋予非婚生子女与婚生子女同等地位，但对于亲子关系的确定规则却相差甚远。《出生医学证明》是内地证明新生儿出生状态、血亲关系以及申报国籍、户籍取得公民身份的法定医学证明，非婚生子女的父母没有结婚证也可以办理。而在澳门，非婚姻关系所产生的亲子关系，父亲身份只能通过认领或在调查之诉中由法院裁判取得，确认程序更为细密繁杂。在父亲与子女并未有共同经常居住地的情况下，可以适用内地法律作为确认非婚姻关系所产生亲子关系准据法，更有利于高效便捷地保护作为弱者的未成年子女利益。

035. 离婚诉讼期间，暴力抢夺孩子的，能否获得孩子的抚养权[①]

基本案情：赵某（女）与王某（男）经朋友介绍相识，2016 年登记结

[①] 《天津高院发布涉争夺抚养权典型案例》（2020 年 6 月 1 日发布），一、诉中暴力夺子，被判无权抚养，载天津法院网，https://tjfy.tjcourt.gov.cn/article/detail/2020/06/id/5252533.shtml，最后访问日期：2023 年 6 月 29 日。

婚，生育一子王某某。婚后双方性格不合，常因琐事发生矛盾，王某存在动手殴打赵某并致赵某轻微受伤的情况。2018年的某日，双方因管教孩子再次发生争执，赵某报警称王某拿刀威胁她和孩子，并带孩子回到娘家，双方自此分居。次日，赵某向法院起诉离婚，主张婚生子王某某由其抚养，王某每月给付抚养费，并中止王某对孩子探望的权利。2019年正月初二，王某带人到赵某居住的楼下，在赵某抱王某某下楼时将孩子抢走并致赵某和其父亲受伤，王某受到行政拘留并处罚金的处罚。后赵某向法院申请人身保护令。王某未到庭参加庭审，其出具书面意见，辩称不同意离婚。法院经审理认为，王某曾经对赵某有家庭暴力，未举证证明双方分居期间其有和好的行动表示。相反，王某不能很好地处理已有的矛盾，将孩子王某某从赵某身边抢走，更加伤害了夫妻感情，使夫妻关系进一步恶化。

裁判要旨

在本案审理期间，王某不出庭面对问题、解决问题，对自己的婚姻表现出不负责任的态度，现赵某坚持离婚，法院认定双方夫妻感情已经破裂，依法应当准许离婚。王某为了和孩子共同生活，采取过激方式，将孩子抢走，这种不当的行为应予以抑止。本案双方抚养孩子的条件基本相当，但孩子年龄尚小且随母亲生活的时间比较长，赵某无不适合抚养子女的法定情形。同时，王某为取得孩子抚养权，恶意强行抢夺孩子，此种过激行为触犯法律，损害子女身心健康和对方的监护权益，如由其抚养孩子恐不利于孩子健康成长。故法官从子女最佳利益原则出发，结合考量王某存在恶意争夺孩子的不当行为，判决婚生子由赵某直接抚养。

典型意义

在涉及未成年子女的家事案件中，为达到抚养权争夺中占据上风的目的，"恶意抢夺、隐匿孩子"行为时有发生，此种不理智行为易损害子女身心健康，对子女心理造成二次伤害，导致矛盾激化，滋生不必要纠纷。离婚导致基于亲缘关系的完整家庭解体，已经给子女带来了情感缺失的精神伤害，故父母不应该将双方的矛盾扩大化，为满足自己利益损害子女的情感利益，给子女造成再次伤害。故法官在裁决时，理应对恶意抢夺、隐匿孩子的行为予以适当遏制，并从有利于子女身心健康、保障子女合法权益的核心原则出发，结合父母双方的抚养能力和抚养条件等具体情况处理抚养权归属问题。法官通过以案释法方式解读子女抚养权的审判原则，呼吁遇到情感变故的父母妥善化解矛盾，理性协商处理，将婚姻破裂给孩子造成的伤害降到最低，最终做出更符合孩子利益的选择。

036. 已形成抚养关系的继父母子女能否通过诉讼请求解除父母子女关系[①]

上诉人（原审原告）：孙某1，男，1932年5月19日出生，住北京市海淀区。

委托诉讼代理人：孙某2（孙某1之女），住北京市海淀区。

被上诉人（原审被告）：孙某3，男，1959年11月21日出生，住北京市海淀区。

委托诉讼代理人：古某丹，北京市某律师事务所律师。

上诉人孙某1因与被上诉人孙某3婚姻家庭纠纷一案，不服北京市海淀区人民法院（2021）京0108民初44396号民事判决，向本院提起上诉。本院于2022年2月23日立案后，依法组成合议庭进行了审理。本案现已审理终结。

[①] 北京市第一中级人民法院（2022）京01民终2977号民事判决书，载中国裁判文书网，最后访问日期：2023年7月3日。

孙某1上诉请求：依法撤销北京市海淀区人民法院（2021）京0108民初44396号民事判决，查清事实，依法改判；本案诉讼费用由孙某1申请承担。主要事实及理由：一、一审法院审理程序违反法律规定。1. 孙某1还没有向一审法院提交"质证意见"就收到了一审判决书。2. 一审法院判决适用法律不当，经历过程相当复杂，非常罕见。3. 一审判决书表述及认定事实与客观情况不符。4. 庭审过程中不安排当事人相互辩论的法定程序就予以判决，违反民事诉讼法的规定。二、一审判决没有认定事实，定性不正确。最高人民法院在1988年1月22日作出的《关于继父母与继子女形成的权利义务关系能否解除的批复》是适用本案的最重要的法规。双方关系已经极度恶化，远超孙某1所能忍受的底线。请求根据《民法典》《最高人民法院关于继父母与继子女形成的权利义务关系能否解除的批复》依法予以改判。

孙某3辩称，一审判决认定事实准确，双方确实形成抚养关系的继父子关系。双方长期共同生活，形成了深厚的父子感情，双方感情很好，没有突出的矛盾，孙某1说的矛盾发生在孙某3母亲去世后，孙某3因为悲痛和孙某2发生争执，并非与孙某1有矛盾。孙某1身体健康情况不太好，孙某2本身与人沟通有障碍，维持双方的继父子关系更有利于对孙某1进行赡养，并且由孙某3赡养孙某1，也是孙某3母亲去世前的心愿。孙某3一家愿意照顾孙某1。一审判决事实认定正确，适用法律并无不当。

孙某1向一审法院起诉请求：判令与孙某3解除继父继子的权利义务关系。事实和理由：孙某1与老伴王某于1962年1月21日结婚，孙某1是初婚。王某是再婚，曾与其前夫耿某2生有一子，叫耿某1，生日是1959年11月21日。孙某1与王某结婚后，王某将耿某1改名为孙某3，三人共同生活在一起。据此证明孙某3与孙某1没有血缘关系，是拟制血亲的继父继子关系。根据《民法典》第1073条，请求法院确认孙某3与孙某1不是亲子关系。孙某3从两岁多是在孙某1及其老伴的共同抚养教育下，直至20岁培养成人并考上了大学，孙某3在1979年9月1日上了大学。事实表明：抚养18

年来孙某1对孙某3曾有抚养关系，经过培养教育考上大学。孙某3自从上大学后，就离开了家，开始独立生活，从此与孙某1的抚养关系也就自然终止。对于拟制血亲的继父子关系已形成的权利义务关系，请人民法院根据具体情况作出是否准许解除的调解或判决。孙某3在其生母刚刚去世时，对王某墓碑上的署名等问题就直接故意、弄虚作假、捏造事实、编造谎言欺骗孙某1及其家人。当被识破后，马上就翻脸，对孙某1及其家人在微信中破口大骂，而且居然用最恶毒的词句进行最恶毒的辱骂、最恶毒地污蔑、最凶狠地警告，据此，向法院提出请求，解除与孙某3的继父继子权利义务关系。

孙某3向一审法院辩称，不同意孙某1诉讼请求。不同意解除继父子关系。孙某1的身体状况很差，需要孙某3实际照顾。孙某3一直照顾和赡养孙某1，平时带礼金去探望孙某1，母亲王某患病后也一直精心照顾，孙某3与父亲孙某1没有突出矛盾，相处很好，没有对其生活造成不利影响，孙某2因自身疾病，无法照顾父亲。

一审法院认定事实：王某与耿某2系夫妻关系，生有一子耿某1。后双方离婚，耿某1归王某抚养。王某与孙某1再婚，婚后生有一女孙某2，耿某1此时尚未成年，后改名为孙某3。王某现已去世。

孙某1主张其尽到抚养义务将孙某3抚养成人，在其后近40多年的时间里，都是各自独立生活，不相往来，在王某去世后，双方就王某墓碑上的署名等问题发生冲突，并提交微信聊天记录，其中孙某3与孙某2发生言语冲突，导致双方关系恶化，要求解除其与孙某3的继父子关系。孙某3主张孙某1身体状况很差，需要其照顾，双方感情很好，没有突出矛盾，在生活中孙某3一直照顾孙某1，孙某1提交的微信聊天记录是孙某2与孙某3在处理母亲后事时因为悲痛情绪一时争执，并非与孙某1有矛盾。

一审法院认为，继父母与继子女间，不得虐待或者歧视。继父或者继母和受其抚养教育的继子女间的权利义务关系，适用本法关于父母子女关系的规定。成年子女对父母负有赡养、扶助和保护的义务。孙某3为王某与耿某2

之子,王某与孙某1再婚后,孙某1尽到了抚养义务,将继子孙某3抚养成人,孙某1与孙某3已形成继父子关系。继父子关系是基于婚姻、抚养关系形成的家庭关系,现孙某3已经成年,现行法律并无按照孙某1主张的理由而解除继父子关系的规定,其提出的《民法典》关于亲子关系的规定,应适用于有血亲关系的当事人之间,现孙某1要求解除与孙某3之间继父子关系的诉讼请求,缺乏法律依据,本院不予支持。若孙某1认为孙某3存在未尽到赡养义务等其他情形,可以按照其本人意愿就其财产进行处分或者按照继承的相关规定予以解决。

综上所述,一审法院依据《民法典》第26条、第1072条之规定,判决:驳回孙某1全部诉讼请求。

双方在二审中均未提交新的证据。

本院经审理查明的事实与一审法院查明事实一致。以上事实还有当事人在二审中的陈述等在案佐证。

本院认为,本案的争议焦点为孙某1能否解除其与孙某3的继父子关系。对此,本院评述如下:

孙某1与孙某3是否形成具有抚养关系的继父子关系。孙某3的生母王某与孙某1结婚,孙某32岁左右即随王某与孙某1共同生活,时间长达十余年。双方均认可孙某1对孙某3存在抚养事实,双方存在抚养关系。有抚养关系的继父母与继子女之间具有拟制血亲的关系。

孙某1请求解除其与孙某3之间的继父子关系是否有法律依据。最高人民法院曾在1988年作出的《关于继父母与继子女形成的权利义务关系能否解除的批复》中规定:"继父母与继子女已形成的权利义务关系不能自然终止,一方起诉要求解除这种权利义务关系的,人民法院应视具体情况作出是否准许解除的调解或判决。"但此批复已被《最高人民法院关于废止1980年1月1日至1997年6月30日期间发布的部分司法解释和司法解释性质文件(第九批)的决定》(法释〔2013〕2号)废止。孙某1主张适用此批复的意见,本院不予支持。现行法律中对于拟制血亲关系的解除，只针对养父母与养子女之间的收养关系的解除作了明确规定，对形成抚养关系的继父母与继子女关系的解除未有明文规定。对此本院认为，《民法典》第1072条第2款规定："继父或者继母和受其抚养教育的继子女间的权利义务关系，适用本法关于父母子女关系的规定。"据此可知，孙某1与孙某3形成抚养关系的继父子关系，并不因孙某3生母王某死亡而自然解除。但不能以民法典未规定父母子女关系的诉讼解除而当然认为具有抚养关系的继父子关系亦不能诉讼解除。主要理由如下：一是《民法典》第1072条第2款属于引致性条款，是为避免重复规定形成抚养关系的继父母子女权利义务关系，不宜采用反对解释认为现行法律对解除继父子关系未作明确规定，即为法律上不准许。二是《民法典》第1111条第1款，关于养父母与养子女间的权利义务关系，亦规定了适用《民法典》关于父母子女关系的规定，但养父母与成年养子女可以协议解除或诉讼解除收养关系（《民法典》第1115条），按照体系解释，《民法典》关于继父母子女关系"适用本法关于父母子女关系的规定"应作同样理解，即该规定并未否定可以通过诉讼解除继父母子女关系。三是《民法典婚姻家庭编解释（一）》第54条，对于再婚父母离婚后，继父母解除与继子女之间权利义务关系作了规定，由此也可以看出，再婚父母离婚后形成抚养关系的继父母子女关系可以解除。在再婚父母一方死亡后，形成抚养关系的继父母与成年继子女之间的关系也应可以解除。由于《民法典》对于解除继父母与成年继子女关系的条件未作明文规定，可参照适用养父母与成年养子女解除收养关系的规定。一审法院关于孙某1要求解除与孙某3之间继父子关系的诉讼请求缺乏法律依据的认定不当，本院予以纠正。

孙某1的诉讼请求能否支持。虽然孙某1可以主张解除其与孙某3之间的继父子关系，但其诉讼请求能否支持应结合本案事实和证据判断。本案中，孙某3与孙某2之间存在矛盾，并非解除孙某1与孙某3继父子关系的法定理由。结合孙某1的举证情况、双方此前的关系、是否存在实质性突出矛盾、孙某3对于赡养孙某1的态度等，以及孙某1年龄和健康情况等因素，双方关系尚未达到恶化以致解除继父子关系的程度，且判决解除继父子关系也不利于孙某1的权利保障，一审判决驳回孙某1的诉讼请求并无不当。

孙某1的其他上诉理由能否支持。经查，2021年10月28日一审庭审采用线上与线下相结合的方式进行，孙某3通过线上诉讼平台参加诉讼。孙某1上诉称孙某3未参加诉讼、未进行法庭辩论等，与一审庭审笔录记载不符。对于孙某3一方提交的证据，孙某1一审庭审中表示提交书面质证意见，但其在庭审后并未及时提交。一审判决书中记载的关于孙某3一方的陈述意见，并非判决查明认定的事实，孙某1关于一审判决查明事实有误的主张，本院不予支持。孙某1的其他上诉理由，亦无法律依据，本院不予采信。

综上，孙某1的上诉请求不能成立，应予驳回；一审判决适用法律虽有不当，但处理结果正确。依照《民事诉讼法》第177条第1款第1项、《民事诉讼法解释》第332条之规定，判决如下：

驳回上诉，维持原判。

二审案件受理费70元，由孙某1负担（已交纳25元，余款45元于本判决生效后七日内交纳）。

本判决为终审判决。

（三）裁判依据

《中华人民共和国民法典》

第一千零六十七条第一款 父母不履行抚养义务的，未成年子女或者不能独立生活的成年子女，有要求父母给付抚养费的权利。

第一千零七十一条第二款 不直接抚养非婚生子女的生父或者生母，应当负担未成年子女或者不能独立生活的成年子女的抚养费。

第一千零七十二条 继父母与继子女间，不得虐待或者歧视。

继父或者继母和受其抚养教育的继子女间的权利义务关系，适用本法关于父母子女关系的规定。

第一千零七十四条第一款 有负担能力的祖父母、外祖父母，对于父母已经死亡或者父母无力抚养的未成年孙子女、外孙子女，有抚养的义务。

第一千零七十五条第一款 有负担能力的兄、姐，对于父母已经死亡或者父母无力抚养的未成年弟、妹，有扶养的义务。

第一千零八十四条 父母与子女间的关系，不因父母离婚而消除。离婚后，子女无论由父或者母直接抚养，仍是父母双方的子女。

离婚后，父母对于子女仍有抚养、教育、保护的权利和义务。

离婚后，不满两周岁的子女，以由母亲直接抚养为原则。已满两周岁的子女，父母双方对抚养问题协议不成的，由人民法院根据双方的具体情况，按照最有利于未成年子女的原则判决。子女已满八周岁的，应当尊重其真实意愿。

第一千零八十五条 离婚后，子女由一方直接抚养的，另一方应当负担部分或者全部抚养费。负担费用的多少和期限的长短，由双方协议；协议不成的，由人民法院判决。

前款规定的协议或者判决，不妨碍子女在必要时向父母任何一方提出超过协议或者判决原定数额的合理要求。

第一千一百一十一条 自收养关系成立之日起，养父母与养子女间的权利义务关系，适用本法关于父母子女关系的规定；养子女与养父母的近亲属间的权利义务关系，适用本法关于子女与父母的近亲属关系的规定。

养子女与生父母以及其他近亲属间的权利义务关系，因收养关系的成立而消除。

《最高人民法院关于适用〈中华人民共和国民法典〉婚姻家庭编的解释（一）》

第三条 当事人提起诉讼仅请求解除同居关系的，人民法院不予受理；已经受理的，裁定驳回起诉。

当事人因同居期间财产分割或者子女抚养纠纷提起诉讼的，人民法院应当受理。

第四十一条 尚在校接受高中及其以下学历教育，或者丧失、部分丧失劳动能力等非因主观原因而无法维持正常生活的成年子女，可以认定为民法典第一千零六十七条规定的"不能独立生活的成年子女"。

第四十二条 民法典第一千零六十七条所称"抚养费"，包括子女生活费、教育费、医疗费等费用。

第四十三条 婚姻关系存续期间，父母双方或者一方拒不履行抚养子女义务，未成年子女或者不能独立生活的成年子女请求支付抚养费的，人民法院应予支持。

四十九条 抚养费的数额，可以根据子女的实际需要、父母双方的负担能力和当地的实际生活水平确定。

有固定收入的，抚养费一般可以按其月总收入的百分之二十至三十的比例给付。负担两个以上子女抚养费的，比例可以适当提高，但一般不得超过月总收入的百分之五十。

无固定收入的，抚养费的数额可以依据当年总收入或者同行业平均收入，参照上述比例确定。

有特殊情况的，可以适当提高或者降低上述比例。

第五十条 抚养费应当定期给付，有条件的可以一次性给付。

第五十一条 父母一方无经济收入或者下落不明的，可以用其财物折抵抚养费。

第五十三条 抚养费的给付期限，一般至子女十八周岁为止。

十六周岁以上不满十八周岁，以其劳动收入为主要生活来源，并能维持当地一般生活水平的，父母可以停止给付抚养费。

第五十四条 生父与继母离婚或者生母与继父离婚时，对曾受其抚养教育的继子女，继父或者继母不同意继续抚养的，仍应由生父或者生母抚养。

第五十五条 离婚后，父母一方要求变更子女抚养关系的，或者子女要求增加抚养费的，应当另行提起诉讼。

第五十六条 具有下列情形之一，父母一方要求变更子女抚养关系的，人民法院应予支持：

（一）与子女共同生活的一方因患严重疾病或者因伤残无力继续抚养子女；

（二）与子女共同生活的一方不尽抚养义务或有虐待子女行为，或者其与子女共同生活对子女身心健康确有不利影响；

（三）已满八周岁的子女，愿随另一方生活，该方又有抚养能力；

（四）有其他正当理由需要变更。

第五十七条 父母双方协议变更子女抚养关系的，人民法院应予支持。

第五十八条 具有下列情形之一，子女要求有负担能力的父或者母增加抚养费的，人民法院应予支持：

（一）原定抚养费数额不足以维持当地实际生活水平；

（二）因子女患病、上学，实际需要已超过原定数额；

（三）有其他正当理由应当增加。

第五十九条 父母不得因子女变更姓氏而拒付子女抚养费。父或者母擅自将子女姓氏改为继母或继父姓氏而引起纠纷的，应当责令恢复原姓氏。

《第八次全国法院民事商事审判工作会议（民事部分）纪要》

一、（一）关于未成年人保护问题

1. 在审理婚姻家庭案件中，应注重对未成年人权益的保护，特别是涉及家庭暴力的离婚案件，从未成年子女利益最大化的原则出发，对于实施家庭暴力的父母一方，一般不宜判决其直接抚养未成年子女。

十二、扶养纠纷

（一）地方法院典型案例

037. 夫妻之间有互相扶养的义务，一方不履行的，另一方有权要求其给付扶养费[①]

上诉人（原审原告）：邹某，女，1996年11月16日出生，汉族，住江西省抚州市临川区。

委托诉讼代理人：章某旺，江西某律师事务所律师，代理权限为一般授权代理。

委托诉讼代理人：艾某智，江西某律师事务所律师，代理权限为一般授权代理。

上诉人（原审被告）：甘某，男，1996年10月7日出生，汉族，住江西省抚州市。

上诉人邹某因与上诉人甘某扶养纠纷一案，均不服江西省抚州市临川区人民法院（2022）赣1002民初7471号民事判决，向本院提起上诉。本院于2023年2月28日立案后，依法组成合议庭，不开庭审理了本案。本案现已审理终结。

邹某上诉请求：1. 要求在一审法院判决基础上增加判决甘某向邹某给付

[①] 江西省抚州市中级人民法院（2023）赣10民终386号民事判决书，载中国裁判文书网，最后访问日期：2023年7月3日。

扶养费38728元。2.二审诉讼费由甘某承担。事实及理由：一审法院认定邹某父亲通过"轻松筹"获得的38728元筹款应当冲抵甘某应给付的扶养费，明显不当。理由在于，从一审法院查明的事实可知，甘某在得知邹某生病后，一直对邹某采取不闻不问的态度，即拒绝送邹某去医院治疗，也不向邹某支付必要的医药费。即使在一审法院开庭审理过程中，甘某及其父母亲也毫无人性地强调邹某已经没有救治的必要。但邹某为了自己和年幼的女儿，只能千方百计向亲朋好友求助。为此，邹某父亲在邹某住院治疗期间便通过"轻松筹"为邹某筹集治疗费用，邹某亲朋好友获知后，分别将大小不等的爱心汇入"轻松筹"内，故该筹款均系邹某亲属朋友向邹某的单方捐赠，甘某及其亲属既未参与也未向邹某有过捐赠。可见，甘某作为丈夫在面对妻子罹患癌症急需救治的情况下，既不履行法定义务，更未对邹某给予精神上的慰藉，其行为与我们社会主义所倡导的社会主义核心价值观格格不入，应受到法律和道德的谴责。综上，邹某在面对每个月1万多元治疗费用及还要同时抚养年幼的女儿的困境下，在甘某拒不支付邹某基本的治疗费用及女儿的抚养费的情况下，请二审法院依法支持邹某的全部诉讼请求。

甘某辩称，38728元系邹某父亲通过轻松筹筹款获得的，也是用于治疗的，依法应该扣除。轻松筹也有社会人士捐款，甘某这边也有亲戚捐款，不知道我方亲朋好友捐了多少钱，因为甘某也发了朋友圈。如果邹某说都是她的亲戚朋友捐的，请提交证据。

甘某上诉请求：1.撤销一审民事判决，并依法改判驳回邹某的诉讼请求。2.一、二审诉讼费由邹某承担。事实与理由：一审法院判决，部分事实认定不清，且计算费用方法不当。首先，甘某作为邹某配偶，一直坚持要对邹某进行治疗。邹某发病后，甘某及其家人都要求尽最大努力进行救治，但因为经济条件有限，且甘某娶邹某时给付了近30万元礼金，整个大家庭都掏空了，所以无法达到邹某娘家人的治疗要求。其次，邹某娘家人多次到甘某住处闹事，导致甘某、邹某双方及其亲属关系严重恶化。邹某病情确诊后，邹某娘家人三番五次到甘某住处闹事、打人，并将甘某价值十万元左右的汽车开走，甘某报警也无结果，加剧了甘某、邹某及其亲属关系紧张、恶化。再次，一审法院判决甘某从2022年7月1日开始每月月底前向邹某支付扶养费（包括医疗费、生活费）4000元直至邹某痊愈时止，依据不足。一审判决的扶养费包括医疗费和生活费，生活费参照2021年度农村居民人均消费性支出为1132元/月（13579元/年），而医疗费应当以实际支出为准，一刀切的做法不科学，更不合理。即一审法院判决每月支付4000元，依据不足，且与客观实际不符。最后，邹某父母亲收取近30万元礼金，且非法占有甘某价值十万元左右的汽车，该财产都可以用于邹某今后治疗的费用。邹某父母亲可以从收取的礼金中支取部分用于邹某后续治疗。甘某也同意，被非法占有的汽车变卖用于邹某后期的医疗费。综上所述，一审法院判决，部分事实认定不清，且计算费用方法不当，恳请二审法院查明案件事实，依法支持甘某的上诉请求。

邹某辩称，甘某上诉请求缺乏事实及法律依据。首先，邹某在生病期间，甘某从未前往看望，也未向邹某支付过医疗费及日常生活费。其次，邹某每个月需支付一万多元的治疗费，还要抚养年幼的儿子。一审法院判决的每月支付4000元扶养费对于邹某而言远远不够。再次，邹某及其父母多次要求甘某履行救助义务，但是甘某却始终未予理睬。最后，邹某的父母收取的礼金与本案无关，本案案由是扶养纠纷，是甘某向邹某支付扶养费，与邹某父母无关。综上，甘某面对妻子罹患癌症急需治疗的情况下，既不予以物质上的帮助，又不给予精神上的安慰，明显违背了夫妻具有扶养的义务，也违背了公序良俗的原则，应受到法律和道德的谴责。

邹某向一审法院起诉请求：1. 请求法院判令甘某向邹某给付医疗费63873.72元；2. 依法判令甘某从2022年7月起每月向邹某给付治疗费、生活费等扶养费用10000元；3. 本案诉讼费等一切费用由甘某承担。

一审法院认定事实：邹某与甘某系夫妻关系，双方于2020年12月24日办理结婚登记，于 2021 年 5 月 1 日生育一子甘某阳。2022 年 4 月 4 日，邹某因长期咳嗽未愈，赴南昌大学第二附属医院进行身体检查，确诊为肺腺癌，于 2022 年 5 月 19 日住院治疗，于 2022 年 5 月 25 日出院，随访安排为"出院后定期复查血常规、小生化、胰腺功能等，我科随诊"。目前，邹某因治疗花去医药费共计 63873.72 元，甘某对此予以认可，但辩称其中的 38728 元系邹某父亲通过轻松筹筹款获得的，应进行冲抵。庭审中，邹某诉称现在无业，没有收入来源；甘某辩称现在抚州市某饭店做厨师，因客观原因月收入仅有 3000 元左右。另查，甘某名下有价值十万元左右的汽车一辆。2022 年 10 月 9 日，邹某向一审法院起诉，请求法院判若所请。

一审法院认为：根据《民法典》第 1059 条之规定："夫妻有相互扶养的义务。需要扶养的一方，在另一方不履行扶养义务时，有要求其给付扶养费的权利。"夫妻之间互相扶养是法定义务。邹某与甘某系夫妻关系，在生活中本应相互关心、互相照顾、彼此扶助。现邹某身患重病，因病不能从事工作，无收入来源；而甘某有稳定的工作和收入，有能力从经济方面给予邹某帮助，履行夫妻之间的扶养义务。邹某因患病治疗花费医药费共计 63873.72 元，事实清楚、证据充分，甘某亦对此予以确认，但辩称其中的 38728 元系邹某父亲通过轻松筹筹款获得的，应进行冲抵。一审法院认为，轻松筹系为已患病且经济困难的人通过平台快速筹款，该部分款项的捐助对象为邹某、甘某双方的亲属和社会上不特定的多数人，并确已实际用于邹某治疗，故该部分应当冲抵，甘某该辩称于法有据，一审法院予以采信，邹某诉称该部分款项系案外人对邹某个人单方面的赠与，不应通过冲抵来减轻或免除甘某的扶养义务，该主张于法无据，一审法院不予支持，故邹某因患病治疗实际支出医药费为 25145.72 元（63873.72 元-38728 元），邹某因病不能从事工作，无收入来源，其支出的医药费，甘某应予以承担。根据《民法典》第 8 条之规定："民事主体从事民事活动，不得违反法律，不得违背公序良俗。"本案邹某确患有肺癌晚期的严重疾病，甘某作为丈夫本应积极救治，但其主观上并不积极配合治疗,其行为严重违背基本的道德规范。对于邹某要求甘某每月支付扶养费10000元的诉请,考虑到邹某每月因治疗确需花费一定的费用,如不配合治疗,邹某恐有生命危险,甘某虽有稳定的工作和收入,但履行能力一般,为了弘扬社会主义核心价值观,树立公民善良的道德责任、道德意愿、道德情感,并结合甘某的实际情况,一审法院酌定甘某应给付邹某扶养费(包括医疗费、生活费等)每月4000元。

据此,一审法院依照《民法典》第8条、第1059条之规定,判决:一、甘某自2022年7月1日起于每月月底前支付邹某扶养费(包括医疗费、生活费等)4000元直至邹某痊愈时止,其中2022年7月至2022年10月期间的扶养费共计16000元于本判决生效后十日内先行支付;二、甘某于本判决生效后十日内向邹某支付医药费25145.72元;三、驳回邹某的其他诉讼请求。

二审中,邹某提交了2023年3月20日至3月26日期间邹某的出院记录、出院证明、费用清单、结算凭证各一张,拟证明扣除医保报销部分,2023年3月邹某个人还承担了医疗费5309.33元。

甘某质证称,认可真实性,虽然有义务给,但是没有钱,无法给付。

本院认证意见:证据的三性均予以认可,但是该费用发生在一审法院判决甘某从2022年7月1日开始按月支付邹某4000元的医疗费、生活费之后,每月4000元已经包含了邹某的医疗费和生活费,如本判决生效后,甘某给付的扶养费不足以支付邹某实际产生的治疗费,邹某可另行主张,现本案中现无证据证明该事实,不予以支持。

双方当事人对一审的事实均无异议。一审法院对一审查明的事实予以确认。

经本院调解,各方当事人未达成一致意见。

根据双方当事人的诉辩意见,本案的争议焦点为:1.甘某每月应当支付邹某扶养费金额为多少。2.甘某应当支付邹某医药费的金额为多少。

关于争议焦点一,甘某每月应当支付邹某扶养费金额为多少。本院认为,甘某在一审中自述其做厨师,月收入为6000元一个月,但是因为客观原因只工作半个月。本院认为,根据一般工作习惯,是按月工作,现外部影响已经结束,甘某应当举证证明其现在每月仅工作半个月,但无证据证明该事实,对该抗辩意见不予采信。一审法院依据邹某的生活、医疗情况及甘某的收入情况,酌定甘某支付4000元/月,并无不当,予以维持。

关于争议焦点二,甘某应当支付邹某医药费的金额为多少。本院认为,邹某通过轻松筹筹集了38728元,捐款人系邹某与甘某的双方亲属、朋友及不特定的人群,其捐赠目的不是邹某的个人财产赠与,而是为了用于邹某治疗疾病,且该费用也实际用于邹某的疾病治疗。故一审法院认定甘某应当支付邹某的医药费应当扣除众筹平台筹集款项,即25145.72元(63873.72元-38728元),并无不当,本院予以维持。

综上所述,邹某、甘某的上诉请求均不能成立,应予驳回。一审法院认定事实清楚,适用法律正确,应予维持。依照《民事诉讼法》第177条第1款第1项规定,判决如下:

驳回上诉,维持原判。

二审案件受理费1598元,由邹某负担769元,由甘某负担829元。

本判决为终审判决。

038. 夫妻之间有相互扶养的义务,一方生病需要扶养时,另一方是否需要给付交通费、住宿费等费用[①]

上诉人(原审原告):盛某芳,女,1977年2月2日出生,汉族,住湖南省永州市冷水滩区。

被上诉人(原审被告):蒋某艺,男,1978年8月31日出生,汉族,住

---

① 湖南省永州市中级人民法院(2022)湘11民终1223号民事判决书,载中国裁判文书网,最后访问日期:2023年7月3日。

湖南省永州市。

上诉人盛某芳因与被上诉人蒋某艺扶养纠纷一案，不服湖南省永州市冷水滩区人民法院（2021）湘1103民初5229号民事判决，向本院提起上诉。本院于2022年4月11日立案后，依法组成合议庭，书面进行了审理。本案现已审理终结。

盛某芳上诉请求：一、请求二审法院依法撤销湖南省永州市冷水滩区人民法院（2021）湘1103民初5229号民事判决，改判由被上诉人蒋某艺支付上诉人盛某芳医疗、住宿、交通费共计29059元；二、一、二审诉讼费由被上诉人承担。事实和理由：一审法院未支持上诉人提出的由被上诉人承担相应的交通费、住宿费属认定事实错误，适用法律不当。

被上诉人蒋某艺辩称：一、自上诉人盛某芳生病以来，答辩人已向其支付了14万多元；二、应减免医保可报销的部分费用。

盛某芳向一审法院起诉请求：一、判令被告支付原告2020年4月26日至2021年7月31日医疗费、交通费、住宿费共计人民币58118元；二、本案诉讼费用由被告承担。

一审法院认定事实：原告盛某芳与被告蒋某艺系夫妻关系。原、被告二人均系在岗教师。原告盛某芳于2016年被确诊患有乳腺癌，需要长时间的治疗以及复查，由此产生了大量的医疗费开支，因原告一人的收入已经无法支撑治疗疾病的医疗开支，而被告也未向原告提供帮助，为其支付医疗费用，遂酿成纷争，诉至该院。

一审法院另查明，自2020年5月3日至2021年7月30日期间，原告在永州市第三人民医院治疗，包括门诊挂号、用药治疗在内共计花费25362.87元，其中使用职工医保支付882.84元，使用现金支付24480.03元。而自2020年7月27日至2021年6月29日期间，原告在湖南省肿瘤医院治疗，包括门诊挂号、用药治疗在内共计花费25592.41元，均系现金支付。

一审法院认为，夫妻有相互扶养的义务。一方不履行扶养义务时，需要扶养的一方，有要求对方付给扶养费的权利。原、被告系合法夫妻，双方按照法律规定，应相互自觉履行扶养义务。现原告向该院起诉要求被告向原告支付 2020 年 4 月 26 日至 2021 年 7 月 31 日的医疗费、交通费、住宿费共计人民币 58118 元，但因原告并未丧失劳动能力以及收入来源，且原告系公办学校教师，享有职工医保等补助，故该院认定，应由被告承担医疗费的一半，交通费、住宿费由原告承担为宜。而根据原告向该院提交的医疗票据，自 2020 年 5 月 3 日至 2021 年 7 月 30 日期间，原告在永州市第三人民医院和湖南省肿瘤医院治疗期间共计花费 50955.28 元，其中使用医保支付 882.84 元，现金支付 50072.44 元，被告应承担原告使用现金支付的一半即 25036.22 元。而原告向该院提交的医疗票据均未使用医保报销，若被告能使用医保报销部分医疗费，可减免相应部分。

综上所述，对于原告盛某芳的诉讼请求，该院予以部分支持。依据《民法典》第 1059 条，判决：一、被告蒋某艺于本判决生效之日起十日内向原告盛某芳支付医疗费 25036.22 元；二、驳回原告盛某芳的其他诉讼请求。本案受理费 1254 元，减半收取 627 元，由原告盛某芳负担 313.5 元，由被告蒋某艺负担 313.5 元。

二审期间，上诉人盛某芳提交了一份新证据：湖南省永州市冷水滩区人民法院（2020）湘 1103 民初 578 号民事判决书一份，拟证明法院的生效判决支持了交通费事实。

被上诉人蒋某艺发表如下质证意见：对判决书无异议。

结合当事人的举证质证，本院认证如下：因被上诉人蒋某艺对上述判决书无异议，且系法院作出的文书，本院对该判决的真实性、合法性予以确认。但对证明目的，因与本案无关联性，本院依法不予支持。

被上诉人蒋某艺未向本院提交新的证据。

本案二审查明的事实与一审认定的事实一致，对一审认定的事实，本院予以确认。

本院认为，本案系扶养纠纷，争执焦点：被上诉人是否应承担交通费、住宿费的问题。

夫妻间相互扶助的义务是以合法的婚姻关系存在为前提，扶养义务依赖于双方特殊的身份关系而存在，也是法律赋予夫妻双方的一种强制性义务。在本案中，首先，上诉人盛某芳与被上诉人蒋某艺系合法的夫妻关系，根据《民法典》第1059条的规定，被上诉人蒋某艺、上诉人盛某芳应有在生活上互相照应，在经济上互相供养，在精神上互为支柱的义务，故双方当事人之间存在强制扶养义务。其次，被上诉人蒋某艺系在岗教师，具有履行扶养能力。虽然盛某芳存在固定收入，但因盛某芳于2016年被诊断为乳腺癌后长期需要治疗及复查，综合考虑上诉人盛某芳去长沙治疗势必存在交通费、住宿费合理的开支等情况，故对上诉人盛某芳提出"被上诉人蒋某艺应承担交通费、住宿费"的上诉理由，本院予以支持。最后，关于交通费数额如何认定的问题，根据上诉人盛某芳在一审提交的交通费、医疗费发票的证据，本院认为交通费应以实际发票为宜，即294.5元，各承担一半即147.25元。关于住宿费数额的问题，虽然上诉人盛某芳所提交的住宿费系手写票据，但结合车票时间、诊疗次数、医疗票据日期，足可推断出需要支出住宿费的客观事实，故本院酌情考虑3000元，即各承担1500元。综上，被上诉人蒋某艺应承担医疗费25036.22元、交通费147.25元、住宿费1500元，共计26683.47元。

综上所述，上诉人盛某芳提出的部分上诉请求成立，本院依法予以支持。一审判决认定事实清楚，适用法律错误，二审予以纠正，依照《民法典》第1059条、《民事诉讼法》第177条第1款第2项规定，判决如下：

一、撤销湖南省永州市冷水滩区人民法院（2021）湘1103民初5229号民事判决；

二、改判由被上诉人蒋某艺收到本判决书之日起十日内一次性向上诉人盛某芳支付医疗费、交通费、住宿费共计26683.47元；

三、驳回上诉人盛某芳的其他诉讼请求。

如果未按本判决指定的期间履行给付金钱义务，应当按照《民事诉讼法》第 260 条之规定，加倍支付迟延履行期间的债务利息。

一审案件受理费 1254 元，减半收取 627 元，由上诉人盛某芳、被上诉人蒋某艺各负担 313.5 元。二审案件受理费 50 元，由被上诉人蒋某艺负担。

本判决为终审判决。

（二）裁判依据

《中华人民共和国民法典》

第一千零五十九条 夫妻有相互扶养的义务。

需要扶养的一方，在另一方不履行扶养义务时，有要求其给付扶养费的权利。

第一千零七十五条 有负担能力的兄、姐，对于父母已经死亡或者父母无力抚养的未成年弟、妹，有扶养的义务。

由兄、姐扶养长大的有负担能力的弟、妹，对于缺乏劳动能力又缺乏生活来源的兄、姐，有扶养的义务。

《中华人民共和国涉外民事关系法律适用法》

第二十九条 扶养，适用一方当事人经常居所地法律、国籍国法律或者主要财产所在地法律中有利于保护被扶养人权益的法律。

十三、赡养纠纷

(一) 最高人民法院公报案例及典型案例

039. 子女对于老年人除了提供经济供养外，应尊重老年人选择的合理养老方式①

关键词：养老方式、精神赡养

基本案情：苏甲与代某夫妻育有苏乙等六名子女。代某去世多年，苏甲现已94岁高龄，无住房，视力残疾，平时出行不便，需要看护。在长子家中生活十年，家庭矛盾较深，其他子女均无照顾意愿。苏甲要求入住养老院，因每月需缴纳费用等与子女发生争议，苏甲起诉请求判令六子女支付赡养费，并每月探望一次。

裁判结果：审理法院认为，《民法典》第26条规定，成年子女对父母负有赡养、扶助和保护的义务。《老年人权益保障法》第18条规定，家庭成员应当关心老年人的精神需求，不得忽视、冷落老年人。与老年人分开居住的家庭成员，应当经常看望或者问候老年人。苏甲将子女抚养长大。六子女依法应履行赡养义务，包括对老人精神慰藉。苏甲基于家庭现实情况，要求到养老机构生活，应当尊重其意愿。综合考量苏甲实际需要、各子女经济条件

---

① 《人民法院老年人权益保护第三批典型案例》（最高人民法院2023年4月27日），苏甲诉苏乙等赡养纠纷案，载最高人民法院网站，https://www.court.gov.cn/zixun-xiangqing-398342.html，最后访问日期：2023年6月30日。

和负担能力及当地生活水平等因素，判决六子女每人每月给付苏甲赡养费500元。六子女对苏甲除履行经济上供养、生活上照料的义务外，还应履行精神上慰藉的义务，每人每月应当看望及电话问候苏甲一次。

> **典型意义**
>
> 现实生活中，有些老年人基于家庭现实情况考虑，选择在养老机构安度晚年。应当依法保障老年人对于养老方式多样化的诉求及其自主选择养老方式的权利。此外，子女不仅应履行经济上供养的义务，还应重视对老年人的精神慰藉。本案判决体现了对老年人在养老方式等问题上自主意愿的尊重和对于精神赡养的倡导，充分保障老有所依。

040. 子女不履行赡养义务并对老人进行谩骂、侮辱、言语威胁的，老人可以向法院申请人身安全保护[①]

基本案情：申请人郝某某与其妻王某某（已故）育有五个子女。现郝某某已丧失劳动能力，除每月的低保金320元外，无其他经济来源，其日常生活需要子女照顾。申请人郝某某轮流在除被告郝某华外的其他子女处居住生活。因其他子女经济情况一般，住房较为紧张，申请人郝某某遂要求被告郝某华支付赡养费，并解决其居住问题。被申请人郝某华对原告郝某某提出的要求不满，经常用激烈言辞对郝某某进行言语威胁、谩骂，致使郝某某产生精神恐惧，情绪紧张。郝某某诉至法院，要求被告郝某华支付赡养费，并解决其居住问题。经法院多次通知，被告郝某华仍不到庭应诉，反而对原告恫吓威胁，致使原告终日处在恐惧之中。原告遂在诉讼期间向本院申请人身安全保护裁定，要求法院采取措施，制止被告郝某华对郝某某威胁、谩骂侮辱行为。

[①] 《最高人民法院公布十起涉家庭暴力典型案例》，郝某某诉郝某华赡养纠纷案，载《最高人民法院公报》2015年第2期。

裁判结果：针对申请人提出的人身安全保护裁定申请，法院经审理认为，被申请人郝某华对申请人郝某某经常进行言语威胁、谩骂等行为，导致申请人终日生活在恐惧之中，故其申请符合法律规定，应予支持。法院裁定：禁止被申请人郝某华对申请人郝某某采取言语威胁、谩骂、侮辱以及可能导致申请人产生心理恐惧、担心、害怕的其他行为。同时，法院对被申请人进行了训诫，告知其在有效期内，若发生上述行为，则视情节轻重对被申请人采取拘留、罚款等强制措施。经跟踪回访，被申请人对申请人再无威胁行为。对原告请求被告履行赡养义务的请求，法院判决被告郝某华每月向原告郝某某支付赡养费 600 元。

041. 子女在赡养父母时，除了提供经济赡养，还应该"精神赡养"，常回家探望[①]

关键词："常回家看看"；精神赡养

基本案情：陈某某与妻子 1952 年结婚，婚后育有二子、三女，妻子及两个儿子均已去世。现陈某某同小女儿生活。陈某某年事已高且体弱多病，希望女儿常回家探望照顾自己，因女儿不同意负担陈某某的医药费及赡养费，故诉请判令长女和次女每月探望其不少于一次，患病期间三女儿必须轮流看护；三女儿共同给付陈某某医疗费、赡养费。

裁判结果：黑龙江省佳木斯市前进区人民法院认为，子女对父母有赡养扶助的义务，子女不履行赡养义务时，无劳动能力或生活困难的父母，有要求子女给付赡养费的权利。子女不能因为父母有退休收入或者有一定的经济来源就完全将父母置之不顾，这不仅违反法律规定，也不符合中华民族"百善孝为先"的传统美德。子女对于不在一起生活的父母，应根据其实际生活

[①] 《人民法院老年人权益保护十大典型案例》（最高人民法院 2021 年 2 月 24 日公布），陈某某赡养费纠纷案，载最高人民法院网站，https://www.court.gov.cn/zixun/xiangqing/287711.html，最后访问日期：2023 年 6 月 30 日。

需要、实际负担能力、当地一般生活水平，给付一定的赡养费用。本案陈某某年事已高且身患疾病，三个女儿作为赡养人，应当履行对其经济上供养、生活上照料和精神上慰藉的义务，故判决长女和次女每月探望陈某某不少于一次，并给付陈某某赡养费，三女儿共同负担陈某某医疗费用。

> **典型意义**
>
> 　　近年来，随着生活水平的不断提高，老人对子女经济供养方面的要求越来越少，越来越多的老人更加注重精神层面的需求，涉及"精神赡养"的案件数量也有所上升，该类案件执行情况远比给付金钱的案件要难得多，且强制执行远不及主动履行效果好，希望"常回家看看"是子女们发自内心的行为，而不是强制执行的结果。"精神赡养"和"物质赡养"同样重要。老人要求子女定期探望的诉求，是希望子女能够承欢膝下，符合法律规定，体现中华民族传统的孝道，应当得到支持。"百善孝为先"，对老人的赡养绝不是一纸冷冰冰的判决就可以完成的，希望所有子女能够常回家看看，多关注老年人的精神需求。

042. 某些特殊情况下，老年人无法维护自己合法权益的，检察院可以起诉[①]

关键词：子女赡养义务；检察院支持起诉

基本案情：刘某芽与妻子共生育四子女，均已成年并结婚。刘某如系其子，与刘某芽相邻而居。2010年，刘某如意外受伤，认为父母在其受伤休养期间未对其进行照料，产生矛盾，此后矛盾日益加剧，刘某如长期不支付父

[①] 《人民法院老年人权益保护十大典型案例》（最高人民法院2021年2月24日公布），刘某芽赡养纠纷案，载最高人民法院网站，https://www.court.gov.cn/zixun/xiangqing/287711.html，最后访问日期：2023年6月30日。

母的生活费，亦未照顾父母生活起居。2019年，母亲因病去世，刘某如拒绝操办丧葬事宜，亦未支付相关费用，有关丧葬事宜由刘某芽与其他三子女共同操办。经村干部调解，刘某如仍拒绝支付赡养费及照顾刘某芽的生活起居。因刘某芽年迈且患有心脏病，行动不便，新干县检察院指派检察员出庭支持起诉，认为刘某芽现年80岁，已无劳动能力，生活来源仅靠其他子女接济，尚不足以负担生活及医疗费用，子女有赡养老人的义务，刘某芽要求刘某如支付赡养费及丧葬费的诉请应得到支持。

裁判结果：江西省新干县人民法院认为，孝敬父母是中华民族的优良传统，子女应当履行赡养义务，不应附加任何条件。刘某芽年事已高，身患疾病，无生活来源、无劳动能力，刘某如应依法对其承担赡养义务。同时，赡养父母的义务不仅包含给予父母经济供养及生活照料，还应给予父母精神上的慰藉，也应当在父母百年之后及时妥善地办理丧葬事宜，刘某如拒绝支付丧葬费，不符合法律规定，亦违背伦理道德。故判决刘某如每年支付刘某芽赡养费，并支付其母亲办理丧葬事宜的费用。

典型意义

子女赡养父母不仅是德之根本，也是法律明确规定的义务。在家庭生活中，家庭成员之间虽有矛盾，但赡养父母是法定义务，子女应当对老年人经济上供养、生活上照料、精神上慰藉，以及为经济困难的父母承担医疗费用等，不得以任何理由和借口拒绝履行赡养义务。关心关爱老年人，让老年人感受到司法的温暖是司法义不容辞的责任。民事诉讼在一般情况下只能由民事权益受到侵害或者发生争议的主体提出，无需其他组织或个人干预。在特殊情况下，受到损害的单位或个人不敢或不能独立保护自己的合法权益，需要有关组织给予支持，运用社会力量帮助弱势群体实现诉讼权利。支持起诉原则打破了民事主体之间的相对性，允许无利害关系的人民检察院介入到诉讼中，能够在弱势群体的利益受到侵害时切实为其维护权益。

（二）地方法院典型案例

043. 夫妻双方系再婚，其中一方对另一方的亲生年幼子女履行了较长年限抚养义务的，该子女是否需要履行赡养义务[①]

案情简介：原告周某莲与被告之父罗某相于 1985 年 10 月 4 日结婚，双方系再婚，婚后未再生育子女。原告周某莲与被告父亲结婚时，被告罗某年幼。被告一直随原告及父亲生活至 1993 年工作，被告罗某的姐姐罗某某与原告及父亲短期生活后结婚另居。罗某相与前妻生育的其余四个子女在其与原告结婚时均已独立生活。2017 年 12 月，罗某相死亡，原告周某莲每月可领取遗属生活困难补助金 560 元。原告周某莲诉至贵州省黔南州贵定县人民法院请求：1. 判令被告自 2018 年 2 月起每月向原告支付赡养费 500 元至原告百年之日止（截止起诉之日计 7000 元）；2. 本案诉讼费用由被告承担。

裁判要旨

贵州省黔南州贵定县人民法院认为，原告周某莲与被告父亲罗某相于 1985 年 10 月 4 日结婚后，被告罗某一直随原告及父亲共同生活至 1993 年参加工作，其间，完成学业并参加工作。原告周某莲已履行了一定的抚养义务，被告罗某对原告周某莲亦有赡养义务。原告与前夫生育有五个子女，除大女儿已过世外，其余四个子女均独立生活，对原告周某莲均有赡养义务。被告罗某之姐与原告共同生活时间较短，对原告无赡养扶助义务。除被告罗某外，原告的赡养义务人还有原告其余四个子女。原告周某莲未提

[①] 《省法院发布第二批弘扬社会主义核心价值观典型案例》，（贵州省高级人民法院 2020 年 5 月 27 日发布），原告周某莲与被告罗某赡养费纠纷案，载贵州高院微信公众号，https：//mp.weixin.qq.com/s/jUg3uh57AEpplbewJaBJwQ，最后访问日期：2023 年 7 月 3 日。

交证据证实其每月生活、医疗的实际支出，法院考虑原告年纪较大，确有医疗支出的需要，结合本案抚养罗某的年限较短且有多个赡养义务人的实际情况，参照2018年度贵州省城镇居民人均消费性支出为20788元/年，酌情判令被告罗某每月应支付赡养费为200元较为适宜。

裁判结果：依照法律规定，判决如下：

一、被告罗某在本判决生效之日起十日内支付原告周某莲2018年1月起至2019年7月的赡养费叁仟捌佰元（¥3800.00），并从2019年8月起，每月20日前支付原告周某莲赡养费贰佰元（¥200.00）至原告周某莲死亡时止；

二、驳回原告周某莲其余诉讼请求。

典型意义

根据《民法典》第1072条第2款"继父或者继母和受其抚养教育的继子女间的权利和义务，适用本法对父母子女关系的有关规定"之规定，继子女随生父母一方与继父或继母共同生活时，不仅生父母抚养教育该子女，而且继父或继母对其承担了部分或全部生活教育费，视为形成了抚育关系。此类情形下，继子女与生父母、继父母间形成双重权利义务关系：继子女既和生父母发生法律上的权利义务关系，也与继父母产生法律上的权利义务关系。在此情形下，继子女对其生父母和继父母都负有赡养的义务。继父母有权要求继子女向其支付赡养费。

044. 赡养人的配偶应当协助赡养人履行赡养义务[1]

关键词：子女赡养义务、女婿协助赡养

基本案情：原告袁某某（1954年出生）育有案涉被告邓某1、邓某2两女，现二被告均已成家立业。由于丈夫去世早，袁某某独自将二被告抚养成年。二被告出嫁后，袁某某独自一人生活，加上年老体弱，常年疾病缠身，无人照料。2017年，袁某某诉至法院请求两个女儿尽赡养义务，经法院调解达成协议。2020年，袁某某生病后无人照顾，袁某某无奈再次向法院起诉，要求两个女儿承担赡养费并支付生病住院期间的医疗费。法院经调查发现二被告无经济能力，家庭开支均由两个女婿支配。于是袁某某将两个女婿也列为被告一并告上法庭。诉讼中两个女婿态度恶劣，极不配合，法院依职权对两人财产进行保全。

裁判结果：经黔东南州施秉县法院调解，根据《老年人权益保障法》第14条第3款赡养人的配偶应当协助赡养人履行赡养义务"之规定，杨某某、李某某作为原告袁某某的女婿，虽然对袁某某没有赡养义务，但在袁某某两个女儿没有经济来源的情况下，作为赡养人的子女配偶应当协助赡养人履行赡养义务。经调解达成以下协议：一是由二被告每月轮流照顾原告袁某某；二是杨某某、李某某协助配合提高赡养费并支付住院期间医疗费。

> **典型意义**
>
> "老吾老，以及人之老；幼吾幼，以及人之幼"。法律虽未规定儿媳对公婆、女婿对岳父母负有赡养义务，但作为儿媳、女婿有协助配偶履行赡养的义务。此处"协助"二字把夫妻之间对对方父母的赡养义务区分开来，

---

[1] 《涉老年人权益保护民事典型案例》（贵州省高级人民法院2022年4月15日发布），袁某某诉邓某1、邓某2赡养费纠纷案，载贵州高院微信公众号，https://mp.weixin.qq.com/s/AOgYWHPvPEZL-tUh9DfCY9A，最后访问日期：2023年7月3日。

> 子女对父母尽的是主要的、完全的赡养义务，女婿、儿媳则是尽次要的、辅助的赡养义务。由于夫妻财产是共有的，加之夫妻关系的特殊性，当配偶难以履行赡养义务时，女婿、儿媳亦应当积极协助，促进构建和谐、互助、敬老爱老的家庭良好氛围。

045. 父母过世后，自认为赡养父母较多的赡养人能否向其他赡养人追偿赡养费[①]

上诉人（原审原告）：李某1，男，1963年2月12日出生，汉族，湖南省宁远县人，居民，户籍地：宁远县。

上诉人（原审原告）：李某2，男，1967年6月8日出生，汉族，湖南省宁远县人，教师，现住宁远县。

被上诉人（原审被告）：李某3，男，1971年10月17日出生，汉族，湖南省宁远县人，居民，户籍地：宁远县。

委托诉讼代理人：李某秀，女，1972年6月3日出征，汉族，湖南省宁远县人民，居民，现住宁远县（李某3之妻）。

委托诉讼代理人：欧某凌，湖南某法律服务所法律工作者。

原审被告：李某4，女，1964年3月28日出生，汉族，湖南省宁远县人，居民，户籍地：宁远县。

原审被告：李某5，女，1969年8月24日出生，汉族，湖南省宁远县人，居民，户籍地：宁远县。

原审被告：李某6，女，1974年1月2日出生，汉族，湖南省宁远县人，居民，户籍地：宁远县。

[①] 湖南省永州市中级人民法院（2021）湘11民终2487号民事判决书，载裁判文书网，最后访问日期：2023年7月3日。

上诉人李某1、李某2因与被上诉人李某3、原审被告李某4、李某5、李某6赡养费纠纷一案，不服湖南省宁远县人民法院（2021）湘1126民初398号民事判决，向本院提起上诉。本院于2021年9月15日立案后，依法组成合议庭进行了审理。本案现已审理终结。

李某1、李某2上诉请求：1.请求撤销湖南省宁远县人民法院（2021）湘1126民初398号民事判决，发回一审法院重审或者改判；2.请求确认被上诉人李某3应当分担母亲在福利院的费用及父母的医疗费和安葬费等费用；3.上诉费由被上诉人李某3承担。事实与理由：1.父母生前没有留下任何遗产。2.一审法院认定事实不清，父母生病住院，母亲住福利院，李某3没有出钱，父母过世，丧事操办李某3亦没有出过钱，被上诉人李某3应当承担自己的责任份额，自觉分摊父母的医疗费、丧葬费等费用。

被上诉人李某3答辩称：一、李某3已经尽到赡养老人的义务，父亲生前没有要求子女出赡养费是因为父亲生前有生活来源和4万元存款，至存折销户，户头上还有2万余元；二、母亲2019年去世，母亲在医院的开销无需上诉人和被上诉人负担，都是从母亲存款中开支，母亲摔伤是上诉人未尽到赡养义务；三、并非被李某3不出资，而是上诉人拒绝答辩人全家五口人悼念母亲。

原审被告李某4、李某5、李某6述称，李某4、李某5、李某6已经尽到赡养义务，尽到了自己为人子女的责任。

李某1、李某2向一审法院提出诉讼请求：1.判决被告给付原告为父母赡养费、治病费用、安葬费用200000元；2.诉讼费由被告承担。

一审法院认定事实：原告李某1、李某2与被告李某3、李某4、李某5、李某6是兄弟姐妹。原、被告的父亲李某才于2017年农历12月去世，母亲毛某女于2019年农历5月去世。原告李某1、李某2认为被告李某3、李某4、李某5、李某6作为李某才、毛某女的子女，没有尽到应尽的赡养义务，两原告承担了父母的医药费和丧葬费等，要求被告李某3、李某4、李某5、李某6给付二原告为四被告承担赡养义务而垫付的费用，以及因照顾父母而产生的护理、陪护费用。双方发生纠纷，二原告于2021年1月20日，向一审法院提起诉讼。

一审法院认为，我国法律虽然明确规定了子女对父母有赡养义务，但并未规定在父母有多个子女的情况下各子女如何具体承担赡养义务的问题，且赡养本身是一个较为抽象和内容较多的一种行为，不仅包括赡养费的给付问题，还包括平时的照顾等诸多的行为，因此父母有多个子女的情况下各子女应承担赡养义务的多少无法从法律层面具体量化，不能简单地认为一个子女是在替另一名子女尽赡养义务。由此可知，赡养父母是子女应尽的义务，此义务与他人是否应尽赡养义务或应尽多少赡养义务无关，子女负担父母的生活费、医疗费等费用，是社会论理应尽的孝道，更是履行法定的赡养义务。故子女因赡养父母支付的赡养费用对其他子女无追偿的权利；再者，对于多承担赡养义务的子女，我国法律也有明确规定，其可以在继承时要求多分配遗产，这保障了多承担赡养义务子女的权益；另外，主张赡养费的权利是基于身份权所产生的，身份权具有专属性和不可让与性，因此请求此权利的主体是特定的，作为赡养人，并不具有请求该项权利的主体资格。因此，多承担赡养义务的子女在承担了赡养义务后，无权向其他子女主张追偿的权利。对二原告主张的安葬费，因二原告未提供合法有效的证据证实其主张，一审法院不予支持。据此，依照《民法典》第26条第2款、第1067条第2款及《民事诉讼法》第67条的规定，判决：驳回原告李某1、李某2的诉讼请求。

上诉人在二审期间向本院提供十六份新证据，证据一是永州湖南肿瘤医院诊断证明、宁远中医院诊断证明。拟证明毛某女自2015年后长期患重病；证据二是湖南中医药大学附院门诊病历封面、湘雅二医院门诊病历封面、广州华银医学会报告单、湘雅二医院胃镜申请单、宁远人民医院彩超报告、宁远人民医院电子胃镜单、宁远县人民医院病理图文、湖南中医药大学附院缴款账单详情。拟证明在此医院产生费用；证据三是奉某辉、李某生出具的证明。拟证明在奉某辉处买过棺材；证据四是结账记录。拟证明李某才的丧葬费 81515 元，修墓费 6300 元；证据五是毛某女在界首医院的住院情况。拟证明李某 2 办理缴费及金额；证据六是福利院养老合同及缴费票据印件。拟证明监护人是李某 2、缴费是李某 2 交的，有转账记录；证据七是毛某女丧事总费用。拟证明丧事费用 52216 元加两副棺材 7520 加 100 电费；证据八是账单复印件，跟证据四证明目的一致；证据九是丽人医院病危通知单，拟证明李某才病危，无自理行为能力；证据十是二老墓地，证明目的是证明二老墓地已经修好；证据十一是李某 2 转给护工护理的转账记录；拟证明毛某女住院时，李某 2 花钱请护工；证据十二是二老丧事来客礼金，拟证明客户数及总金额；证据十三是李某才丧事及被告的出钱记录，拟证明原被告各人出钱数额；证据十四是毛某女法律援助申请手续，拟证明毛某女有向被上诉人主张权利的意思表示，监护人手续已办全；证据十五是毛某女特护病种审批表，拟证明毛某女长期有重病缺乏行动能力；证据十六是李某 3 在乡下建的房子；拟证明李某 3 生活条件好，有经济能力。

被上诉人质证认为，这些证据不是新证据，一审就应当提供，有些病历同一审类似，花了多少钱应当以正规发票为准，对于手写的证据三性均有异议，因为上诉人拒绝被上诉人一家五口回去悼念母亲，剥夺了被上诉人祭奠母亲的权利。

本院认证认为，对证据一、证据二、证据五、证据六、证据十五的真实性予以采信。证据三、证据四、证据七、证据八、证据十一、证据十二、证据十三无其他证据佐证本院不予采信。证据九、证据十、证据十六与本案无关。庭审中上诉人说自己母亲不识字，法律援助申请表上签有"毛某女"三个字，未捺手印，对证据十四本院不予采信。

本院二审查明的事实与一审法院查明的事实一致，对一审法院认定的事实，本院予以确认。

本院认为，当事人对自己提出的诉讼请求所依据的事实或者反驳对方诉讼请求所依据的事实，应当提供证据加以证明，当事人未能提供证据或者证据不足以证明其事实主张的，由负有证明责任的当事人承担不利的后果。关于丧葬费，一审中，上诉人李某2、李某1承认两老的丧葬费因管账的经理未交账，尚未进行结算。关于医疗费部分，赡养费包括生活费、医疗费等必要费用，上诉人负担父母的医疗费是上诉人履行自己的赡养义务，只有缺乏劳动能力或者生活困难的父母，才有要求成年子女给付赡养费的权利，上诉人向李某3主张医疗费，依据不足。孝敬父母、诚实守信是中华民族的传统美德，无论兄弟间有何隔阂，都不应当给父母留下遗憾。一审法院判决驳回李某2、李某1诉请并无不当。

综上，上诉人李某2、李某1的上诉请求不能成立，本院不予支持。一审法院认定事实清楚，适用法律正确，本院依法应予维持。依照《民事诉讼法》第170条第1款第1项规定，判决如下：

驳回上诉，维持原判。

二审案件受理费200元，由李某2、李某1负担。

本判决为终审判决。

（三）裁判依据

《中华人民共和国民法典》

第二十六条第二款 成年子女对父母负有赡养、扶助和保护的义务。

第一千零六十七条第二款 成年子女不履行赡养义务的，缺乏劳动能力或者生活困难的父母，有要求成年子女给付赡养费的权利。

第一千零六十九条 子女应当尊重父母的婚姻权利，不得干涉父母离婚、再婚以及婚后的生活。子女对父母的赡养义务，不因父母的婚姻关系变化而终止。

第一千零七十二条 继父母与继子女间，不得虐待或者歧视。

继父或者继母和受其抚养教育的继子女间的权利义务关系，适用本法关于父母子女关系的规定。

第一千零七十四条第二款 有负担能力的孙子女、外孙子女,对于子女已经死亡或者子女无力赡养的祖父母、外祖父母,有赡养的义务。

《中华人民共和国老年人权益保障法》

第十四条 赡养人应当履行对老年人经济上供养、生活上照料和精神上慰藉的义务,照顾老年人的特殊需要。

赡养人是指老年人的子女以及其他依法负有赡养义务的人。

赡养人的配偶应当协助赡养人履行赡养义务。

第十五条 赡养人应当使患病的老年人及时得到治疗和护理;对经济困难的老年人,应当提供医疗费用。

对生活不能自理的老年人,赡养人应当承担照料责任;不能亲自照料的,可以按照老年人的意愿委托他人或者养老机构等照料。

第十六条 赡养人应当妥善安排老年人的住房,不得强迫老年人居住或者迁居条件低劣的房屋。

老年人自有的或者承租的住房,子女或者其他亲属不得侵占,不得擅自改变产权关系或者租赁关系。

老年人自有的住房,赡养人有维修的义务。

第十七条 赡养人有义务耕种或者委托他人耕种老年人承包的田地,照管或者委托他人照管老年人的林木和牲畜等,收益归老年人所有。

第十八条 家庭成员应当关心老年人的精神需求,不得忽视、冷落老年人。

与老年人分开居住的家庭成员,应当经常看望或者问候老年人。

用人单位应当按照国家有关规定保障赡养人探亲休假的权利。

第十九条 赡养人不得以放弃继承权或者其他理由,拒绝履行赡养义务。

赡养人不履行赡养义务,老年人有要求赡养人付给赡养费等权利。

赡养人不得要求老年人承担力不能及的劳动。

第二十条 经老年人同意,赡养人之间可以就履行赡养义务签订协议。

赡养协议的内容不得违反法律的规定和老年人的意愿。

基层群众性自治组织、老年人组织或者赡养人所在单位监督协议的履行。

第二十一条 老年人的婚姻自由受法律保护。子女或者其他亲属不得干涉老年人离婚、再婚及婚后的生活。

赡养人的赡养义务不因老年人的婚姻关系变化而消除。

《最高人民法院关于适用〈中华人民共和国民法典〉继承编的解释（一）》

第十九条 对被继承人生活提供了主要经济来源，或者在劳务等方面给予了主要扶助的，应当认定其尽了主要赡养义务或主要扶养义务。

十四、收养关系纠纷

（一）地方法院典型案例

046. 社会福利中心与寄养家庭签订《抚养协议》，其仍是监护人，可以单方解除《抚养协议》[①]

基本案情： 2021年2月25日，陈某与厦门市社会福利中心下属厦门市儿童福利院签订《抚养协议》，约定由陈某夫妇抚养儿童于某至成年，于某因身份问题无法办理收养手续，监护权仍归厦门市儿童福利院。7月9日，福利院经评估，认为陈某家庭在人均居住面积等方面不符合寄养条件，不适宜养育于某。7月14日，福利院工作人员前往陈某家中接回于某，陈某在《抚养协议》尾部注明"于2021年7月14日（不）终止抚养协议"，陈某夫妇在协议中签名捺印。陈某起诉主张协议未解除，福利中心应继续履行，福利中心辩称协议已解除。法官审理查明，陈某系残疾人，其妻子张某系主要照料人，于某在陈某家中寄养时曾走失。案件审理期间，陈某、张某离婚，张某声明放弃就本案享有的权利，于某通过录制视频表示不愿意回到陈某家中寄养。

裁判结果： 厦门中院经审理认为，《抚养协议》尾部"于2021年7月14

[①] 《福建法院未成年人权益保护典型案例》（2022年5月30日公布），陈某与厦门市社会福利中心收养关系纠纷案，载福建法院网，https://fjfy.fjcourt.gov.cn/article/detail/2022/05/id/6713356.shtml，最后访问日期：2023年6月30日。

日（不）终止抚养协议"为陈某亲笔书写，其中"不"字事后添加的痕迹明显，陈某如无意解除协议并无需书写该内容，故可认定双方自愿解除协议。退一步，即使双方未合意解除协议，福利中心亦有权单方解除。《抚养协议》实为寄养协议，根据《家庭寄养管理办法》第2条规定，家庭寄养指的是经过规定的程序将民政部门监护的儿童委托在符合条件的家庭中养育的照料模式，也即寄养是委托抚养行为，根据《民法典》第464条第2款有关身份关系协议可参照适用合同编的规定，参照《民法典》第933条有关委托人任意解除权的规定，福利中心有权随时单方解除协议。此外，结合福利中心的考察评估及陈某的自认，陈某的经济来源主要为亲属资助，住房条件也不符合要求，陈某系残疾人，并不适宜照料于某，而作为主要照料人的张某也已与陈某离婚且放弃对本案权利的主张，故陈某继续履行协议的主要条件已经丧失。现福利中心不同意由陈某继续抚养于某，陈某要求福利中心继续履行协议无事实和法律依据，不予支持。

典型意义

监护权是监护人对被监护人的人身权利、财产权利和其他合法权利实施监督、保护的身份权。监护人将被监护人寄养他人抚养是委托抚养的行为，并不解除监护人与被监护人之间的监护关系，也不影响监护人在必要时单方解除委托抚养协议自行抚养，尤其是在被监护人的身心健康可能遭受不利影响的情况下，委托抚养协议更应及时解除。监护人在选择寄养家庭时应充分考察、评估被寄养家庭的条件，并在寄养过程中及时跟踪、了解被寄养人的生活、学习状况，必要时立即采取措施最大程度维护被监护人的合法权益。

047.《收养法》颁布实施前形成的未办理登记的"收养关系"是否有效[①]

上诉人（原审被告）：钱某，女，1965年9月25日出生，汉族，住浙江省桐乡市。

被上诉人（原审原告）：俞某，女，1941年6月7日出生，汉族，住浙江省嘉兴市秀洲区。

委托诉讼代理人：陆某君，浙江某律师事务所律师。

上诉人钱某因与被上诉人俞某解除收养关系纠纷一案，不服浙江省桐乡市人民法院（2022）浙0483民初174号民事判决，向本院提起上诉。本院于2022年4月12日立案后，依法组成合议庭，不开庭对本案进行了审理。本案现已审理终结。

钱某上诉请求：撤销一审判决，改判确认俞某、钱某荣与钱某之间的收养关系于二审庭审之日起解除。事实和理由：钱某1985年离家是去桐乡第一实验小学代课，没有断绝关系、互不往来之说。钱某迁离户口前俞某和钱某荣又收养了一个女孩并办理了收养手续，在钱某荣去世前办理了解除收养关系的手续，但从未提出要和钱某解除收养关系，也未与钱某办理解除收养关系手续和签订解除收养关系的书面协议，俞某亦未举证证明双方之间的收养关系已经解除。实际是俞某要将名下房屋过户给侄女，需要钱某出具放弃遗产继承权的声明，才提起本案诉讼。以上足以证明双方的收养关系在法律上并未解除。钱某在一审时主张自其1985年被迫离开俞某家后收养关系就实质解除，是因为钱某不懂法律，以为当时双方互不往来之后收养关系就解除了，但其之后请教了法律专业人士，认识到一审时的想法是错误的，故不能以钱

[①] 浙江省嘉兴市中级人民法院（2022）浙04民终1434号民事判决书，载中国裁判文书网，最后访问日期：2023年7月3日。

某在一审时的说法作为定案依据。

俞某二审辩称，钱某于1985年2月离家出走，1989年3月16日将户口迁出，之后双方再无往来，钱某在一审中也主张收养关系自1985年2月离开俞某家后收养关系就实质解除，故双方对收养关系早已解除的事实是确认无误的。根据法律规定，民事法律行为可以采用书面形式、口头形式或者其他形式。本案中，双方以实际行为确认了收养关系的实质解除。一审所作判决充分考量了当时的实际情况、事实背景和当事人内心意思。钱某的上诉违背了禁反言和诚实信用原则，请求驳回上诉，维持原判。

俞某向一审法院起诉请求：1. 判决确认俞某、钱某荣与钱某之间的收养关系于1989年3月16日起解除；2. 判令钱某支付俞某自收养关系解除后的生活费每月1000元；3. 判令钱某补偿俞某收养期间支出的抚养费50000元。

一审法院认定事实：钱某荣、俞某夫妇（1965年5月30日登记结婚）因婚后未育，1968年经人介绍后收养钱某作养女，时年钱某3周岁左右。1985年2—3月间，因俞某夫妇不同意钱某选择的婚恋对象，双方关系趋于恶化，钱某即离家居住。1989年3月16日，钱某将其户口从俞某家迁至现住址，双方从此互不往来。2018年4月9日钱某荣因病去世时，俞某未通知钱某，钱某也未参加葬礼。现俞某年老体衰，由其外甥女照顾生活起居。2021年俞某准备将其房屋过户给其外甥女，因与钱某存在收养关系，找到钱某签字但钱某不同意，俞某遂诉至法院，要求确认双方已解除收养关系。

一审法院认为，俞某夫妇收养钱某发生在20世纪60年代，原《收养法》尚未颁布，虽然该收养关系未经登记，但对俞某夫妇收养钱某的事实，当事人均无异议，且有证人证言予以佐证，足以认定俞某夫妇与钱某之间曾形成事实上的收养关系。俞某主张其夫妇与钱某之间的收养关系已于1989年3月16日起解除，钱某则主张自1985年2月其被迫离开俞某家后收养关系就实质解除。虽然双方对收养关系解除的时间存在分歧，但对俞某夫妇与钱某已于1989年3月16日起解除收养关系的事实双方没有异议。据此，俞某夫妇与钱某之间的收养关系应视为双方已协议解除，解除时间为钱某将户口迁出俞某夫妇家的时间，即为1989年3月16日。故俞某请求"确认俞某、钱某荣与钱某之间的收养关系于1989年3月16日起解除"之诉讼请求，符合法律规定，予以支持。钱某辩称双方断绝关系时已应俞某要求支付过相应的抚养费用，而俞某则称没有收到分文，对此双方各执一词，均无证据予以证明。收养关系解除后30多年，俞某从未向钱某主张抚养费用，应视为双方在解除收养关系时已一并协商解决抚养费纠纷，俞某在与钱某断绝往来30多年后再要求支付相关抚养费用，不符合日常生活经验法则，也与情理不符，不予支持。据此，一审法院依据《民法典》第1115条、《民事诉讼法》第145条之规定，判决：一、确认钱某荣、俞某与钱某之间的收养关系已于1989年3月16日起解除；二、驳回俞某的其余诉讼请求。案件受理费80元，减半收取40元，由俞某负担。

二审中，双方当事人均未提交新的证据。

经审理，本院对一审认定的事实予以确认。

本院认为，双方当事人之间的事实收养关系发生于20世纪60年代，当时收养法（1991年12月29日公布）尚未公布，如何办理收养手续及解除收养等无法律明文规定。之后双方关系恶化，钱某1985年离开俞某家并于1989年3月16日将户口迁出，并称与俞某夫妻结清了收养期间的抚养费后"断绝关系"，从此互不往来，俞某也认可钱某户口迁出后双方再无往来。另根据一审双方诉辩主张，俞某主张收养关系于钱某1989年迁出户口时解除，钱某则主张1985年离开俞某家中时收养关系就已解除。由此可见，双方均认可收养关系早已实质解除，且在长达三十多年期间均按此履行无异议，只因受限于当时的法律空缺故未曾且客观上不能办理相应的解除收养手续。但双方实施解除收养关系的民事法律行为，并未违反当时的法律规定，具有法律效力。现钱某否认一审时不利于己方的陈述，以此认为双方未就解除收养关系达成一致，请求确认解除收养关系的时间为当下，缺乏事实和法律依据，对其相应的上诉请求本院不予支持。

综上所述,钱某的上诉请求不能成立,应予驳回;一审判决认定事实清楚,适用法律正确,应予维持。依照《民事诉讼法》第177条第1款第1项之规定,判决如下:

驳回上诉,维持原判。

二审案件受理费80元,由上诉人钱某负担。

本判决为终审判决。

(二) 裁判依据

《中华人民共和国民法典》

第一千零九十五条 未成年人的父母均不具备完全民事行为能力且可能严重危害该未成年人的,该未成年人的监护人可以将其送养。

第一千零九十七条 生父母送养子女,应当双方共同送养。生父母一方不明或者查找不到的,可以单方送养。

第一千一百一十八条 收养关系解除后,经养父母抚养的成年养子女,对缺乏劳动能力又缺乏生活来源的养父母,应当给付生活费。因养子女成年后虐待、遗弃养父母而解除收养关系的,养父母可以要求养子女补偿收养期间支出的抚养费。

生父母要求解除收养关系的,养父母可以要求生父母适当补偿收养期间支出的抚养费;但是,因养父母虐待、遗弃养子女而解除收养关系的除外。

《中华人民共和国涉外民事关系法律适用法》

第二十八条 收养的条件和手续,适用收养人和被收养人经常居所地法律。收养的效力,适用收养时收养人经常居所地法律。收养关系的解除,适用收养时被收养人经常居所地法律或者法院地法律。

《最高人民法院关于适用〈中华人民共和国民法典〉继承编的解释（一）》

第十二条 养子女与生子女之间、养子女与养子女之间，系养兄弟姐妹，可以互为第二顺序继承人。

被收养人与其亲兄弟姐妹之间的权利义务关系，因收养关系的成立而消除，不能互为第二顺序继承人。

十五、监护权纠纷

（一）最高人民法院公报案例及典型案例

048. 相关民政部门能否担任未成年人的监护人[①]

基本案情：吴某，2010年10月28日出生，于2011年8月22日被收养。吴某为智力残疾三级，其养父母于2012年和2014年先后因病死亡，后由其养祖母陈某金作为监护人。除每月500余元农村养老保险及每年2000余元社区股份分红外，陈某金无其他经济收入来源，且陈某金年事已高并有疾病在身。吴某的外祖父母也年事已高亦无经济收入来源。2018年起，陈某金多次向街道和区民政局申请将吴某送往儿童福利机构养育、照料。为妥善做好吴某的后期监护，广州市黄埔区民政局依照民法典相关规定向人民法院申请变更吴某的监护人为民政部门，广州市黄埔区人民检察院出庭支持民政部门的变更申请。

裁判结果：生效裁判认为，被监护人吴某为未成年人，且智力残疾三级，养父母均已去世，陈某金作为吴某的养祖母，年事已高并有疾病在身，经济状况较差，已无能力抚养吴某。鉴于陈某金已不适宜继续承担吴某的监护职责，而吴某的外祖父母同样不具备监护能力，且陈某金同意将吴某的监护权

[①]《人民法院贯彻实施民法典典型案例（第一批）》（最高人民法院2022年2月25日发布），广州市黄埔区民政局与陈某金申请变更监护人案，载最高人民法院网站，https://www.court.gov.cn/zixun-xiangqing-347181.html，最后访问日期：2023年6月29日。

变更给广州市黄埔区民政局,将吴某的监护人由陈某金变更为广州市黄埔区民政局不仅符合法律规定,还可以为吴某提供更好的生活、教育环境,更有利于吴某的健康成长。故判决自 2021 年 7 月 23 日起,吴某的监护人由陈某金变更为广州市黄埔区民政局。

典型意义

习近平总书记强调:"孩子们成长得更好,是我们最大的心愿。"本案是人民法院、人民检察院和民政部门联动护航困境少年的典型范例。民法典和新修订的《未成年人保护法》完善了公职监护人制度,明确规定未成年人在没有依法具有监护资格的人时,由民政部门承担未成年人的监护责任。审理法院以判决形式确定由民政部门担任监护人,为民政部门规范适用相关法律履行公职监护职责提供了司法实践样本,推动民法典确立的以家庭、社会和国家为一体的多元监护格局落实落地。

(二) 地方法院典型案例

049. 父母无法履行监护责任时是否可以依法变更监护人[①]

基本案情:曹某某系被监护人钟某怡、钟某龙(澳门地区居民,未成年人)祖母。钟某(男,内地居民)与严某某(女,澳门地区居民)因感情不和协议离婚,在澳门上学的婚生儿女由钟某抚养,严某某负担抚养费。后钟某被他人打伤,致一级伤残,被法院确认为无民事行为能力人。曹某某诉称,严某某拒绝照顾两个孙子女,从 2007 年起,俩孩子一直随曹某某在珠海共同

[①] 《珠海法院涉澳妇女儿童权益司法保护十大案例》,曹某某与钟某、严某某申请变更监护人纠纷案,载广东省珠海市中级人民法院网站,http://www.zhcourt.gov.cn/article/detail/2022/10/id/6981872.shtml,最后访问日期:2023 年 6 月 29 日。

生活，严某某自离婚后处于失联状态，曹某某申请变更自己作为钟某怡、钟某龙的监护人。

裁判结果：横琴粤澳深度合作区人民法院生效判决认为，按照钟某与严某某离婚协议约定，婚生子女应由钟某抚养并承担监护责任，但钟某因重伤已被法院宣告为无民事行为能力人，无法承担子女的抚养义务，严某某在离婚后怠于履行抚养义务。根据法律规定，未成年人的父母已经死亡或者没有监护能力的，由祖父母、外祖父母担任监护人。因本案中钟某已无监护能力，严某某又处于失联状态，基于有利于未成年人的成长与教育考虑，判决钟某怡、钟某龙的监护人变更为曹某某。

> **典型意义**
>
> 监护权既是一种权利，更是法定的义务。现实生活中，不少父母因工作、离婚等原因怠于履行或不履行监护职责，导致监护人的角色长期处于缺位状态，不利于未成年子女的健康成长。本案曹某某向法院提起变更监护权诉讼是为了解决学龄儿童入户珠海及上学问题。法律规定祖父母、外祖父母等申请变更监护人的前提条件是父母已经死亡或者没有监护能力。本案考虑到监护人角色一直缺位，曹某某一直与未成年人共同生活，变更其为监护人显然能更好地抚养和照顾未成年子女。保护未成年人的成长教育，除了是父母的责任，还需要全社会共同努力。

050. 父母没有正确履行自己的抚养义务，未成年人的祖父母或者外祖父母能否起诉撤销生父母的监护资格[①]

基本案情：被申请人马某与申请人尚某的女儿王某原系夫妻关系，双方

---

① 《天津高院发布涉争夺抚养权典型案例》（2020年6月1日发布），案例七：外祖母申请撤销生父监护资格获支持，载天津法院网，https://tjfy.tjcourt.gov.cn/article/detail/2020/06/id/5252533.shtml，最后访问日期：2023年6月30日。

婚生一女马某某，王某因病去世。马某某自出生后，一直由申请人照顾。王某去世后，申请人承担了所有马某某的抚养责任，马某某随申请人生活，被申请人未实际照顾孩子。2016年7月，被申请人将马某某接走，自此以后不再让马某某来申请人家中。被申请人一直无法承担起作为父亲的责任，在生活上不能照顾孩子，学习上不能辅导孩子，经常性地殴打、体罚孩子，曾经将孩子打伤，有案外人的报警记录为证，而且出现阻止孩子上学的情况。2017年初，被申请人无故不让孩子上课，并将房屋门窗封住，剥夺孩子上学的权利，申请人通过向教育局、公安局求助，才将孩子解救出来重新回到学校。为了马某某能够正常生活和健康成长，申请人请求法院变更监护权。马某表示可以同意变更监护权，但前提是监护权变更之后，无论出现何种情况，马某均不再尽任何监护义务。

裁判要旨

考虑本案实际情况和未成年人最大利益原则，申请人作为马某某的外祖母申请撤销马某的监护资格，法院予以支持。因马某某母亲已死亡，马某某自幼与申请人共同生活，双方关系亲密，感情较深，马某某与申请人共同生活对其成长较为有利，且申请人愿意履行监护职责，故申请人申请作为马某某监护人的请求，予以支持。

典型意义

被申请人马某作为马某某的监护人，应当正确履行监护职责，对未成年子女进行抚养教育，使其快乐健康成长，对未成年子女在成长过程中出现的问题应当正确对待，采取正确的方式进行合理引导和教育，然而在马某某与马某生活期间，马某对马某某长期进行殴打，致使马某某身上多处受伤。马某某仅是10岁的未成年人，马某的行为显然已经严重损害被监护人身心健康，对其成长不利，作为孩子的法定监护人，马某没有稳定的经济收入，没有能力抚养孩子，而申请人熟悉马某某的生活习惯，有退休金，经济能力较好，有充分的时间和精力来照顾孩子，且申请人愿意担任马某某的监护人，为了马某某能够正常生活和健康成长考虑，法院支持申请人的请求。

051. 父母严重侵害未成年子女身心健康的，法院可依申请撤销其监护资格[1]

基本案情：申请人李某（男）、被申请人赵某某（女）于2004年登记结婚，生育一女李某某，后双方因感情不和于2015年协议离婚，约定李某某由赵某某抚养，李某可以随时探望。李某某在与赵某某生活期间，赵某某与案外人王某某经预谋，利用封建迷信方式，以为其施法破灾为由，多次诱骗李某某与王某某发生性关系并录制视频，此后二人以公布视频为由，强迫李某某与王某某多次发生性关系。案发后，赵某某与王某某均因涉嫌强奸罪被公安局依法刑事拘留，并由人民检察院批准逮捕，羁押于看守所。申请人李某起诉请求人民法院依法撤销被申请人对其女李某某的监护资格，人民检察院支持起诉。

裁判要旨

性侵害未成年案件的隐案率较高，多为"熟人"作案，"熟人"的范围也不再局限于家庭成员。作为未成年人的监护人应该履行法定的监护义务，在未成年人遭受伤害的时候，及时发现并制止，同时运用法律武器保

---

[1] 《天津高院发布涉争夺抚养权典型案例》（2020年6月1日发布），六、严重侵害未成年子女身心健康，被撤销监护资格，载天津法院网，https://tjfy.tjcourt.gov.cn/article/detail/2020/06/id/5252533.shtml，最后访问日期：2023年6月30日。

护好未成年人的合法权益。被申请人赵某某作为未成年被监护人李某某之母，具有对李某某的法定监护权，但其行为已严重损害被监护人李某某的身心健康，严重危害未成年人健康成长，故申请人李某申请撤销其对被监护人李某某的监护资格，以及人民检察院的支持起诉意见，理据充分，予以支持。

典型意义

撤销父母监护权是国家保护未成年人合法权益的一项重要制度。父母作为孩子的法定监护人，负有抚养、教育和保护子女的义务，但如果父母不履行监护职责，甚至对其实施伤害或侵害行为，法院可依申请撤销其监护资格。本案被申请人作为李某某的法定监护人，不但没有对被监护人李某某尽到教育、保护义务，反而对其实施犯罪行为，其行为已严重损害被监护人李某某的身心健康，严重危害其健康成长，检察机关针对未成年人李某某受到侵害的事实，坚持未成年人利益最大化的原则，积极帮助未成年人的其他监护人提起诉讼，使遭受监护侵害的未成年人可以获得及时的司法救助，是维护未成年人合法权益的一次有益尝试，具有一定的示范性作用。

052. 父母作为未成年子女的法定监护人，应保障未成年人子女受教育的权利[①]

关键词：监护责任　受教育权

---

① 《贵州省未成年人司法保护典型案例》（贵州省高级人民法院2022年6月1日发布），某某乡人民政府与禄1、苏某监护权纠纷案，载贵州高院微信公众号，https://mp.weixin.qq.com/s/wiWkELM5oC-CdeTdLXzBeiA，最后访问日期：2023年7月3日。

基本案情：禄某2（女，现年13岁）与禄某3（男，现年14岁）是禄某1与苏某的子女。因禄某1与苏某不履行其作为监护人的教育责任，导致禄某2、禄某3辍学在家。乡政府及辖区教管中心、村委会、小学工作人员多次上门对禄某1、苏某夫妇进行劝导、批评教育；学校承诺发放教育资助金缓解就学经济压力，均被禄某1拒绝。后乡政府向禄某1、苏某下发《疑似辍学生敦返复学通知书》，责令双方送子女到乡小学办理复学手续，完成义务教育阶段学业。禄某1与苏某仍以各种理由拒绝将其孩子送返学校。遂某某乡政府诉至法院，请求判令禄某1、苏某依法履行监护人责任，将其辍学子女禄某2、禄某3送往学校完成义务教育。

裁判结果：人民法院经审理认为，禄某2、禄某3属于应当接受义务教育的少年，其父母禄某1、苏某应当依法保证其按时入学接受并完成义务教育，现却无正当理由拒绝送其子女入学，并在乡政府及辖区教管中心、村委会、小学多次上门劝导、批评教育的情况下依旧拒绝送子女入学，违反了法律规定，应在法定职责范围内承担监护责任，保障未成年人的受教育权，因此判决禄某1与苏某立即送其子女禄某2、禄某3到学校接受义务教育。

典型意义

义务教育是国家统一实施的所有适龄儿童、少年必须接受的教育，是国家必须予以保障的公益性事业。父母或其他监护人应当尊重未成年人接受教育的权利，充分认识到"不让孩子上学是违法"的，让所有适龄未成年人依法接受义务教育。本案是因辍学引发的"官告民"案件，法院充分发挥司法服务职能，做到快立、快审、快结，依法纠正剥夺未成年人受教育权的违法行为，通过以案释法的方式引导群众主动配合政府完成义务，呼吁社会各界共同悉心呵护儿童、青少年健康成长，发挥了"审理一案、教育一片、影响一方"的警示教育作用。

053. 确定监护人时，被监护人的意愿能否优于法定顺位[①]

申请人：陈某平，女，1983年12月26日出生，汉族，深圳某企业管理服务有限公司职员，住北京市昌平区。

委托代理人：吴某桂，北京京府律师事务所律师。

被申请人：寇某军，女，1958年4月20日出生，汉族，北京某有限公司退休工人，住北京市昌平区。

申请人陈某平与被申请人寇某军申请撤销监护人资格一案，本院于2021年4月13日立案后进行了审理。现已审理终结。

陈某平称，陈某平系被监护人寇某芸的女儿，寇某军系寇某芸的妹妹。寇某芸现已67岁，智力残疾二级，系限制民事行为能力人，不能正确理解他人的意思，脚踝骨做过手术，不能长时间行走，不能剧烈运动，并患有高血压。寇某芸的身边离不开人，寇某芸需要人关心、照顾、陪伴和监护。2018年3月23日，贵院作出（2018）京0114民特14号民事判决书，指定寇某军为寇某芸的监护人。但是，寇某军自2018年3月23日开始成为寇某芸的监护人后，寇某芸却处于一种无人监管的状态，过着捡破烂的生活，没有人关心、照顾、没有人陪伴，衣着破旧、肮脏，寇某芸的基本生活得不到保障。事实上，寇某芸每月都有退休金，有自己的积蓄，有残疾补助款，有拆迁补偿款，有股金收益，有陈某平给予寇某芸的赠养费，有陈某平零零散散给予寇某芸的零花钱，寇某芸的这些钱款足以让寇某芸过着衣食无忧、穿着体面、开心快乐的生活。而寇某军每次都打着寇某芸的旗号向陈某平要钱，陈某平满足了寇某军要钱的要求后，寇某军就不和陈某平联系了。况且，寇某军都已经64岁了，寇某军也患有高血压等老年病，寇某军自己都需要人关心和照

[①] 北京市昌平区人民法院（2021）京0114民特375号民事判决书，载中国裁判文书网，最后访问日期：2023年7月3日。

顾。陈某平认为，寇某军的行为严重侵害了寇某芸的合法权益，寇某军没有尽到监护寇某芸的职责，寇某军已经丧失了监护人的资格，寇某军不应当继续担任寇某芸的监护人。陈某平有足够的时间、精力、经济和能力来赡养和照顾寇某芸，且于情于理于法均应当由陈某平来担任寇某芸的监护人。陈某平愿意尽到自己作为女儿应当尽到的责任，愿意履行自己应当履行的监护和赡养义务，愿意让寇某芸在陈某平的身边无忧无虑地生活。以此，陈某平申请：1. 撤销寇某军为寇某芸的监护人；2. 指定陈某平为寇某芸的监护人。

寇某军称，尊重姐姐寇某芸的意见。寇某芸同意跟寇某军生活由其监护，也经由法院判决。陈某平所述不是事实，寇某芸的脚踝确实做过手术，患有高血压、智力残疾二级，并被认定为限制行为能力。寇某军没有打着寇某芸的旗号跟陈某平要钱，这个是不对的。寇某芸在寇某军家生活九年，陈某平总共就给过寇某芸1000元。尊重寇某芸的选择，如果寇某芸愿意跟陈某平生活，寇某军不会阻拦。是母亲生前把姐姐寇某芸托付给寇某军的。寇某芸自愿去捡拾破烂，寇某军也劝阻过，但这是她的乐趣，最终还要寇某军帮其数数。寇某芸离婚时名下没有钱。陈某平来过十九次，有七次没有见过面，其余十七次一共只给过1000元，也没有叫过"妈"。陈某平和寇某芸之间没有母女之情。2003年7月23日寇某芸从家里出来，是因为陈某平骂寇某芸。寇某芸当时愿意跟寇某军走，当时还报警了，是当着警察的面从寇某芸家里搬出来的。寇某芸1982年结婚，陈某平2008年结婚。陈某平没有结婚之前都是寇某军供应。现在寇某芸家拆迁了，有钱了，想把控寇某芸，所以才要当其监护人。

经审理查明：被监护人寇某芸，女，1955年2月6日出生，汉族，户籍所在地北京市昌平区，现住北京市昌平区回龙观××小区××号楼××单元××号。寇某芸与陈某福于1982年10月6日登记结婚，于1983年12月26日生育女儿陈某平。寇某军系寇某芸之妹。

自2003年7月起，寇某芸因家庭矛盾搬离家庭住所，在寇某军的家中

（即北京市昌平区回龙观××小区××号楼××单元××号）与寇某军共同居住生活至今。

经寇某军申请，本院于2014年6月11日作出（2014）昌民特字第1346号民事判决，宣告寇某芸为限制民事行为能力人。2016年3月11日，北京市昌平区回龙观镇××居民委员会作出《指定监护人决议》，内容为："对于寇某军申请担任寇某芸法定监护人一事，北京市昌平区回龙观镇××居委会经过讨论决定，同意寇某军为寇某芸的法定监护人。"2017年7月27日，陈某福向本院请求撤销寇某军对寇某芸的监护人资格。本院于2017年8月25日作出（2017）京0114民特741号民事判决书，认为寇某芸为限制民事行为能力的精神病人，陈某福作为寇某芸的配偶，依法为寇某芸的法定监护人；在无相应证据证明陈某福存在不履行监护职责或者侵害被监护人合法权益的情形下，北京市昌平区回龙观镇××居民委员会决议指定寇某军为寇某芸的监护人有所不妥，故撤销了寇某军对寇某芸的监护人资格。

2017年7月26日，寇某军代理寇某芸起诉陈某福离婚纠纷，因该案审理过程中，前述（2017）京0114民特741号民事判决书撤销了寇某军对寇某芸的监护人资格，故在离婚纠纷中，本院指定寇某军担任寇某芸的委托代理人。本院于2017年11月14日作出（2017）京0114民初13233号民事判决书，认定寇某芸的离婚意愿真实，其对离婚的后果均有明确认知，且寇某芸与陈某福感情已经破裂，故判决寇某芸与陈某福离婚。双方均未上诉，该判决已经发生法律效力。

2018年，寇某军向本院申请指定其为寇某芸的监护人。经本院询问寇某芸本人意愿，寇某芸表示愿意和寇某军共同生活。故，本院于2018年3月23日作出（2018）京0114民特14号民事判决书，判决指定寇某军为寇某芸的监护人。

2021年3月19日，陈某平携两箱牛奶前往寇某芸所在社区看望寇某芸，并由随行人员拍照取证。当日，寇某芸并未接受陈某平赠送的牛奶，而是将其丢弃于小区道路之上。

本案审查过程中，陈某平自述，其现与其丈夫、两名子女、公婆二人、父亲陈某福共同居住，租住于一90平方米的两居室；其公公长期卧床，由其婆婆长期照顾；两名子女均在学龄阶段；其与丈夫月均收入均为7000元左右。

经询问，寇某芸明确表示其愿与寇某军共同生活，愿意由寇某军担任其监护人，寇某军不愿意让其捡拾废品，但是其自己愿意以此为活动锻炼，自己平时只是在小区里独自溜达，出小区均由寇某军或其家人陪同。

经走访询问，寇某芸所在社区居民委员会及居民均反映，寇某军与寇某芸共同居住生活多年，寇某军对寇某芸照顾得很好，很少见到陈某平及其家人看望寇某芸；寇某芸捡拾废品是出于其自愿行为；在寇某军照顾寇某芸期间，没有发生过不睦，也没有其他不良反馈。

本院认为，监护人实施严重侵害被监护人合法权益的行为，经申请，人民法院应当撤销其监护人资格。对监护有争议的，人民法院应当尊重被监护人的真实意愿，按照最有利于被监护人的原则在依法具有监护资格的人中指定监护人。本案中，寇某军系经本院合法程序指定为寇某芸的监护人。寇某芸自2003年7月起随寇某军生活已经过近十年，街坊邻里及当地居民委员会均反映双方相处融洽。

对于寇某芸捡拾垃圾一节，虽为事实，但寇某芸当庭表示是其自发在户外活动时捡拾垃圾，并未受寇某军指使。

对于寇某芸的经济状况一节，并非本案审查重点，但对于寇某军所述多年来陈某平向寇某芸仅给付赡养费1000元的事实，陈某平未作否认；在另案中，陈某平及其家人主张近百万元的拆迁补偿款已经消费殆尽，其中并未列明寇某芸有任何消费；而其认为寇某芸仅凭其自有积蓄即可过着"衣食无忧、穿着体面、开心快乐的生活"！对于陈某平称寇某军多次找其要钱的主张，亦系寇某军代寇某芸主张其财产权利。

对于陈某平的监护能力一节，由寇某芸的当庭陈述表现可知，其与女儿陈某平的关系已经十分恶化，难以调和。同时，陈某平夫妻均为工薪阶层，月均收入均为7000元左右，而其三代九口人共同租住在不足百平米的出租房屋内，其中有两名幼子需要照顾，一名老人长期卧床，还有寇某芸的前夫同住。可以显见，陈某平并不具备监护寇某芸的有利条件。对于陈某平庭审时称其夫妻中可以一人辞职专门照顾寇某芸的陈述，显然没有经过充分考虑，不具有实际可行性。

因此，寇某军在担任寇某芸监护人期间，并未被发现有侵害寇某芸合法权益的行为，不符合法定撤销条件。陈某平虽然法定顺位在寇某军之前，但是考虑到其母女感情及寇某芸本人的意愿，监护人应以不变更为宜。

需要特别指出的是，陈某平虽不是寇某芸的监护人，但其作为子女，对寇某芸的赡养义务依然存在。窃闻："忠不顾身，孝不顾耻；忠则尽命，孝当竭力。乌鸦反哺，羊羔跪乳，为人岂能忘怀双亲。"陈某平为寇某芸之女，血浓于水，母女之情岂能割舍。母有疾，儿岂可不尽孝；财无数，金怎能比亲情？面对亲人的指责，母亲的辱骂，希望陈某平能秉承中华民族孝老爱亲的传统美德，对寇某芸多加照顾，不应因财产争议而生嫌隙。望双方摒弃前嫌，自思自省，重建良好亲情关系。

综上所述，依照《民法典》第31条、第36条规定，判决如下：

驳回陈某平的申请。

本判决为终审判决。

054. 祖父母或者外祖父母侵害子女监护权的，子女能否请求支付精神损害抚慰金[①]

再审申请人（一审原告、二审被上诉人）：赵某，男，汉族，住金昌市。

[①] 甘肃省高级人民法院（2016）甘民再40号民事判决书，载中国裁判文书网，最后访问日期：2023年7月3日。

委托诉讼代理人：钱某钰，甘肃某律师事务所律师。

被申请人（一审被告、二审上诉人）：尚某禄，男，汉族，住金昌市。

被申请人（一审被告、二审上诉人）：张某娥，女，汉族，系尚某禄之妻。

再审申请人赵某因与被申请人尚某禄、张某娥侵权责任纠纷一案，不服金昌市中级人民法院（2016）甘03民终21号民事判决，向本院申请再审，本院于2017年4月5日作出（2017）甘民申136号民事裁定提审本案。本院依法组成合议庭开庭审理了本案。再审申请人赵某及其委托诉讼代理人钱某钰、被申请人尚某禄、张某娥到庭参加诉讼。本案现已审理终结。

赵某申请再审称，金昌市中级人民法院（2016）甘03民终21号民事判决认定事实不清，适用法律错误，无法律依据，缺乏公正性。本案由于尚某禄、张某娥夫妇的阻碍导致我无法履行抚养义务，使我与赵1的父女感情疏远，二人的侵权行为严重损害了我的合法权益。请求撤销金昌市中级人民法院二审民事判决，依法再审改判。

被申请人尚某禄、张某娥辩称，金昌市中级人民法院（2016）甘03民终21号民事判决认定事实清楚，判决正确，若不是我方主张赵1的抚养费，赵某才不会主张所谓的监护权。请求维持金昌市中级人民法院二审民事判决，驳回赵某的再审申请。

2015年10月9日原告赵某向金昌市金川区人民法院起诉请求：依法确认被告尚某禄、张某娥的行为侵害了我的监护权；判令二被告赔偿原告精神损害抚慰金100000元。

金昌市金川区人民法院一审查明，1995年赵某与尚某禄、张某娥夫妇之女尚红云结婚，1996年10月20日生育一女名赵1。2000年9月19日，尚红云病逝，赵1随尚、张二人共同生活。同年9月28日，赵某向尚、张二人出具了代为看护孩子的委托书。载明"同意孩子先暂由岳父、岳母抚养，我每月给抚养费叁佰元整。允许我自由探望，待孩子到16岁成人后，其家庭归属，由孩子自行选择决定"。后因抚养赵1问题双方当事人发生矛盾，2001年4月，赵某诉至法院要求尚某禄、张某娥归还赵1，恢复其抚养权。同年5月10日金昌市金川区人民法院作出判决，确认赵某对赵1具有法定监护权。同年7月11日，赵某向法院申请强制执行，但尚某禄、张某娥以赵1由他们监护抚养更有利于健康成长为由未履行。原审法院以孩子不能被作为强制执行的对象为由，作出（2001）金执字第346号民事裁定，终结执行程序。之后，赵某再未给付过赵1抚养费。2014年1月16日，尚某禄、张某娥起诉要求赵某支付抚养赵1的各项垫付费用共计246930.68元，金昌市金川区人民法院作出（2014）金民一初字第40号民事判决，判决：赵某给付尚某禄、张某娥为抚养赵1垫付的抚养费143179.81元，医药费7720.34元，共计150900.15元。宣判后，赵某不服上诉，金昌市中级人民法院作出（2014）金中民一终字第93号民事判决，驳回上诉，维持原判。

金昌市金川区人民法院一审认为，赵某的妻子病逝后，赵某书面委托尚某禄、张某娥抚养赵1，并承诺由其承担抚养费。后双方当事人因抚养问题协商未果，赵某起诉恢复监护权诉讼，本院作出的生效判决认定赵某具有法定的监护权。因其二人拒不履行生效判决，经法院多次执行，其二人均拒绝将赵1交由赵某监护抚养，客观上阻碍和侵害了赵某的监护权。该侵权行为直接造成赵某与赵1父女亲情疏离，对赵某的精神造成了伤害，故二人应赔偿对赵某的精神损害。赵某给付赵1生活垫付费用一案，虽与本案的监护权不属同一法律关系而得以支持，但不能以此认定赵某放弃了对赵1的监护权。依照法律规定，判决：一、确认尚某禄、张某娥拒绝将赵1交由赵某监护抚养的行为侵害了赵某的监护权；二、尚某禄、张某娥赔偿赵某精神损害抚慰金50000元，于判决生效后10日内履行。

尚某禄、张某娥不服上述一审民事判决向金昌市中级人民法院提起上诉称：1.一审判决认定事实不清，赵1跟随上诉人生活已产生了深厚的感情依赖，也习惯与上诉人一起生活的实际情况，一审认定上诉人侵害了赵某的监护权错误；2. 一审适用法律错误，造成赵某未能抚养赵1的原因不只是上诉人所致，赵某对造成父女感情疏离有直接责任。请求：撤销金昌市金川区人民法院（2015）金民一初字第1266号民事判决，改判或发回重审。

被上诉人赵某辩称，金昌市金川区人民法院（2015）金民一初字第1266号民事判决认定事实清楚，判决正确，应予以维持。

金昌市中级人民法院二审查明的事实与一审认定的事实一致。

金昌市中级人民法院二审认为，赵某作为赵1的父亲，对赵1负有法定的抚养义务，但赵某即使在委托抚养期间也不履行抚养义务，直到赵1成年后，在人民法院的判决后才承担支付抚养费的义务，因此，赵某对赵1父女感情疏远负有主要责任。尚某禄、张某娥抚养赵1的行为本身并无过错，故赵某要求二人赔偿对其精神损害抚慰金的诉讼请求，不予支持。尚某禄、张某娥的上诉理由成立，应予以支持。一审认定基本事实清楚，但适用法律不当，予以纠正。依照《民事诉讼法》第177条第1款第2项的规定，判决：一、撤销金昌市金川区人民法院（2015）金民一初字第1266号民事判决；二、驳回赵某的诉讼请求。

经本院再审开庭和审查一、二审案卷材料，查明的事实与一、二审认定的事实相同，予以确认。

本案是家事纠纷，关于本案尚某禄、张某娥是否侵害了赵某的监护权的问题。首先，监护权是指对无民事行为能力人和限制民事行为能力人的人身、财产和其他合法权益依法进行监督和保护的权利或资格。监护权是基于特定的身份关系而产生的权利，为未成年子女的父母所固有，实质是一种义务。父母与未成年子女之间存在的特殊身份关系及血缘关系，使得双方建立非同寻常的亲情，在感情上相互依赖。本案中被监护人赵1在3岁时生母病故，赵某为赵1的法定监护人，但其在赵1长达十几年的成长教育中未尽到父亲的法定监护责任，没有给予抚养、教育，更没有通过自己的行为努力维系、增进和加深父女亲情，造成父女情感疏离。本案双方当事人之间因赵1的抚养发生的抚养权等一系列纠纷，赵某未通过合法有效的途径解决纠纷，与尚某禄、张某娥及赵1进行良好的沟通交流并主动担负起父亲的法定监护职责，承担每月赵1的抚养费，以消除双方的矛盾，而是懈怠、消极地对待上述问题。赵1自幼受尚某禄、张某娥即外祖父母的抚养，共同生活，祖孙之间感情深厚，并于2014年9月考入大学。尚某禄、张某娥抚养赵1不仅仅是费用问题，耗费的精力之大、投入的感情之深都是无法用金钱衡量的。赵某法定监护权利之责，虽因尚某禄、张某娥的行为客观上造成了赵某对赵1监护权行使的阻碍，但赵某身为中学人民教师，并与女儿生活在同一个城市，本应主动创造更多便利条件加强彼此接触，增进感情交流，但其并没有采取适当、积极有效的方法来改善父女关系，对赵1的成长教育未履行日常的法定义务，即使在委托期间也未给付抚养费。作为父亲，其女儿的成长、教育非一朝一夕，在长达十余年间不履行抚养费义务，给赵1的身心健康造成了严重伤害，以至于在其成年之后对其仍然不能谅解，因此，造成与赵1感情疏远，与赵某自身的消极、懈怠不依法负担抚养义务有直接关系。

其次，赵某认为其监护权受到尚某禄、张某娥的阻碍，但不免除父母对被监护人的扶养义务的法律立场。本院认为，扶养义务与监护权二者是既相互独立又紧密联系的法律关系，赵某对女儿的抚养义务，不因监护人资格受阻而免除。维护未成年人合法权益是处理监护权纠纷的一项重要原则，赵某不给付抚养费，实际是损害了被监护人的利益。而且，本案赵某于2015年起诉时，被监护人赵1已年满18周岁，具备了完全民事行为能力，在没有特殊情形下，根据法律规定，其与赵1之间的监护关系在赵1年满18周岁时自然解除。因此，赵某以尚某禄、张某娥侵犯其监护权提起的民事诉讼的目的已经无法实现。原审及本次庭审中，经征询赵1的意见，其向法庭书面陈述，愿意随其外祖父母继续生活，不认为二人构成对赵某的侵权，目前尚不能谅解赵某，但随着时间的推移，赵1结婚、为人母，之间的父女关系有修复的可能。

本院再审认为，未成年人的父母是未成年人的监护人。自2000年9月28日尚某禄、张某娥受托对赵1行使监护权至委托抚养关系解除后，赵1与其二人共同生活十四年之久，在此期间，赵某未支付过抚养费，其行为是导致赵1与其感情疏离的重要原因，赵某对造成父女感情疏离负有责任。本案应否赔偿精神损害抚慰金的问题，尚某禄、张某娥的行为侵害了赵某的监护权，使赵某对女儿的法定监护权受到了侵害，造成父女关系受损，赵某本人也因此遭受了精神痛苦，尚某禄、张某娥对损害事实和损害后果有过错，但其二人对赵1抚养成人的十四余年间，所倾注的大量心血，从社会层面、家庭层面、公民个人层面而言，赵某也已得到了相应的补偿。鉴于二人现已年老体迈，衡平其二人的过错程度，在充分考虑现实情况的基础上，让其二人承担对赵某精神损害抚慰金不符合公正、法治的社会主义核心价值观，应免除侵权人精神损害的赔偿责任。金昌市中级人民法院（2014）金中民一终字第93号民事判决书认定事实清楚，判决结果并无不当，本院予以维持。依照《民事诉讼法》第214条第1款、第177条第1款第1项的规定，判决如下：

维持金昌市中级人民法院（2014）金中民一终字第93号民事判决。

一审案件受理费700元；二审案件受理费700元，合计1400元，由赵某负担。

本判决为终审判决。

（三）裁判依据

《中华人民共和国民法典》

第二十七条 父母是未成年子女的监护人。

未成年人的父母已经死亡或者没有监护能力的，由下列有监护能力的人按顺序担任监护人：

（一）祖父母、外祖父母；

（二）兄、姐；

（三）其他愿意担任监护人的个人或者组织，但是须经未成年人住所地的居民委员会、村民委员会或者民政部门同意。

第二十八条 无民事行为能力或者限制民事行为能力的成年人，由下列有监护能力的人按顺序担任监护人：

（一）配偶；

（二）父母、子女；

（三）其他近亲属；

（四）其他愿意担任监护人的个人或者组织，但是须经被监护人住所地的居民委员会、村民委员会或者民政部门同意。

第二十九条 被监护人的父母担任监护人的，可以通过遗嘱指定监护人。

第三十条 依法具有监护资格的人之间可以协议确定监护人。协议确定监护人应当尊重被监护人的真实意愿。

第三十一条 对监护人的确定有争议的，由被监护人住所地的居民委员会、村民委员会或者民政部门指定监护人，有关当事人对指定不服的，可以向人民法院申请指定监护人；有关当事人也可以直接向人民法院申请指定监护人。

居民委员会、村民委员会、民政部门或者人民法院应当尊重被监护人的真实意愿，按照最有利于被监护人的原则在依法具有监护资格的人中指定监护人。

依据本条第一款规定指定监护人前，被监护人的人身权利、财产权利以及其他合法权益处于无人保护状态的，由被监护人住所地的居民委员会、村民委员会、法律规定的有关组织或者民政部门担任临时监护人。

监护人被指定后，不得擅自变更；擅自变更的，不免除被指定的监护人的责任。

第三十二条 没有依法具有监护资格的人的，监护人由民政部门担任，也可以由具备履行监护职责条件的被监护人住所地的居民委员会、村民委员会担任。

第三十三条 具有完全民事行为能力的成年人，可以与其近亲属、其他愿意担任监护人的个人或者组织事先协商，以书面形式确定自己的监护人，在自己丧失或者部分丧失民事行为能力时，由该监护人履行监护职责。

第三十四条　监护人的职责是代理被监护人实施民事法律行为，保护被监护人的人身权利、财产权利以及其他合法权益等。

监护人依法履行监护职责产生的权利，受法律保护。

监护人不履行监护职责或者侵害被监护人合法权益的，应当承担法律责任。

因发生突发事件等紧急情况，监护人暂时无法履行监护职责，被监护人的生活处于无人照料状态的，被监护人住所地的居民委员会、村民委员会或者民政部门应当为被监护人安排必要的临时生活照料措施。

第三十五条　监护人应当按照最有利于被监护人的原则履行监护职责。监护人除为维护被监护人利益外，不得处分被监护人的财产。

未成年人的监护人履行监护职责，在作出与被监护人利益有关的决定时，应当根据被监护人的年龄和智力状况，尊重被监护人的真实意愿。

成年人的监护人履行监护职责，应当最大程度地尊重被监护人的真实意愿，保障并协助被监护人实施与其智力、精神健康状况相适应的民事法律行为。对被监护人有能力独立处理的事务，监护人不得干涉。

《中华人民共和国涉外民事关系法律适用法》

第三十条　监护，适用一方当事人经常居所地法律或者国籍国法律中有利于保护被监护人权益的法律。

《最高人民法院关于适用〈中华人民共和国民法典〉总则编若干问题的解释》

第六条　人民法院认定自然人的监护能力，应当根据其年龄、身心健康状况、经济条件等因素确定；认定有关组织的监护能力，应当根据其资质、信用、财产状况等因素确定。

第七条　担任监护人的被监护人父母通过遗嘱指定监护人，遗嘱生效时被指定的人不同意担任监护人的，人民法院应当适用民法典第二十七条、第二十八条的规定确定监护人。

未成年人由父母担任监护人，父母中的一方通过遗嘱指定监护人，另一方在遗嘱生效时有监护能力，有关当事人对监护人的确定有争议的，人民法院应当适用民法典第二十七条第一款的规定确定监护人。

第八条 未成年人的父母与其他依法具有监护资格的人订立协议，约定免除具有监护能力的父母的监护职责的，人民法院不予支持。协议约定在未成年人的父母丧失监护能力时由该具有监护资格的人担任监护人的，人民法院依法予以支持。

依法具有监护资格的人之间依据民法典第三十条的规定，约定由民法典第二十七条第二款、第二十八条规定的不同顺序的人共同担任监护人，或者由顺序在后的人担任监护人的，人民法院依法予以支持。

第九条 人民法院依据民法典第三十一条第二款、第三十六条第一款的规定指定监护人时，应当尊重被监护人的真实意愿，按照最有利于被监护人的原则指定，具体参考以下因素：

（一）与被监护人生活、情感联系的密切程度；

（二）依法具有监护资格的人的监护顺序；

（三）是否有不利于履行监护职责的违法犯罪等情形；

（四）依法具有监护资格的人的监护能力、意愿、品行等。

人民法院依法指定的监护人一般应当是一人，由数人共同担任监护人更有利于保护被监护人利益的，也可以是数人。

第十条 有关当事人不服居民委员会、村民委员会或者民政部门的指定，在接到指定通知之日起三十日内向人民法院申请指定监护人的，人民法院经审理认为指定并无不当，依法裁定驳回申请；认为指定不当，依法判决撤销指定并另行指定监护人。

有关当事人在接到指定通知之日起三十日后提出申请的，人民法院应当按照变更监护关系处理。

第十一条 具有完全民事行为能力的成年人与他人依据民法典第三十三条的规定订立书面协议事先确定自己的监护人后，协议的任何一方在该成年人丧失或者部分丧失民事行为能力前请求解除协议的，人民法院依法予支持。该成年人丧失或者部分丧失民事行为能力后，协议确定的监护人无正当理由请求解除协议的，人民法院不予支持。

该成年人丧失或者部分丧失民事行为能力后，协议确定的监护人有民法典第三十六条第一款规定的情形之一，该条第二款规定的有关个人、组织申请撤销其监护人资格的，人民法院依法予以支持。

第十二条 监护人、其他依法具有监护资格的人之间就监护人是否有民法典第三十九条第一款第二项、第四项规定的应当终止监护关系的情形发生争议，申请变更监护人的，人民法院应当依法受理。经审理认为理由成立的，人民法院依法予以支持。

被依法指定的监护人与其他具有监护资格的人之间协议变更监护人的，人民法院应当尊重被监护人的真实意愿，按照最有利于被监护人的原则作出裁判。

第十三条 监护人因患病、外出务工等原因在一定期限内不能完全履行监护职责，将全部或者部分监护职责委托给他人，当事人主张受托人因此成为监护人的，人民法院不予支持。

十六、探望权纠纷

（一）最高人民法院公报案例及典型案例

055. 夫妻双方离婚后，祖父母或者外祖父母是否享有探望权[①]

基本案情：沙某某之子丁某甲与袁某某系夫妻关系，丁某甲与袁某某于2018年1月3日生育双胞胎男孩丁某乙、丁某丙。同年7月28日，丁某甲去世。丁某乙、丁某丙一直与袁某某共同生活。沙某某多次联系袁某某想见孙子，均被袁某某拒绝。沙某某向人民法院起诉请求每月探望孙子两次。

裁判结果：审理法院认为，《民法典》第1086条规定了不直接抚养子女的父亲或者母亲享有探望权，对祖父母或者外祖父母等其他近亲属是否享有探望权未作出规定。祖父母与孙子女的近亲属身份关系，不因子女离婚或去世而消灭。本案中，沙某某老年丧子，其探望孙子是寄托个人情感的需要，是保障未成年孙子健康成长的需要，是祖孙之间亲情连接和延续的重要方式，袁某某应予配合。鉴于沙某某长时间不能探望孙子，审理法院从有利于未成年人成长、不影响未成年人正常生活、促进家庭和谐的原则出发，判决沙某某每月第一个星期探望丁某乙、丁某丙一次，每次不超过两小时，双方探望前做好沟通，袁某某应予配合。

[①] 《第三批人民法院大力弘扬社会主义核心价值观典型民事案例》（最高人民法院2023年3月1日发布），沙某某诉袁某某探望权纠纷案，载最高人民法院网站，https://www.court.gov.cn/zixun-xiangqing-390531.html，最后访问日期：2023年6月29日。

> **典型意义**
>
> 习近平总书记指出，中华民族自古以来就重视家庭、重视亲情。家和万事兴、天伦之乐、尊老爱幼、贤妻良母、相夫教子、勤俭持家等，都体现了中国人的这种观念。法律规定虽然未明确将探望权的外延延伸至祖父母和外祖父母，但在子女健在的情况下，祖父母和外祖父母可以通过子女的探望权实现"探望"孙子女和外孙子女的目的；在子女死亡的情况下，允许丧子老人进行隔代探望，符合社会主义核心价值观和我国传统家庭伦理、社会道德，有益于慰藉老人情感和促进孩子健康成长，体现了司法的温度，实现了良法善治。

056. 隔代近亲属探望（外）孙子女符合社会广泛认可的人伦情理，不违背公序良俗[①]

基本案情：原告马某臣、段某娥系马某豪父母。被告于某艳与马某豪原系夫妻关系，两人于 2018 年 2 月 14 日办理结婚登记，2019 年 6 月 30 日生育女儿马某。2019 年 8 月 14 日，马某豪在工作时因电击意外去世。目前，马某一直随被告于某艳共同生活。原告因探望孙女马某与被告发生矛盾，协商未果，现诉至法院，请求判令：每周五下午六点原告从被告处将马某接走，周日下午六点被告将马某从原告处接回；寒暑假由原告陪伴马某。

裁判结果：生效裁判认为，马某臣、段某娥夫妇老年痛失独子，要求探望孙女是人之常情，符合民法典立法精神。马某臣、段某娥夫妇探望孙女，既可缓解老人丧子之痛，也能使孙女从老人处得到关爱，有利于其健康成长。

[①] 《人民法院贯彻实施民法典典型案例（第二批）》（最高人民法院 2023 年 1 月 12 日发布），马某臣、段某娥诉于某艳探望权纠纷案，载最高人民法院网站，https://www.court.gov.cn/zixun-xiangqing-386521.html，最后访问日期：2023 年 6 月 29 日。

我国祖孙三代之间的关系十分密切，一概否定（外）祖父母对（外）孙子女的探望权不符合公序良俗。因此，对于马某臣、段某娥要求探望孙女的诉求，人民法院予以支持。遵循有利于未成年人成长原则，综合考虑马某的年龄、居住情况及双方家庭关系等因素，判决：马某臣、段某娥对马某享有探望权，每月探望两次，每次不超过五个小时，于某艳可在场陪同或予以协助。

> **典型意义**
>
> 近年来，（外）祖父母起诉要求探视（外）孙子女的案件不断增多，突出反映了社会生活对保障"隔代探望权"的司法需求。民法典虽未对隔代探望权作出规定，但《民法典》第10条明确了处理民事纠纷的依据。按照我国风俗习惯，隔代近亲属探望（外）孙子女符合社会广泛认可的人伦情理，不违背公序良俗。本案依法支持原告探望孙女的诉讼请求，符合民法典立法目的和弘扬社会主义核心价值观的要求，对保障未成年人身心健康成长和维护老年人合法权益具有积极意义。

（二）地方法院典型案例

057. 一方行使探望权时，直接抚养子女的一方应协助探望，不得任意阻碍对方行使权利[①]

关键词：探望权　协助义务

基本案情：原告王某1与被告梁某1于2015年9月1日在贵阳市南明区民政局登记离婚。双方婚姻关系存续期间共同育有一女王某2，登记离婚时

[①] 《贵州省未成年人司法保护典型案例》（贵州省高级人民法院2022年6月1日发布），王某1与梁某1探望权纠纷案，载贵州高院微信公众号，https://mp.weixin.qq.com/s/wiWkELM5oCCdeTdLXzBeiA，最后访问日期：2023年7月3日。

原告王某1与被告梁某1协议约定女儿由被告梁某1抚养。离婚后，女儿实际跟随被告梁某1的父母共同生活至2019年6月，其后被告梁某1将女儿接回由自己直接抚养，其间将女儿姓名更改为梁某2。自2020年9月起，因被告梁某1拒绝原告王某1探视女儿，原告王某1遂诉至法院，请求保障其探望女儿的权利。

裁判结果：人民法院经审理认为，夫妻双方离婚后，不直接抚养子女的父或母，有探望子女的权利，另一方有协助的义务，因此原告王某1依法享有探望婚生女儿的权利，被告梁某1对此应予以协助。遂判决原告具有探望女儿的权利，探望前应提前告知被告，由被告作出合理安排协助探望。

> **典型意义**
>
> 探望权是为保护未成年子女的利益而设立的一项权利，旨在满足父母对未成年子女的关心、抚养、教育的需要，增进未成年人与至亲之间的情感沟通，弥合因家庭解体给子女造成的情感伤害。《民法典》第1086条对探望权的主体资格、行使方式、协助义务、中止情形、争议解决等作出了明确规定，当一方行使探望权时，直接抚养子女的一方应协助探望，不得任意阻碍对方行使权利，更不能向孩子传导不良情绪造成排斥探望。本案通过柔性司法，用耐心、细心、真心妥善化解纠纷，打消原、被告之间的顾虑，依法行使探望权，最大程度地保护了未成年人权益。

058. 夫妻双方离婚后，祖父母或者外祖父母对未成年人能否行使探望权[①]

基本案情：张某甲与邓某系夫妻关系，两人于1993年11月10日共同生

[①] 《老年人权益保护典型案例》（四川省高级人民法院2022年10月4日发布），张某甲、邓某诉韩某探望权纠纷案，载四川高院微信公众号，https://mp.weixin.qq.com/s/SiTtfDTZY-AIqfMjQ_XiBg，最后访问日期：2023年7月3日。

育一子张某乙。张某乙与韩某结婚并生育一女张某丙。后张某乙与韩某于2012年协议离婚，《离婚协议书》载明女儿张某丙跟随母亲韩某生活，父亲张某乙每月支付抚养费。祖父母张某甲、邓某在二人离婚后，仍与孙女保持良好的关系并经常往来。2017年，张某乙病逝后，韩某遂中断其女张某丙与祖父母的联系，并将其姓名更改为韩某乙。张某甲与邓某因无法探望孙女，将韩某诉至法院，请求判令张某甲、邓某每月探望孙女一次，韩某予以协助。

裁判结果：法院认为，根据《民法典》第10条"处理民事纠纷，应当依照法律；法律没有规定的，可以适用习惯，但是不得违背公序良俗"及《老年人权益保障法》第18条"家庭成员应当关心老年人的精神需求，不得忽视、冷落老年人。与老年人分开居住的家庭成员，应当经常看望或者问候老年人"之规定，老年人享有被家庭成员尊重、关心和照料的权利，其精神需求不可忽视，允许隔代探亲与公序良俗、社会公德相符，亦是对中华民族传统美德的继承与发扬。本案中，张某甲和邓某的儿子张某乙于2017年病逝，2017年年底之前张某甲、邓某时常探望孙女，张某甲、邓某与孙女已建立了较为深厚的感情基础，张某甲、邓某基于与孙女的亲缘关系，提出的探视请求合理合法。法院遂判决张某甲、邓某每季度第一个月第一个周六有权探望孙女一天，韩某应对张某甲、邓某行使探望权给予必要的配合。

典型意义

关爱老年群体精神健康已成为社会热点关注的话题，《老年人权益保障法》第18条第2款明确规定："与老年人分开居住的家庭成员，应当经常看望或者问候老年人。"本案系一起典型的"隔代探亲"引发的纠纷，两位老人已是古稀之年，面对孙辈亲情的疏离，不得已通过诉讼的方式以解决其隔代探望的精神情感需求。尽管《民法典》第1086条仅规定了离婚后父母对子女的探望权，对隔代探望权并未进行明确规定，但根据我国《民法典》第10条和《老年人权益保障法》第18条的法旨，孙子女作为家庭成员的组成部分，无论是基于民法典的公序良俗原则，还是基于对老年人精神需求的保障，祖父母亦或是外祖父母均有权向法院请求对孙子女、外孙子女进行探望。本案中，孙女不仅是张某甲与邓某晚年生活的精神慰藉，也是其在失去儿子后重要的情感寄托。法院就祖父母对孙子女进行探望的诉请予以支持，有利于继承与发扬中华民族传统美德，弘扬社会主义核心价值观。

059. 父母与子女之间产生矛盾，子女要求探望父母，父母不同意的，子女能否强制探望[①]

上诉人（原审原告）：贾某芹，女，1971年8月16日出生，汉族，农民，住北票市。

被上诉人（原审被告）：贾某芳，男，1963年12月21日出生，汉族，农民，住北票市。

上诉人贾某芹因与被上诉人贾某芳探望权纠纷一案，不服辽宁省北票市人民法院（2022）辽1381民初3079号民事判决，向本院提起上诉。本院于2022年12月2日立案后，依法组成合议庭进行了审理。本案现已审理终结。

贾某芹上诉请求：1.请求依法撤销北票市人民法院2022辽1381民初3079号民事判决，依法改判或发回重审。2.一审二审诉讼费用被上诉人承担。事实和理由：一审判决存在认定事实错误，适用法律错误。上诉人与被上诉人系亲兄妹，其父母年纪较大，行动不便，现与被上诉人一起生活，上诉人与被上诉人因土地产生纠纷，故当上诉人去探视父母时被上诉人百般阻挠，剥夺了上诉人的探视权利。一审法院在审理本案过程中，没有查明事实，

[①] 辽宁省朝阳市中级人民法院（2022）辽13民终3114号民事判决书，载中国裁判文书网，最后访问日期：2023年7月3日。

仅凭一个录音便认定是上诉人的父母不让探视，没有查明这个录音是在什么情况下录得，上诉人每次去探望，被上诉人都要与上诉人吵骂，甚至是威胁，以至于上诉人的父母害怕，被上诉人打骂上诉人或在发生什么事情才违心地说不让上诉人探望，而一审法院并没有查明此真相，便草率地剥夺了上诉人与父母的亲情，而上诉人的父母也由此见不到自己的亲生女儿，得不到亲情的温暖，这无疑是给上诉人及父母造成了极大的心理伤害，故此上诉人请求上级法院依法改判，还上诉人一个法律赋予的基本权利。

贾某芳辩称：一审判决正确，服从一审判决。

贾某芹向一审法院起诉请求：要求判令被告贾某芳不得阻止原告贾某芹探视父母。

一审法院认定事实：原告贾某芹与被告贾某芳系兄妹关系，均为贾某义、门某兰的子女。贾某义与门某兰共生育三名子女，长子贾某芳即本案被告、长女贾某芬、次女贾某芹即本案原告。贾某义与门某兰现已年老体弱，行动不便，但意识清楚。贾某义、门某兰自2020年起同被告共同居住至今，现二人日常生活主要由被告负责照顾。原、被告之间曾因土地发生纠纷，大约2020年4、5月份，原告去被告家探望其父母时，被告及其妻子与原告发生争吵，被告称"原告如果来吵架以后就别来了"，原告自认因双方发生争吵，其母亲亦表示让原告离开。现原、被告父母贾某义、门某兰均表示日后不让原告探视。

一审法院认为，亲情是人类个体获得情感归属的重要组成部分，而父母和子女的感情又是亲情最直接的表现。在父母含辛茹苦把子女养育成人后，作为子女应当尽自己所能赡养父母，这是中华民族的传统美德，更是法律对每个公民的基本要求。子女有赡养父母的义务和权利，赡养包括经济上供养、生活上照料和精神上慰藉，子女探望父母是行使赡养权和履行赡养义务的组成部分，符合社会人伦常情和公序良俗。原告作为贾某义、门某兰的女儿，其依法享有的探望权是基于父女、母女这一身份关系当然派生出的自然权利。但在子女利益与父母利益之间，父母身心健康、安度晚年的福祉应予以首先考虑，子女要求探望的权利应予次后考量。探望的目的是使老人从中获得亲情和温暖，使老人有一个幸福的晚年，故原告探望权的行使应充分考虑贾某义、门某兰的身体和精神健康状况、居住情况等，并尊重贾某义、门某兰的个人意愿，才符合被探望者的最佳利益。贾某义、门某兰年事已高，但二人意识清楚，作为具有完全民事行为能力的自然人，二人有权决定是否接受探望、何时接受探望、以何种方式接受探望。从长远角度看，探望符合家庭伦理，有利于家庭关系和谐，但在目前贾某义、门某兰明确表示不同意接受原告探望的情况下，原告不能以强迫的方式要求贾某义、门某兰接受探望，故只能在征得贾某义、门某兰本人同意后，协商确定何时、何地及以何种方式进行探望。原告称被告阻止其探望父母，被告称其未阻止原告探望父母，原、被告父亲贾某义表示被告未阻止原告探望，根据现有证据，本院无法确认被告阻止原告对其父母进行探望，故关于原告要求被告不能阻挠原告探望其父母的诉讼请求，本院不予支持。如日后贾某义、门某兰同意原告探望，因贾某义、门某兰现与被告共同居住，日常生活由被告照料，原告行使探望权须得到被告的必要配合与协助，被告应予配合与协助。判决：驳回原告贾某芹的诉讼请求。

本院二审期间，当事人均未提交新证据。本院经审理查明的事实与一审法院查明的事实一致。

本院认为，子女探望父母是行使赡养权和履行赡养义务的组成部分，符合社会人伦常情和公序良俗。本案中，被上诉人在一、二审中均表示从未阻止上诉人行使探望权。在二审中，上诉人自认其母亲门某兰生病时曾去探望，出院后又去照顾了几天。现上诉人主张被上诉人阻止其行使探望权，依据不足，本院不予支持。

综上所述，上诉人贾某芹上诉理由不能成立，应予驳回；一审判决认定事实清楚，适用法律正确，应予维持。依照《民事诉讼法》第177条第1款第1项规定，判决如下：

驳回上诉，维持原判决。

二审案件受理费 100 元，由上诉人贾某芹负担。

本判决为终审判决。

（三）裁判依据

《中华人民共和国民法典》

第一千零八十六条 离婚后，不直接抚养子女的父或者母，有探望子女的权利，另一方有协助的义务。

行使探望权利的方式、时间由当事人协议；协议不成的，由人民法院判决。

父或者母探望子女，不利于子女身心健康的，由人民法院依法中止探望；中止的事由消失后，应当恢复探望。

《最高人民法院关于适用〈中华人民共和国民法典〉婚姻家庭编的解释（一）》

第六十五条 人民法院作出的生效的离婚判决中未涉及探望权，当事人就探望权问题单独提起诉讼的，人民法院应予受理。

第六十六条 当事人在履行生效判决、裁定或者调解书的过程中，一方请求中止探望的，人民法院在征询双方当事人意见后，认为需要中止探望的，依法作出裁定；中止探望的情形消失后，人民法院应当根据当事人的请求书面通知其恢复探望。

第六十七条 未成年子女、直接抚养子女的父或者母以及其他对未成年子女负担抚养、教育、保护义务的法定监护人，有权向人民法院提出中止探望的请求。

第六十八条 对于拒不协助另一方行使探望权的有关个人或者组织，可以由人民法院依法采取拘留、罚款等强制措施，但是不能对子女的人身、探望行为进行强制执行。

十七、分家析产纠纷

（一）地方法院典型案例

060. 夫妻双方感情确已破裂，为了更好地确认离婚时的财产分割，当事人可以主张将夫妻共同财产从家庭共有财产中予以析出[1]

抗诉机关：湖南省人民检察院。

申诉人（一审被告、二审上诉人）：侯某1（曾用名侯某4），男，1947年9月10日出生，汉族，住湖南省花垣县。

申诉人（一审被告、二审上诉人）：舒某，女，1952年5月19日出生，汉族，住湖南省花垣县。

以上二申诉人共同委托诉讼代理人：袁某，湖南某律师事务所律师。

被申诉人（一审原告、二审上诉人）：周某，女，1976年3月28日出生，土家族，住湖南省花垣县。

一审被告、二审上诉人：侯某2，男，1976年3月18日出生，汉族，住湖南省花垣县。

一审被告、二审上诉人：侯某3，男，1973年11月11日出生，汉族，住湖北省宜昌市点军区，现住广东省深圳市龙岗区。

---

[1] 湖南省高级人民法院（2020）湘民再320号民事判决书，载中国裁判文书网，最后访问日期：2023年7月3日。

一审被告、二审上诉人：黎某，女，1974年5月19日出生，汉族，住湖北省宜昌市点军区，住址同上。

申诉人侯某1、舒某因与被申诉人周某、二审上诉人侯某2、侯某3、黎某分家析产纠纷一案，不服湖南省湘西土家族苗族自治州中级人民法院（2016）湘31民终527号民事判决，向湘西土家族苗族自治州人民检察院申请监督，该院提请湖南省人民检察院抗诉。湖南省人民检察院以湘检民（行）监[2020]43000000019号民事抗诉书向本院提出抗诉。本院于2020年5月25日作出（2020）湘民抗45号民事裁定，提审本案。本院依法组成合议庭，公开开庭审理了本案。湖南省人民检察院指派检察员王某盛、书记员邓某彬出庭。申诉人侯某1及其与申诉人舒某的共同委托诉讼代理人袁某、被申诉人周某、二审上诉人侯某2、侯某3到庭参加诉讼。本案现已审理终结。

湖南省人民检察院抗诉认为，湘西土家族苗族自治州中级人民法院（2016）湘31民终527号民事判决认定的基本事实缺乏证据证明，适用法律错误。理由如下：一、原审法院将家庭成员在家庭共同生活关系存续期间购置的财产均确认为家庭共同财产，并予以分割，系认定的基本事实缺乏证据证明且适用法律错误。家庭共同财产是指家庭成员在家庭共同生活关系存续期间共同创造、共同所得的财产。家庭共同财产不同于夫妻共同财产，家庭共同财产的共有人除具备家庭成员身份外，还必须是对家庭共有财产的形成作出过贡献的人。通常表现为家庭成员在共同生活期间共同劳动收入、共同购置和积累所得的财产。本案中，诉争两处房产均由侯某1、舒某出资购置和建造，而周某、侯某2与侯某1、舒某之间并未形成长期稳定的共同劳动关系，上述财产并非周某、侯某2参与家庭共同劳动积累形成。侯某1、舒某夫妇以从事家电经营为主要收入来源，该经营活动始于1974年，周某与侯某2于1998年5月才举办婚礼并共同生活，2008年开始分居。在周某与侯某2共同生活期间，周某单独经营服装店、酒楼或者外出务工，其在家中时也只是偶尔到家电行帮助经营，侯某2之前主要从事客运，2011年后才参与家电行经营，而本案诉争两处房产均形成于2011年以前。同时，周某也未提交有力证据证明其与侯某2有共同出资行为，亦无证据证明二人有将自己的劳动收入上交给家庭，用于家庭财产的购置或者增值，故本案诉争两处房产应确认为侯某1、舒某夫妻的共同财产而非家庭共同财产。案涉一辆东风尼桑小轿车（车牌号湘U0××××）登记在侯某2名下，初始登记日期为2008年11月6日，无证据证明该车辆系用家庭共同劳动收入购置或者侯某1与舒某夫妇有共同出资行为，不应确认为家庭共同财产予以分割。二、原审判决在对案涉家电行库存商品未明确产权的前提下，将其确认为家庭共同财产，并予以分割，系认定的基本事实缺乏证据证明。本案涉案海尔家电行一直由侯某1与舒某夫妇为主经营，侯某2于2011年始参与经营。花垣县人民法院于2013年3月7日对该家电行的库存商品进行了清点，但未查明库存商品的所有权归属。在花垣县人民法院2013年3月1日对侯某2的询问笔录中，侯某2陈述称海尔家电行的库存商品属于代销。在2016年12月2日本案二审开庭过程中，上诉人侯某1、舒某一方也主张家电行库存电器的所有权属进货的公司。原审中对库存商品的价值亦未予以鉴定。该家电行库存商品的所有权归属及价值直接影响分家析产，在产权不明晰的情况下，原审判决径行将其确认为家庭共同财产并予以分割，系认定的基本事实缺乏证据证明。

侯某1、舒某称，湖南省人民检察院的抗诉事实清楚、理由充分。在购买涉案第一栋房屋时，周某与侯某2还没有结婚，购买第二栋涉案房屋时，周某与侯某2根本不清楚购买价格。家电经营部的营业执照都是侯某1的名字，周某几乎没有参与过经营，侯某2虽在2011年后有参与经营，但侯某1、舒某给了侯某2相应待遇，且侯某2并不是提供长期的无偿劳务，只是在工作之余来帮忙。

周某答辩称，一、侯某2与周某于1997年11月29日结婚，系合法的婚姻关系。二、原审判决对于家庭共有财产范围的确定是合理合法的。因侯某

2婚后不准周某上班，周某被迫从原单位停薪留职开始与侯某2经营家电生意。为扩大经营，周某将结婚礼金2万多元、向亲戚借款的3万元，筹资近9万元购买了原茶峒派出所旧房，后将该旧房中3间门面打通，做成大门面，并修建附属楼房一栋作为仓库，全力经营家电。实际上，侯某1、舒某在周某、侯某2结婚前经营钟表生意维持生计，并没有经营家电生意。2003年，周某又以侯某1的名义买了块地，建了丛文路＊＊号房屋以用于扩大经营电器生意。经营所得均用于家电生意的再投入和家庭生活的开销。三、本案的分家析产并不是分割夫妻共同财产，依法不以解除婚姻关系为前提条件，本案应当依据规定，来确认分家析产的条件是否成就。请求驳回申诉人的申诉请求。

侯某2述称，侯某2与周某到现在还没有拿到结婚证。办喜酒不到一年，周某就对侯某2家庭暴力。2003年开始闹离婚，此后几乎没有一起生活。周某有工作单位，一直在上班，侯某2一直是在跑客运运输，直到2011年，侯某2才偶尔帮父亲经营家电行，父亲会给工资。和周某的两个小孩都是父母在养。涉案财产都是侯某1、舒某的。

侯某3、黎某述称，原茶峒派出所房屋是侯某1、舒某于1998年11月出资9万元购买，次年新建附属楼一栋。此时，侯某2刚结婚不久，还在从事客运业务，没有经济条件出资。2003年6月，侯某1、舒某出资购买边城镇丛文路地产一块，并于2006年出资60多万新建房屋一栋，即涉案的边城镇丛文路＊＊号房屋，又出资30多万元来经营新的电器商行。家电行的经营始于1974年，营业执照的法定代表人一直是侯某1。侯某2只是名义上的雇佣关系，而且，侯某2并未把自己的劳动收入用于家庭财产购置，也没有其他的出资经营行为。因此，涉案两处房产均属侯某1、舒某共同财产而非家庭共同财产。请求驳回被申诉人提出分割涉案两处房产的诉讼请求。

周某向一审法院起诉请求：1.依法确认花垣县××镇××栋××楼××路××号房屋为家庭成员周某、侯某2、侯某1、舒某共同财产，并将边城镇丛文路＊

＊号房屋分割给侯某 2 和周某夫妇所有；2. 依法确认原、被告经营的家电商行财产为家庭共同财产，并将家电商行的一半财产分割给侯某 2 与周某所有；3. 依法确认 16 万元借款为家庭共同债务，并用家庭财产予以偿还；4. 依法判令三被告共同支付原告治疗精神忧郁症所花费的医疗费 4 万元及每月 2000 元的后续治疗费；5. 依法确认侯某 2 在吉首世纪山水以姚某名义购买的房子为原、被告双方家庭共同财产；6. 判令三被告承担本案诉讼费用及相关费用。

一审法院认定事实：被告侯某 1 与舒某系配偶关系，被告侯某 3 系两人长子，被告侯某 2 系两人次子，周某与侯某 2 于 1997 年 11 月 29 日向花垣县原茶峒镇人民政府申请办理结婚登记手续，1998 年 5 月 4 日举办婚礼，2011 年侯某 2 曾向一审法院起诉要求与周某离婚，经该院主持调解，侯某 2 撤回了起诉。2012 年 3 月，侯某 2 再次向一审法院起诉要求与周某离婚，该院于 2012 年 6 月 4 日作出（2012）花民初字第 122 号民事判决，判决准予两人离婚。周某不服向湘西自治州中级人民法院提起上诉，中级法院审理后认为分割夫妻共同财产时未查明夫妻在家庭共同财产中的份额，可能影响案件正确处理，并将上述离婚诉讼发回重审。后周某向一审法院起诉侯某 1、舒某、侯某 2，要求分割家庭共同财产，形成本案。原告周某与被告侯某 2 共同生活时，被告侯某 1 与舒某有房产一栋，砖木房结构，前面系砖房，后面是木房，位于边城镇小桥居委会，周某与侯某 2 刚共同生活时住在前面的砖房，侯某 1 与舒某住在后面的木房。该房形成于周某与侯某 2 共同生活以前。周某与侯某 2 举办婚礼后大约六个月，即 1998 年 11 月，侯某 1 与舒某出资 9 万元购买了原茶峒派出所房屋并于次年新建附属楼一栋。1998 年 11 月 30 日花垣县公安局茶峒派出所向侯某 1 出具了收款收据，交款单位为侯某 1。2003 年 6 月，侯某 1 与舒某出资在花垣县××路购买地产一块，并于 2006 年新建房屋一栋，即现在边城镇丛文路＊＊号房屋。侯某 1 于 2006 年 6 月 10 日交纳 2072 元契税。该两栋房屋现均尚未取得土地使用权证和房屋所有权证。周某与侯某 2

共同生活以前，侯某1与舒某夫妇曾经营钟表维护、小家电。家电经营始于1974年，经营地点从小桥居委会的砖木房、购买原茶峒派出所房屋，演变到现边城镇丛文路＊＊号房屋门面；经营内容从小家电等逐渐演变到主营海尔等品牌家电，即本案当事人所称的海尔家电商行。营业执照上业主一直为侯某1。周某与侯某2共同生活以后，家电主要仍然由侯某1与舒某夫妇经营，周某先后在原购买茶峒派出所的房屋内经营服装、在花垣县城经营酒楼，侯某2之前从事客运，2011年后参与家电经营。周某与侯某2同居期间，双方经常为琐事争吵甚至打架，感情一般，2008年两人开始分居，但其在边城镇家里时，也曾到海尔家电商行参与经营。周某与侯某2共同生活期间购买了一辆东风尼桑小轿车，车牌号为湘U0××××，该车登记在侯某2名下，现由周某管理使用。另查明，侯某3系侯某1与舒某长子，侯某3与黎某两人于2006年结婚。但侯某3及其配偶黎某未与侯某1、舒某共同生活。本案审理过程中，原被告双方均未提交证据证明海尔家电商行的经营、获利情况。

一审法院判决：一、确认原茶峒派出所的房屋及新建附属楼为周某、侯某2、侯某1、舒某家庭共同财产，分割给侯某1与舒某所有；二、确认花垣县××路××号房屋为周某、侯某2、侯某1、舒某双方家庭共同财产，分割给侯某1与舒某所有，由侯某1、舒某共同补偿周某、侯某2该房屋价值二分之一的人民币；三、确认花垣县××路××号房屋门面经营的家电为周某、侯某2、侯某1、舒某家庭共同财产，分割给侯某1与舒某所有；四、确认车牌号为湘U0××××的东风尼桑小轿车为周某、侯某2、侯某1、舒某家庭共同财产，分割给周某与侯某2所有；五、驳回周某的其他诉讼请求；六、驳回侯某3、黎某的诉讼请求。一审案件受理费22800元，由原告周某负担5700元，被告侯某2、侯某1、舒某共同负担17100元。

周某不服一审判决，上诉请求：1. 请求撤销花垣县人民法院（2014）花民重字第7号民事判决；2. 依法确认上诉人与被上诉人侯某2享有原茶峒派出所出售的楼房一栋及新建附属楼，边城镇丛文路＊＊号楼房一栋二分之一的产权;3. 依法确认经营的家电商行财产为家庭共同财产,并将家电商行的一半财产分割给上诉人与被上诉人侯某2所有;4. 依法确认上诉人与被上诉人侯某2从田某炎及上诉人娘家父母所借16万元为家庭共同债务,并用家庭财产予以偿还;5. 本案的一审、二审诉讼费用由被上诉人负担。

侯某2、侯某1、舒某、侯某3、黎某不服一审判决,上诉请求:1. 依法撤销花垣县人民法院(2014)花民重字第7号民事判决,确认侯某3、黎某为家庭共同成员,并驳回被上诉人周某的诉讼请求;2. 依法判令被上诉人周某承担本案一审、二审诉讼费用。

二审法院对一审判决查明的事实予以确认。

二审法院认为,本案的争议焦点是:第一,周某是否属于家庭共同成员;第二,本案中的家庭共同财产范围如何界定;第三,周某要求分家析产的条件是否成就;第四,本案中家庭共同财产的分割应该如何进行;第五,侯某3、黎某是否属于家庭共同成员。关于周某是否属于家庭共同成员的问题。本案中,周某与侯某2于1997年11月共同生活以来,并于1998年5月4日按照当地习俗举办了婚礼,随后两人与侯某1、舒某生活,并生育有一子一女。现侯某1、舒某、侯某2、侯某3、黎某提出双方是同居关系而非婚姻关系,因而否认周某的家庭共同成员的地位。该院经审查认为,首先,从1997年11月至双方发生家庭矛盾时止,周某与侯某1、舒某夫妇生活多年,并在十余年的时间里,侯某2与周某生育了一儿一女;其次,不论周某和侯某2当时结婚时年龄是否达到法定结婚年龄,这并不影响此后双方当事人生活十余年之久的事实,不能否认周某作为家庭成员一份子的事实。因此,该院认为上诉人周某具备成为家庭共同成员的资格。关于本案中的家庭共同财产范围如何界定的问题。本案中,涉及家庭共同财产的认定需要结合双方当事人共同生活关系存续期间来认定,周某与侯某1、舒某、侯某2生活在一起时间十余年之久,在此期间该家庭先后购买了原茶峒派出所房屋并新建附属楼一栋,同时购买了边城镇丛文路**号地产一块并新建房屋一栋。与此同时,所经营的家电、周某现使用的车牌号为湘U0××××的东风尼桑小轿车均是该时间段所购置或者经营的。因此,上述不动产和动产应属于家庭共同财产,虽然侯某1、舒某属于出资人,但任何家庭成员对于共有财产的取得都是付出了时间或者金钱,谁出资购买并不能阻却上述不动产和动产作为家庭共同财产的属性。本案家庭共同财产的范围界定为:1.原茶峒派出所房屋及新建附属楼一栋;2.花垣县××路××号房屋一栋;3.花垣县××路××号房屋门面经营的家电;4.车牌号为湘U0××××的东风尼桑小轿车。关于周某要求分家析产的条件是否成就的问题。本案中,周某与侯某2的感情确已破裂,并发生了言语和肢体冲突,双方共同生活关系的存续已无可能,且双方之间已发生数次离婚纠纷,因此双方共同生活的基础已不复存在,现周某要求分割家庭共同财产,其实质上主张将与侯某2的共同财产从家庭共有财产中予以析出,以便于分清个人财产与家庭共有财产的范围界限。由于周某目前正在和侯某2就解除婚姻关系发生纠纷,加之该院就之前双方发生的离婚案件发回重审的原因在于分割夫妻共同财产时未查明夫妻在家庭共同财产中的份额,故一审判决认定分家析产的条件已经成就,有利于查清周某与侯某2诉请分割共同财产时在家庭共同财产中的份额多少。因此,该院认为分家析产的条件已经成就。关于本案中家庭共同财产的分割应该如何进行的问题。本案中,双方当事人没有关于分割家庭共同财产的协议,该院认为,在没有分家协议的情况下,如何分割财产,应从以下几个方面考虑:一是家庭成员对家庭财产的贡献程度。应确定家庭成员对财产的贡献程度,这种贡献不仅仅是经济上的,还应包括劳务、家事管理等付出。其次要考量对家庭弱势群体的保护,他们对家庭财产的贡献可能有限,贡献较小或者没有贡献,但是在分割时应保留他们必要的份额。最后,在分家析产的相应份额确定以后,对于家庭财产的分割应从有利于生产生活和物的利用上进行分析。因此,一审在分割家庭财产时,未充分考虑到保护妇女的合法权益,该院依法予以调整,对于原茶峒派出所房屋及新建附属楼,确认为侯某1、舒某、侯某2、周某家庭共同财产，上诉人周某、侯某2占20%，上诉人侯某1、舒某占80%，由侯某1、舒某共同补偿周某、侯某2该房屋价值20%的人民币。对于其他的家庭共同财产确认的分配结果，该院认为符合客观事实，照顾了各方利益，没有违背公序良俗原则，该院予以维持。但是一审判决在确定履行义务的过程中，未注明履行期限，会对执行造成困难，该院依法予以纠正。鉴于处置不动产的执行期限较长，该院酌定为一个月为宜。关于侯某3、黎某是否属于家庭共有成员的问题。结合花垣县人民法院向边城镇小桥居委会、码头居委会相关负责人及当地部分群众的调查笔录可知，侯某3、黎某两夫妇未与侯某1、舒某长期生活，故侯某3、黎某不属于家庭共有成员之一，无权享有要求分割家庭共同财产的主体资格。但这并不等同于侯某3无权享有继承权，侯某3作为子女仍然享有平等的继承权利。综上，一审判决认定事实清楚，适用法律正确，但处理不当，该院予以纠正。依法判决：一、维持花垣县人民法院（2014）花民重字第7号民事判决第三项、第四项、第六项，即："确认花垣县××路××号房屋门面经营的家电为原告周某、被告侯某2、侯某1、舒某家庭共同财产，分割给被告侯某1与舒某所有"、"确认车牌号为湘U0××××的东风尼桑小轿车为原告周某、被告侯某2、侯某1、舒某家庭共同财产，分割给原告周某与被告侯某2所有"、"驳回被告侯某3、黎某的诉讼请求"；二、变更花垣县人民法院（2014）花民重字第7号民事判决第二项"确认花垣县××路××号房屋为原告周某、被告侯某2、侯某1、舒某双方家庭共同财产，分割给被告侯某1与舒某所有，由侯某1、舒某共同补偿周某、侯某2该房屋价值二分之一的人民币"为"确认花垣县××路××号房屋为原告周某、被告侯某2、侯某1、舒某双方家庭共同财产，分割给被告侯某1与舒某所有，由侯某1、舒某于本判决生效之日起三十日内共同补偿周某、侯某2该房屋价值二分之一的人民币"；三、撤销花垣县人民法院（2014）花民重字第7号民事判决第一项、第五项，即："确认原茶峒派出所的房屋及新建附属楼为原告周某与被告侯某2、侯某1、舒某的家庭共同财产，分割给被告侯某1与舒某所有"、"驳回原告周某的其他诉讼请求";四、确认原茶峒派出所的房屋及新建附属楼为上诉人周某与上诉人侯某2、侯某1、舒某的家庭共同财产,分割给上诉人侯某1与舒某所有,由上诉人侯某1、舒某于本判决生效之日起三十日内共同补偿上诉人周某、侯某2该房屋价值20%的人民币;五、驳回上诉人周某的其他上诉请求;六、驳回上诉人侯某2、侯某1、舒某、侯某3、黎某的上诉请求。一审案件受理费22800元,二审案件受理费22800元,共计45600元,由上诉人周某负担15600元,由上诉人侯某2、侯某1、舒某、侯某3、黎某负担30000元。

本院再审期间,侯某1、舒某提交了以下新证据:1. 2019年3月26日边城码头社区和茶峒社区出具的证明,拟证明1998年后,周某、侯某2居住在老祖屋,父母一直居住在原派出所屋内,2012年7月30日所出证明是错误的。2. 谭某军律师对当地居民走访形成的调查笔录,拟证明证据1的真实性。周某质证认为,对该两份证据的内容有异议。本院经审查认为,该两份证据具真实性,对其证明目的,本院综合全案证据予以认定。

本院再审查明:(一)关于周某与侯某2离婚一案,湖南省花垣县人民法院于2018年9月28日作出(2018)湘3124民初335号民事判决,准予周某与侯某2离婚;车牌号为湘UO××××的东风尼桑牌小轿车归周某所有;侯某1、舒某应共同补偿给周某、侯某2的花垣县××路××号房屋价值二分之一的人民币,由周某与侯某2各自享有50%;侯某1、舒某应共同补偿给周某、侯某2的原茶峒派出所房屋及新建附属楼价值20%的人民币,由周某与侯某2各自享有50%。侯某2不服,提起上诉。湖南省湘西土家族苗族自治州中级人民法院于2018年11月23日作出(2018)湘31民终1097号民事判决,维持一审判决。(二)周某在再审庭审中陈述:周某与侯某2于1997年结婚后,起初居住在侯某1的老祖屋,一直到2006年;此后,周某、侯某2及两个小孩居住在边城镇丛文路＊＊号的房屋,直至2010年9月8日。原茶峒派出所的房屋由侯某1、舒某居住。

其他事实与原审判决查明的事实一致。

本院再审认为：本案的争议焦点是涉案两处房产、小轿车、海尔家电行是否属于侯某1、舒某、周某、侯某2的家庭共同财产。

家庭共同财产是指家庭成员在共同生活关系存续期间共同积累、共同购置的财产，主要特征是家庭成员对家庭共有财产的形成作出过贡献，而不能仅以家庭成员在形式上是否共同生活为判断标准。本案中，根据周某的陈述，周某、侯某2自结婚后并未与侯某1、舒某长期生活在一处，1998年之后，侯某1、舒某居住在原茶峒派出所的房屋，周某、侯某2先后居住在侯某1的老祖屋和边城镇丛文路＊＊号的房屋，该陈述也与边城镇码头社区、边城镇茶峒社区于2019年3月26日出具的证明内容吻合。更重要的是，周某为其主张所提交的主要证据为证人证言，证人系其邻里、亲戚、朋友等熟人，在没有其他有效证据佐证的情形下，不足以证实周某、侯某2将劳动收入交由侯某1、舒某增值或购置家庭财产，更不足以证实周某、侯某2为购置涉案两套住房或为经营涉案家电行有资金投入。而侯某1提交的个体工商户营业执照、购房收据、契税完税凭证等书证表明，侯某1系涉案家电行营业执照登记经营者，涉案两套房屋也是由侯某1购买。加之，一审法院向边城镇小桥居委会、码头居委会相关负责人及当地部分居民进行调查询问的结果显示，购买原茶峒派出所房子及新建附属楼、购买丛文路＊＊号地基及修建房子主要是侯某1、舒某出资，家电行也主要是侯某1、舒某经营，只是侯某2参与了经营，周某在家时也参与经营。因此，涉案两处房产和家电行应属于侯某1、舒某的夫妻共同财产，周某、侯某2不构成家庭成员共同共有；周某、侯某2没有出资行为或凭证，也不因出资比例而构成按份共有。但是，周某、侯某2在婚姻存续期间，特别是侯某2自2011年之后参与了涉案家电行的经营，而侯某1、舒某未提交证据证实向周某、侯某2支付了劳动报酬，现周某、侯某2已离婚，为保护其合法权益，本院酌情判由侯某1、舒某共同补偿周某、侯某2花垣县××路××号房屋价值的20％。至于涉案车牌号为湘U0×××

×的东风尼桑小轿车，周某并未在本案中提出相应诉讼请求，且该车已被周某、侯某2的离婚案生效判决确定为周某所有，故本院不作处理。

综上，抗诉机关的抗诉理由部分成立，本院予以支持。原审判决认定基本事实清楚，但适用法律错误，处理不当，应予纠正。依照《民事诉讼法》第177条第1款第2项、第214条之规定，判决如下：

一、撤销湖南省湘西土家族苗族自治州中级人民法院（2016）湘31民终527号民事判决及湖南省花垣县人民法院（2014）花民重字第7号民事判决；

二、侯某1、舒某于本判决生效之日起三十日内共同补偿周某、侯某2花垣县××路××号房屋评估价值20%的人民币；

三、驳回周某的其他诉讼请求。

如果未按本判决指定的期间履行给付金钱义务，应当依照《民事诉讼法》第260条之规定，加倍支付迟延履行期间的债务利息。

一审案件受理费22800元，二审案件受理费22800元，共计45600元，由周某负担30000元，由侯某1、舒某负担15600元。

本判决为终审判决。

（二）裁判依据

《中华人民共和国民法典》

第二百九十七条　不动产或者动产可以由两个以上组织、个人共有。共有包括按份共有和共同共有。

第二百九十八条　按份共有人对共有的不动产或者动产按照其份额享有所有权。

第二百九十九条　共同共有人对共有的不动产或者动产共同享有所有权。

第三百零三条　共有人约定不得分割共有的不动产或者动产，以维持共有关系的，应当按照约定，但是共有人有重大理由需要分割的，可以请求分割；没有约定或者约定不明确的，按份共有人可以随时请求分割，共同共有人在共有的基础丧失或者有重大理由需要分割时可以请求分割。因分割造成其他共有人损害的，应当给予赔偿。

第三百零四条 共有人可以协商确定分割方式。达不成协议，共有的不动产或者动产可以分割且不会因分割减损价值的，应当对实物予以分割；难以分割或者因分割会减损价值的，应当对折价或者拍卖、变卖取得的价款予以分割。

共有人分割所得的不动产或者动产有瑕疵的，其他共有人应当分担损失。

第三百零七条 因共有的不动产或者动产产生的债权债务，在对外关系上，共有人享有连带债权、承担连带债务，但是法律另有规定或者第三人知道共有人不具有连带债权债务关系的除外；在共有人内部关系上，除共有人另有约定外，按份共有人按照份额享有债权、承担债务，共同共有人共同享有债权、承担债务。偿还债务超过自己应当承担份额的按份共有人，有权向其他共有人追偿。

第三百零八条 共有人对共有的不动产或者动产没有约定为按份共有或者共同共有，或者约定不明确的，除共有人具有家庭关系等外，视为按份共有。

第二编 继承纠纷

一、法定继承纠纷

（一）最高人民法院公报案例及典型案例

061. 继父母明确表示拒绝抚养继子女时，继子女能否主张继承继父母的遗产[①]

邹某蕾诉高某某、孙某、陈某法定继承纠纷案

> **裁判摘要**
>
> 离婚中，作为继父母的一方对受其抚养教育的继子女，明确表示不继续抚养的，应视为继父母与继子女关系自此协议解除。
>
> 继父母去世时，已经解除关系的继子女以符合民法中规定的"具有抚养关系的继子女"情形为由，主张对继父母遗产进行法定继承的，人民法院不予支持。

原告：邹某蕾。

被告：高某某。

被告：孙某。

法定代表人：高某某，系孙某母亲。

[①] 参见《最高人民法院公报》2020 年第 6 期。

被告：陈某。

原告邹某蕾因与被告高某某、孙某、陈某发生法定继承纠纷，向上海市静安区人民法院提起诉讼。

原告邹某蕾诉称： 被继承人孙某某与案外人邹某娟婚后生育一女即本案原告邹某蕾（原名孙某蕾），1981年9月孙某某与邹某娟经法院调解离婚，邹某蕾随邹某娟生活。

此后孙某某与案外人陈某某再婚，被告陈某是陈某某与其前夫所生之子。

之后孙某某再与被告高某某再婚，婚后生育一女即被告孙某。

系争房屋是登记在被继承人孙某某名下的个人财产，孙某某于2016年5月4日报死亡，未留有遗嘱，故要求由孙某某的法定继承人均等继承被继承人孙某某的遗产，即上海市西藏北路×室的产权房屋（以下简称系争房屋）。

被告高某某、孙某共同辩称：原告邹某蕾并无确凿证据证明被继承人孙某某与邹某蕾是父女关系，孙某某生前仅育有被告孙某一女，被告陈某亦未提供确凿证据证明其是与被继承人孙某某有抚养关系的继子女。

高某某与孙某某于2002年结婚，长期照料孙某某生活，孙某作为未成年婚生女与孙某某长期共同生活，故在继承遗产时应多分。

且孙某某过世后，高某某、孙某申请办理了继承公证，并以（2016）沪闸证字第2171号公证书继承了孙某某名下的系争房屋，现系争房屋登记为高某某、孙某各享有二分之一产权份额，故不同意邹某蕾的诉请。

被告陈某辩称： 孙某某与案外人陈某某于1984年再婚后，陈某作为孙某某的继子女与孙某某、陈某某共同生活在孙某某户籍地上海市重庆北路×号，1991年陈某某与孙某某离婚协议约定，陈某某与前夫所生之子陈某由陈某某抚养，并迁回原户籍地，陈某作为继子女可依法继承孙某某的遗产即系争房屋产权。

海市静安区人民法院一审查明：

被继承人孙某某与邹某娟于1974年3月登记结婚育一女名孙某蕾，后更名邹某蕾即本案原告。

孙某某与邹某娟于1981年9月28日经新疆昌吉市人民法院调解离婚。

孙某某与陈某某于1984年12月8日再婚，婚后陈某某与其前夫所生之子陈某随孙某某共同生活在上海市重庆北路×号，1991年10月17日孙某某与陈某某协议离婚。

后孙某某与刘某某再婚，婚后未生育子女，并于2000年11月16日协议离婚。

2002年5月16日孙某某与被告高某某登记结婚，婚后生育一女名孙某。

孙某某于2016年5月3日死亡，其父母均先于其死亡。

又查明，系争房屋于2000年办理产权登记，登记产权人为孙某某。

孙某某于2016年5月3日死亡后，被告高某某、孙某于2016年5月9日向上海市闸北公证处申请办理继承公证，后以（2016）沪闸证字第2171号公证书（2016年8月22日出具）确定系争房屋由高某某、孙某共同继承。

2016年8月23日高某某、孙某申请变更系争房屋的产权登记，2016年9月5日系争房屋核准变更登记权利人为高某某、孙某各享有二分之一产权份额。

审理中，被继承人孙某某的哥哥孙某忠到庭陈述：原告邹某蕾是孙某某与邹某娟所生女儿，孙某某与陈某某再婚后，孙某某、陈某某及陈某某与前夫所生之子被告陈某共同生活在上海市重庆北路×号，孙某某与陈某某离婚后，陈某某与陈某均迁走，孙某某与刘某某再婚后，并未生育子女，也没有子女与其共同生活。

上海市静安区人民法院一审认为：

遗产是公民死亡后遗留的个人合法财产，公民依法享有财产继承权。

本案系争房屋系原登记在被继承人孙某某个人名下的产权房屋，被继承人孙某某生前并未立有遗嘱，其遗产即系争房屋应由孙某某的法定继承人共同继承。

原告邹某蕾作为孙某某与前妻邹某娟所生女儿，被告陈某作为与孙某某有抚养关系的继子女，被告高某某作为孙某某的配偶，被告孙某作为孙某某的婚生女儿，均可作为孙某某的第一顺位的法定继承人继承系争房屋产权。

据此，上海市静安区人民法院依照《继承法》第 2 条、第 3 条、第 5 条的规定，于 2017 年 9 月 14 日作出判决：

登记在被告高某某、孙某名下属于被继承人孙某某遗产的上海市西藏北路×室房屋产权由原告邹某蕾及被告高某某、孙某、陈某按份共有，各享有四分之一产权份额；

邹某蕾、高某某、孙某、陈某应于判决生效之日起 30 日内共同办理上址房屋产权变更手续，邹某蕾、高某某、孙某、陈某有相互配合的义务，因办理上址房屋产权变更手续所产生的费用由邹某蕾、高某某、孙某、陈某依法分别负担。

高某某、孙某不服一审判决，向上海市第二中级人民法院提起上诉称：一审判决对案件事实认定不清。

首先，本案没有证据证明邹某蕾是合法的继承人，且证人孙某忠到庭作证程序违法，其没有书面申请和传唤作证，实际上孙某忠与被继承人孙某某无往来，关系破裂，无法认定其证言内容的效力，不应作为诉讼证据。

其次，一审判决对陈某是否与孙某某构成抚养关系的认定不清，实际上陈某未成年时，其母亲陈某某与孙某某离婚，且孙某某明确表示不再抚养陈某，之后陈某也随母亲陈某某共同生活，并在国外居住，与孙某某再无往来，不能认定陈某为与被继承人孙某某有抚养关系的继子女，不应再享有继子女的继承权利。

再次，一审判决在遗产分配上也未考虑孙某系未成年人，生活有特殊困难且缺乏劳动能力，以及高某某长期照料被继承人孙某某，未适当为其多分遗产也有不妥。

据此，请求依法撤销一审判决，发回重审或改判两上诉人各自享有上海市西藏北路×室房屋产权二分之一份额。

邹某蕾辩称：一审提供的证据充分证明自己是被继承人孙某某和邹某娟于1974年生育的女儿孙某蕾，后为方便上学，才改名为邹某蕾，因此不能否定其是合法继承人的身份，邹某蕾应该享有继承权，不同意高某某、孙某关于否认邹某蕾合法继承人的诉讼请求。

陈某辩称：一审判决认定事实清楚，证据确实，请求驳回上诉，维持原判。

上海市第二中级人民法院经二审，确认了一审查明的事实。

二审期间，法院依职权向上海市公安局出入境管理局调取了陈某自1998年出国后至2018年8月24日的出入境记录，记录如下：陈某于2003年1月26日入境，同年3月10日出境；

2007年2月7日入境，同月27日出境；

2009年5月20日入境，同月27日出境。

另查明，被继承人孙某某与陈某母亲陈某某于1991年7月1日在民政局登记备案的《自愿离婚协议书》约定："一、子女抚养：女方同前夫所生男孩，陈某，……仍由女方抚养直至工作，男方不承担其他费用……三、分居住宿安排：女方和子（陈某）仍迁回原户口所在地居住，男方住户口所在地。离婚后，户口落实重庆北路×号，户口落实周家嘴路×号。"

上海市第二中级人民法院二审认为：

对陈某是否符合继承法规定的与被继承人形成抚养关系的继子女的争议焦点，作出如下评判。

根据《继承法》第10条规定，判断继父母子女之间是否享有继承权，以是否形成抚养关系为标准。

继父母子女在事实上形成了抚养关系，由直系姻亲转化为拟制血亲，从而产生法律拟制的父母子女间的权利义务。

确定是否形成抚养关系应以继承实际发生时为节点。

本案中，陈某两岁时，因生母陈某某与被继承人孙某某结婚，确实与孙某某共同生活，形成事实上的继父子关系，孙某某与陈某某共同抚养教育过陈某，后陈某某与孙某某协议离婚。

根据1993年11月3日《最高人民法院关于人民法院审理离婚案件处理子女抚养问题的若干具体意见》第13条规定："生父与继母或生母与继父离婚后，对曾受其抚养教育的继子女，继父或继母不同意继续抚养的，仍应由生父母抚养。"对于上述规定，法院认为，继父母与继子女是基于姻亲而发生的一种事实上的抚养关系，这种关系是法律拟制的，离婚后，在继父母不愿意继续抚养的情况下，应视为继父母子女关系的解除，他们之间父母子女的权利义务不复存在。

本案中，陈某曾经由孙某某抚养过，但是在其生母陈某某与孙某某离婚时，陈某九岁还尚未成年，且孙某某、陈某某在离婚协议中明确约定陈某由陈某某继续抚养，孙某某不再承担抚养费用，在此情形下，应当认定孙某某不再继续抚养是对原已形成抚养事实的终止，孙某某与陈某之间的继父子关系视为解除，而且，陈某与孙某某的继父子关系解除之后至孙某某病故时，时间长达二十余年之久，双方再无来往。

陈某于1998年出国至今仅回国三次，短时间停留，其成年后也不存在赡养孙某某的事实。

故而，法院认为，陈某与被继承人孙某某之间虽存在过抚养事实，但因孙某某与陈某生母陈某某离婚后不再抚养陈某，以及陈某成年后未履行赡养义务，本案继承发生时，陈某与被继承人孙某某之间继父子关系已解除，双方的权利义务不复存在，陈某不符合法律规定的有抚养关系的继子女。

综上，陈某对被继承人孙某某的遗产不享有继承权。

一审判决认定陈某为法定继承人不当，依法予以纠正。

遗产是公民死亡后遗留的个人合法财产，公民依法享有财产继承权。

继承开始后，没有遗嘱的，按照法定继承办理。

一审判决根据在案证据以及一审庭审中证人孙某忠当庭作证的证人证言，认定邹某蕾为被继承人孙某某与前妻邹某娟所生之女，将其列为法定继承人，并无不妥，予以确认。

本案中，系争房屋系原登记在被继承人孙某某个人名下的产权房屋，被继承人孙某某生前未立遗嘱，其遗产应按法定继承处理。

邹某蕾作为孙某某与前妻邹某娟所生女儿，高某某作为孙某某的配偶，孙某作为孙某某与高某某的婚生女儿，依法均应作为孙某某的第一顺位法定继承人继承系争房屋产权。

同时，鉴于高某某长期与孙某某共同生活，对被继承人尽了主要的扶养义务，故在分配遗产时，依法可以适当多分。

综上，高某某、孙某的部分上诉请求成立，依法予以支持。

一审判决认定陈某为法定继承人不当，予以纠正。

据此，上海市第二中级人民法院依照法律规定，于2018年10月31日作出判决：

一、撤销上海市静安区人民法院（2016）沪0106民初18925号民事判决；

二、登记在高某某、孙某名下属于被继承人孙某某遗产的上海市西藏北路×室房屋产权由邹某蕾、高某某、孙某按份共有，其中，邹某蕾享有30%份额，高某某享有40%份额，孙某享有30%份额；

邹某蕾、高某某、孙某应于判决生效之日起三十日内共同办理上述地址房屋产权变更手续，邹某蕾、高某某、孙某互有配合义务，因办理上述地址房屋产权变更手续所产生的费用由邹某蕾、高某某、孙某按比例负担。

本判决为终审判决。

062. 夫妻婚内财产分割协议对夫妻共同所有房屋的权属进行了约定的情况下,是否应以产权登记作为认定该房屋权属的唯一依据[①]

唐某诉李某某、唐某乙法定继承纠纷案

裁判摘要

> 夫妻之间达成的婚内财产分割协议是双方通过订立契约对采取何种夫妻财产制所作的约定,是双方协商一致对家庭财产进行内部分配的结果,在不涉及婚姻家庭以外第三人利益的情况下,应当尊重夫妻之间的真实意思表示,按照双方达成的婚内财产分割协议履行,优先保护事实物权人,不宜以产权登记作为确认不动产权属的唯一依据。

原告:唐某。

被告:李某某。

被告:唐某乙。

法定代理人:李某某(唐某乙之母),48 岁。

原告唐某因与被告李某某、唐某乙发生法定继承纠纷,向北京市朝阳区人民法院提起诉讼。

原告唐某诉称: 唐某甲于 2011 年 9 月 16 日在外地出差期间猝死,未留下遗嘱。名下财产有位于北京市朝阳区东三环北路二十三号财富中心某房屋(以下简称财富中心房屋)等多处房产、银行存款、轿车等。唐某甲的继承人是配偶李某某及子女唐某、唐某乙。现诉至法院,请求判令:由唐某、唐

[①] 参见《最高人民法院公报》2014 年第 12 期。

某乙、李某某共同依法继承唐某甲的全部遗产。

被告李某某、唐某乙辩称：认可李某某、唐某、唐某乙作为唐某甲的继承人参与继承，但登记在唐某甲名下的财富中心房屋并非唐某甲的财产，不应作为其遗产予以继承。虽然该房屋是以唐某甲名义购买并向中国银行贷款，但根据唐某甲与李某某签订的《分居协议书》，财富中心房屋属于李某某的个人财产，之所以没有变更登记至李某某名下，是因为有贷款没有还清。这份协议书没有以离婚为前提，属于双方对婚后共同财产的安排，在唐某甲去世前，双方均未对此协议反悔。因此该协议书是有效的，财富中心房屋是李某某的个人财产，不属于唐某甲的遗产。对于唐某甲名下的其他财产同意依法予以分割继承。

北京市朝阳区人民法院一审查明：

唐某甲与被告李某某系夫妻关系，二人生育一子唐某乙。唐某甲与前妻曾生育一女唐某，离婚后由其前妻抚养。唐某甲父母均早已去世。唐某甲于2011年9月16日在外地出差期间突发疾病死亡，未留下遗嘱。

2010年10月2日，唐某甲与被告李某某签订《分居协议书》，双方约定："唐某甲、李某某的感情已经破裂。为了不给儿子心灵带来伤害，我们决定分居。双方财产作如下切割：现在财富中心和慧谷根园的房子归李某某拥有。李某某可以任何方式处置这些房产，唐某甲不得阻挠和反对，并有义务协办相关事务。湖光中街和花家地的房产归唐某甲所有。唐某甲可以任何方式处置这些房产，李某某不得阻挠和反对，并有义务协办相关事务。儿子唐某乙归李某某所有。唐某甲承担监护、抚养、教育之责。李某某每月付生活费5000元。双方采取离异不离家的方式解决感情破裂的问题。为了更好地达到效果，双方均不得干涉对方的私生活和属于个人的事务。"2012年11月28日，北京民生物证司法鉴定所出具司法鉴定意见书，鉴定意见为该《分居协议书》上唐某甲签名为其本人所签。

关于财富中心房屋，2002年12月16日，唐某甲作为买受人与北京香江兴利房地产开发有限公司签订了《商品房买卖合同》，约定：唐某甲购买北京香江兴利房地产开发有限公司开发的财富中心房屋，总金额为 1 579 796 元。庭审中，原告唐某、被告唐某乙、李某某均认可截止唐某甲去世时间点，该房屋仍登记在唐某甲名下，尚欠银行贷款 877 125.88 元未偿还。此外，李某某与唐某甲名下还有其他两处房产、汽车及存款等财产。

本案一审的争议焦点是：如何确定唐某甲的遗产范围。

北京市朝阳区人民法院一审认为：

原告唐某、被告唐某乙作为被继承人唐某甲的子女，被告李某某作为被继承人唐某甲的配偶，均属于第一顺序继承人，三人对于唐某甲的遗产，应予以均分。本案中，应对哪些财产属于唐某甲的遗产予以界定。关于财富中心房屋，唐某甲与李某某虽然在《分居协议书》中约定了该房屋归李某某拥有，但直至唐某甲去世，该房屋仍登记在唐某甲名下。故该协议书并未实际履行，因此应根据物权登记主义原则，确认该房屋属于唐某甲与李某某夫妻共同财产。该房屋价值应根据评估报告确定的数额减去唐某甲去世时该房屋尚未还清的贷款数额，该数额的一半为李某某夫妻共同财产，另一半为唐某甲遗产，属于唐某甲遗产的份额应均分为三份，由李某某、唐某乙和唐某均分。考虑到唐某乙尚未成年，而唐某要求获得折价款，故法院判决该房屋归李某某所有，由李某某向唐某支付某款并偿还该房屋剩余未还贷款。关于唐某甲名下的其他房屋、车辆及银行存款等遗产，法院按照法定继承的相关规定予以分割。

综上，北京市朝阳区人民法院依照法律规定，于 2014 年 4 月 8 日判决：

一、被继承人唐某甲遗产车牌号为×××号北京现代牌轿车由被告李某某继承，归被告李某某所有，被告李某某于本判决生效后十日内向原告唐某支付折价款一万六千六百六十六元六角七分。

二、被继承人唐某甲遗产位于北京市朝阳区湖光中街某房屋归被告李某某所有，被告李某某于本判决生效后十日内向原告唐某支付折价款一百八十万元。

三、被继承人唐某甲遗产位于北京市朝阳区东三环北路23号财富中心某房屋归被告李某某所有,并由李某某偿还剩余贷款,被告李某某于本判决生效后十日内向原告唐某支付折价款八十八万五千一百八十元六角九分。

四、被告李某某于本判决生效后十日内向原告唐某支付被继承人唐某甲遗产家属一次性抚恤金一万八千三百六十六元六角七分。

五、被告李某某于本判决生效后十日内向原告唐某支付被继承人唐某甲遗产工会发放的家属生活补助费五千三百六十六元六角七分。

六、驳回原告唐某其他诉讼请求。

李某某、唐某乙不服一审判决,向北京市第三中级人民法院提起上诉称: 唐某甲与李某某签订的《分居协议书》的性质应属婚内财产分割协议,财富中心房屋无论登记在何方名下,都应以唐某甲与李某某的有效婚内财产约定确定其归属。请求二审法院撤销原审判决,改判财富中心房屋为李某某个人所有,不属于唐某甲遗产范围。

被上诉人唐某辩称: 一审法院认定事实清楚,适用法律正确,请求二审法院依法判决。

北京市第三中级人民法院经二审,确认了一审查明的事实。

本案二审的争议焦点是:财富中心房屋的权属问题及其应否作为唐某甲的遗产予以继承。

北京市第三中级人民法院二审认为:

解决该争议焦点的关键在于厘清以下三个问题:

第一,唐某甲与上诉人李某某于2010年10月2日签订的《分居协议书》的法律性质。

上诉人李某某、唐某乙认为该协议属于婚内财产分割协议,是唐某甲与李某某对其婚姻关系存续期间所得财产权属的约定,该约定合法有效,对双方均具有约束力;唐某认为该协议系以离婚为目的达成的离婚财产分割协议,在双方未离婚的情况下，该协议不发生法律效力。法院认为，本案中唐某甲与李某某签订的《分居协议书》是婚内财产分割协议，而非离婚财产分割协议。理由如下：

首先，从《分居协议书》内容来看，唐某甲与上诉人李某某虽认为彼此感情已经破裂，但明确约定为不给儿子心灵带来伤害，采取"离异不离家"的方式解决感情破裂问题，双方是在婚姻关系存续的基础上选择以分居作为一种解决方式并对共同财产予以分割，并非以离婚为目的而达成财产分割协议。其次，从文义解释出发，二人所签《分居协议书》中只字未提"离婚"，显然不是为了离婚而对共同财产进行分割，相反，双方在协议书中明确提出"分居"、"离异不离家"，是以该协议书来规避离婚这一法律事实的出现。再次，本案所涉及的《分居协议书》中，唐某甲与李某某一致表示"对财产作如下切割"，该约定系唐某甲与李某某不以离婚为目的对婚姻关系存续期间所得财产作出的分割，应认定为婚内财产分割协议，是双方通过订立契约对采取何种夫妻财产制所作的约定。

第二，本案应当优先适用物权还是婚姻的相关法律规定。

上诉人李某某、唐某乙认为，应适用原《婚姻法》第19条之规定，只要夫妻双方以书面形式对财产分割作出约定即发生法律效力，无需过户登记；被上诉人唐某主张，本案应适用原《物权法》第9条之规定，不动产物权的权属变更未经登记不发生法律效力。法院认为，该问题首先要厘清物权法与婚姻法在调整婚姻家庭领域内财产关系时的衔接与适用问题，就本案而言，应以优先适用婚姻法的相关规定处理为宜。理由如下：

物权领域，法律主体因物而产生联系，物权法作为调整平等主体之间因物之归属和利用而产生的财产关系的基础性法律，重点关注主体对物的关系，其立法旨在保护交易安全以促进资源的有效利用。而婚姻法作为身份法，旨在调整规制夫妻之间的人身关系和财产关系，其中财产关系则依附于人身关系而产生，仅限于异性之间或家庭成员之间因身份而产生的权利义务关系，不体现直接的经济目的，而是凸显亲属共同生活和家庭职能的要求。故婚姻法关于夫妻子女等特别人伦或财产关系的规定不是出于功利目的创设和存在，而是带有"公法"意味和社会保障、制度福利的色彩，将保护"弱者"和"利他"价值取向直接纳入权利义务关系的考量。

因此，婚姻家庭的团体性特点决定了婚姻法不可能完全以个人为本位，必须考虑夫妻共同体、家庭共同体的利益，与物权法突出个人本位主义有所不同。在调整夫妻财产关系领域，物权法应当保持谦抑性，对婚姻法的适用空间和规制功能予以尊重，尤其是夫妻之间关于具体财产制度的约定不宜由物权法过度调整，应当由婚姻法去规范评价。本案中，唐某甲与上诉人李某某所签协议关于财富中心房屋的分割，属于夫妻内部对财产的约定，不涉及家庭外部关系，应当优先和主要适用婚姻法的相关规定，物权法等调整一般主体之间财产关系的相关法律规定应作为补充。

第三，物权法上的不动产登记公示原则在夫妻财产领域中是否具有强制适用的效力。

上诉人李某某、唐某乙认为，婚内财产分割协议只涉及财产在夫妻之间的归属问题，依双方约定即可确定，无须以公示作为物权变动要件；被上诉人唐某则主张财富中心房屋的产权人是唐某甲，即使唐某甲与李某某曾约定该房屋归李某某拥有，也因未办理产权变更登记而未发生物权变动效力，该房屋仍应纳入唐某甲的遗产范围。本院认为，唐某甲与李某某所签《分居协议书》已经确定财富中心房屋归李某某一人所有，虽仍登记在唐某甲名下，并不影响双方对上述房屋内部处分的效力。理由如下：

物权法以登记作为不动产物权变动的法定公示要件，赋予登记以公信力，旨在明晰物权归属，保护交易安全和交易秩序，提高交易效率。但实践中，由于法律的例外规定、错误登记的存在、法律行为的效力变动、当事人的真实意思保留以及对交易习惯的遵从等原因，存在大量欠缺登记外观形式，但依法、依情、依理应当给予法律保护的事实物权。《民法典》对于非基于法律行为所引起的物权变动亦进行了例示性规定，列举了无需公示即可直接发生物权变动的情形。当然，这种例示性规定并未穷尽非因法律行为而发生物权变动的所有情形，《民法典》婚姻家庭编及其司法解释规定的相关情形亦应包括在内。

在夫妻财产领域，存在大量夫妻婚后由一方签订买房合同，并将房屋产权登记在该方名下的情形，但实际上只要夫妻之间没有另行约定，双方对婚后所得的财产即享有共同所有权，这是基于婚姻法规定的法定财产制而非当事人之间的法律行为。因为结婚作为客观事实，已经具备了公示特征，无须另外再公示。而夫妻之间的约定财产制，是夫妻双方通过书面形式，在平等、自愿、意思表示真实的前提下对婚后共有财产归属作出的明确约定。此种约定充分体现了夫妻真实意愿，系意思自治的结果，应当受到法律尊重和保护，故就法理而言，亦应纳入非依法律行为即可发生物权变动效力的范畴。因此，当夫妻婚后共同取得的不动产物权归属发生争议时，应当根据不动产物权变动的原因行为是否有效、有无涉及第三人利益等因素进行综合判断，不宜以产权登记作为确认不动产权属的唯一依据，只要有充分证据足以确定该不动产的权属状况，且不涉及第三人利益，就应当尊重夫妻之间的真实意思表示，按照双方达成的婚内财产分割协议履行，优先保护事实物权人。需要指出的是，此处的第三人主要是相对于婚姻家庭关系外部而言，如夫妻财产涉及向家庭以外的第三人处分物权，就应当适用《民法典》物权编等调整一般主体之间财产关系的相关法律规定。而对于夫妻家庭关系内的财产问题，应当优先适用婚姻法的相关规定。

本案中，《分居协议书》约定"财富中心房屋归李某某拥有，李某某可以任何方式处置这些房产，唐某甲不得阻挠和反对，并有义务协办相关事务。"该协议书系唐某甲与上诉人李某某基于夫妻关系作出的内部约定，是二人在平等自愿的前提下协商一致对家庭财产在彼此之间进行分配的结果，不涉及婚姻家庭以外的第三人利益，具有民事合同性质，对双方均具有约束力。

财富中心房屋并未进入市场交易流转，其所有权归属的确定亦不涉及交易秩序与流转安全。故唐某虽在本案中对该约定的效力提出异议，但其作为唐某甲的子女并非《民法典》物权编意义上的第三人。因此，虽然财富中心房屋登记在唐某甲名下，双方因房屋贷款之故没有办理产权过户登记手续，但不动产登记原则不应影响婚内财产分割协议关于房屋权属约定的效力。且结合唐某甲与李某某已依据《分居协议书》各自占有、使用、管理相应房产之情形，应当将财富中心房屋认定为李某某的个人财产，而非唐某甲之遗产予以法定继承。一审法院根据物权登记主义原则确认财富中心房屋为唐某甲与李某某夫妻共同财产实属不妥，应予调整。

据此，北京市第三中级人民法院依照法律规定，于2014年8月25日判决：

一、维持北京市朝阳区人民法院（2013）朝民初字第30975号民事判决第一项、第二项、第四项、第五项；

二、撤销北京市朝阳区人民法院（2013）朝民初字第30975号民事判决第六项；

三、变更北京市朝阳区人民法院（2013）朝民初字第30975号民事判决主文第三项为：位于北京市朝阳区东三环北路二十三号财富中心某房屋归李某某所有，并由李某某偿还剩余贷款。

四、驳回唐某其他诉讼请求。

本判决为终审判决。

063. 夫妻一方死亡后，在法定继承过程中当事人提供的其他人民法院对夫妻对外债务所作的生效裁判是否能直接作为夫妻共同债务认定的依据[①]

单洪远、刘春林诉胡秀花、单良、单译贤法定继承纠纷案

裁判摘要

《婚姻法解释（二）》第 24 条的规定，本意在于加强对债权人的保护，一般只适用于对夫妻外部债务关系的处理。人民法院在处理涉及夫妻内部财产关系的纠纷时，不能简单依据该规定将夫或妻一方的对外债务认定为夫妻共同债务，其他人民法院依据该规定作出的关于夫妻对外债务纠纷的生效裁判，也不能当然地作为处理夫妻内部财产纠纷的判决依据，主张夫或妻一方的对外债务属于夫妻共同债务的当事人仍负有证明该项债务确为夫妻共同债务的举证责任。

原告：单洪远，男，64 岁，退休教师，住江苏省连云港市新浦区。

原告：刘春林，女，61 岁，农民，单洪远之妻，住址同单洪远。

被告：胡秀花，女，38 岁，个体工商户，住江苏省连云港市新浦区。

被告：单良，男，13 岁，学生，胡秀花之子，住址同胡秀花。

被告：单译贤，女，5 岁，幼儿，胡秀花之女，住址同胡秀花。

原告单洪远、刘春林因与被告胡秀花、单良、单译贤发生法定继承纠纷，向江苏省连云港市中级人民法院提起诉讼。

[①] 参见《最高人民法院公报》2006 年第 5 期。

一、法定继承纠纷

原告单洪远、刘春林诉称：其子单业兵因车祸死亡，遗留有家庭财产约300万元，均由单业兵的妻子、被告胡秀花掌管，去除一半作为胡秀花个人的财产，尚有约150万元的财产可以作为遗产分配，应由单洪远、刘春林、胡秀花、单良、单译贤等五位继承人均分，二原告应分得60万元左右。单业兵死亡后，原告多次与胡秀花协商分割遗产，但未达成一致，请求法院依法作出判决。

被告胡秀花辩称：首先，其所保管的单业兵遗产没有150万元。1. 单业兵死亡前，因买房、买车及经营生意欠下大量债务，其中一部分债务已由她以夫妻共同财产予以偿还；2. 单业兵死亡后，其经营的公司已不能营业，原告起诉中所列的公司财产（主要是化妆品）已基本报废；3. 单业兵死亡后的丧葬费用、修车费用等不少于20万元。以上三项均应从夫妻共同财产中扣除。其次，被告单良、单译贤系其与单业兵的子女，均尚未成年，需由其抚养。母子三人只能靠原夫妻共同财产生活，并无其他经济来源。二原告生活富足，不应与孙子女争夺遗产。

连云港市中级人民法院经审理查明：被继承人单业兵系原告单洪远、刘春林之子，被告胡秀花之夫，被告单良、单译贤之父。单业兵与胡秀花于1987年10月26日结婚。2002年6月21日凌晨，单业兵因车祸死亡。此后，单洪远、刘春林与胡秀花因遗产继承问题发生纠纷，经多次协商未果，遂诉至法院。

对于单业兵死亡后遗留的夫妻共同财产，双方当事人共同认可的有：1. 位于连云港市新浦区"银城之都"5号楼102室的住宅1套及汽车库1间；2. 位于连云港市新浦区海连东路盐场医院东侧综合楼底层营业用房2间；3. 位于淮安市清河区太平东街13-29-1-508室住宅1套；4. 位于连云港市新浦区陇海步行中街1号楼109号底层营业用房1间；5. 车牌号为苏GB1616的广州本田轿车1辆；6. 车牌号为苏GB5426的长安小客车1辆；7. 连云港市倍思特化妆品有限公司（以下简称倍思特公司）34.5%的股份。以上财产均由胡秀花保管。双方当事人对以上房产、车辆的价值存在争议,根据原告申请,一审法院委托连云港市价格认证中心进行评估。根据评估结果,法院确认以上房产、车辆共价值 2 601 300 元。

双方当事人对以下问题存在争议:1. 单业兵、胡秀花所经营的连云港倍思特商场(以下简称倍思特商场)在单业兵死亡后尚存的财产数额;2. 倍思特商场是否欠广州市白云三元里利丰行(以下简称利丰行)货款;3. 倍思特商场是否欠广州市康丽源生物保健品有限公司(以下简称康丽源公司)货款;4. 单业兵生前是否欠北京欧洋科贸有限公司(以下简称欧洋公司)债务;5. 单业兵生前是否欠徐贵生借款。

关于倍思特商场在单业兵死亡后尚存的财产数额,原告单洪远、刘春林称:单业兵死亡后,经倍思特公司和倍思特商场会计对账,截至 2002 年 6 月 30 日,倍思特商场库存商品价值 904 217.12 元,应收账款 245 394.20 元,现金 183 321.51 元,合计 1 332 923.23 元。并提供了会计对账形成的《止 2002 年 6 月 30 日倍思特商场收入、利润、流动资产一览表》(以下简称《对账表》)为证。在一审审理过程中,倍思特公司会计赵春香到庭作证,详细说明了当时同倍思特商场会计侍作璋对账的情况及《对账表》的来历,并提供了当时侍作璋给其的 2002 年 6 月倍思特商场的财务报表。被告胡秀花辩称:原告方提供的《对账表》没有她本人签名,库存商品基本报废,相关财务报表已被她销毁。连云港市中级人民法院认为,胡秀花未能按照法院的要求将倍思特商场的会计侍作璋带到法庭,亦未能提供支持其诉讼主张的财务报表及库存商品报废的有关证据,根据民事诉讼相对优势证据原则,对胡秀花所称倍思特商场没有对账、库存不足、库存商品基本报废的辩解理由不予采纳,认定倍思特商场在单业兵死亡后尚有财产 1 332 923.23 元。

关于倍思特商场是否欠利丰行货款的问题,被告胡秀花称:单业兵生前经营倍思特商场时,欠利丰行货款 486 900 元,她本人在单业兵死亡后已偿还货款 235 000 元,尚欠 251 900 元,并提供了利丰行于 2003 年 10 月 24 日出具的证明，主张从单业兵遗产中扣除已偿还的该笔债务，并保留剩余债务份额。原告单洪远、刘春林称胡秀花所述与《对账表》不符，倍思特商场对外没有债务。根据胡秀花申请，连云港市中级人民法院前往利丰行进行核实。经查，利丰行现已更名为广州戈仕贸易公司，该公司称单业兵欠该公司48万余元化妆品货款，单业兵生前已还款25万余元，单业兵死亡后未再还款。该公司称没有详细账目可以提供，仅提供了1份《江苏连云港倍思特商场记账簿》。连云港市中级人民法院认为，胡秀花虽称单业兵生前经营倍思特商场时欠利丰行货款，她本人在单业兵死亡后已偿还货款235 000元，但胡秀花不能提供倍思特商场的原始账目以证明该笔债务的存在；广州戈仕贸易公司虽证明单业兵生前已还款25万余元，在单业兵死亡后倍思特商场未再偿还货款，但未向法院提供双方发生业务往来的详细账目，所提供的记账簿不能反映双方经济往来的真实情况，且该公司的证明内容与胡秀花的陈述不一致。因此，现有证据不能充分证明该笔债务确实存在，不予认定。

关于倍思特商场是否欠康丽源公司货款的问题，被告胡秀花称：单业兵生前经营倍思特商场时，欠康丽源公司货款354 000元，她已于单业兵死亡后还款340 000元，尚欠14 000元，并提供了康丽源公司于2003年10月24日出具的证明，主张从单业兵遗产中扣除已偿还的该笔债务，并保留剩余债务份额。原告单洪远、刘春林称胡秀花所述与《对账表》不符，倍思特商场对外没有债务。经胡秀花申请，连云港市中级人民法院前往康丽源公司核实情况，该公司称单业兵欠该公司354 000元化妆品货款，已经由胡秀花在2003年10月24日用现金一次还款340 000元，尚欠14 000元。但该公司没有提供双方业务往来账目，称所有账目已经在2003年10月24日胡秀花还款后销毁。此后，胡秀花又向法院提供了康丽源公司2003年10月24日出具的收款340 000元的收条，但原告方认为已经超过举证期限而不予质证。在原告方要求胡秀花提供偿还康丽源公司340 000元现金的来源时，胡秀花的陈述前后矛盾。连云港市中级人民法院认为，胡秀花不能提供倍思特商场的原始账目予以证明该笔债务的存在，在法院核实情况时，康丽源公司也未能提供双方发生业务往来的账目。胡秀花所称偿还 340 000 元货款的时间是在收到本案应诉通知和举证通知以后，其完全有条件提供与康丽源公司的往来账目而未能提供，且其对于偿还该笔债务的现金来源的说法前后矛盾，仅凭其提供的康丽源公司出具的证明和收条，不能充分证明该笔债务确实存在，故不予认定。

关于单业兵欠欧洋公司债务的问题，被告胡秀花称：单业兵生前欠欧洋公司债务 1 190 000 元，并提供了 2003 年 8 月 19 日与欧洋公司签订的协议，该协议约定以单业兵所有的连云港市新浦区海连东路盐场医院东侧综合楼底层营业用房、连云港市新浦区陇海步行中街 1 号楼 109 号底层营业用房冲抵债务，待条件成熟时办理过户手续，过户之前由胡秀花使用，每月给付欧洋公司租金 11 800 元，租满 12 年该房屋归胡秀花所有。原告单洪远、刘春林对该协议不予认可，称该协议与《对账表》相矛盾，单业兵生前没有外债。经胡秀花申请，连云港市中级人民法院前往欧洋公司核实情况，因该公司总经理欧洋瑞出国，公司其他人员称无法与其联系，与单业兵的合作是由总经理自己负责，有关合作合同、单业兵的借款手续等均由总经理保管。因无法对该笔债务进行核实，现有证据不能充分证明该笔债务确实存在，故不予认定。

关于单业兵是否欠徐贵生借款的问题，被告胡秀花称：为做化妆品生意，曾借其表哥徐贵生现金 200 000 元，并提供了借条，该借条载明："今借到徐贵生大哥现金贰拾万元整，借款人：胡秀花，2001 年 5 月 8 日。"原告单洪远、刘春林对此不予认可，称单业兵死亡前没有对外借款，且借条原件在胡秀花手中，从借条内容来看是胡秀花个人借款，与单业兵无关。连云港市中级人民法院认为，徐贵生没有到庭，借条原件在胡秀花手中，胡秀花不能证明该笔借款现在仍然存在，且从借条内容看是胡秀花个人借款，故对该笔债务不予认定。

综上，连云港市中级人民法院认定单业兵死亡后遗留的夫妻共同财产计

3 934 223.23 元，另有倍思特公司 34.5% 的股份及当期分红款 270 000 元。从中扣除被告胡秀花偿还的购车贷款 268 000 元、修车款 47 916.6 元，认定实有 3 888 306.63 元及倍思特公司 34.5% 的股份，其中一半（价值 1 944 153.32 元的财产及倍思特公司 17.25% 的股份）应当作为单业兵的遗产。单业兵死亡后，继承开始，原告单洪远、刘春林和被告胡秀花、单良、单译贤作为单业兵的法定第一顺序继承人，均有权继承单业兵的遗产，单业兵的上述遗产应由五人均分，每人应得 388 830.66 元的财产及倍思特公司 3.45% 的股份。二原告只主张分得其中 600 000 元的财产，依法予以支持。法院认为，遗产分割应当有利于生产和生活的需要，并不损害遗产的效用。考虑到前述各项遗产均由胡秀花使用和经营，且胡秀花尚需抚养单良、单译贤，故前述各项遗产仍由胡秀花继续使用、管理和经营为宜；二原告年龄较大，以分得现金为宜。据此，连云港市中级人民法院于 2004 年 11 月 20 日判决：

一、单洪远、刘春林继承单业兵在倍思特公司 6.9% 的股份，胡秀花于本判决生效之日起 15 日内给付单洪远、刘春林现金 60 万元；

二、单良、单译贤各继承单业兵在倍思特公司 3.45% 的股份及 12 581 元的现金，二人共同继承连云港市新浦区陇海步行中街 1 号楼 109 号底层营业用房，在单良、单译贤年满 18 周岁之前，以上财产由其法定代理人胡秀花代为管理；

三、单业兵其余财产及倍思特公司 20.7% 的股份均归胡秀花所有。

一审宣判后，胡秀花不服，向江苏省高级人民法院提出上诉，主要理由是：1. 一审认定单业兵死亡后尚存价值 3 888 306.63 元的夫妻共同财产及倍思特公司 34.5% 的股份缺乏事实依据；2. 一审对单业兵遗留的夫妻共同债务不予认定错误；3. 一审让被上诉人分得现金，让上诉人占有库存商品和应收账款，这种分割显失公正。请求二审法院撤销原判，依法改判。

被上诉人单洪远、刘春林答辩称：1. 遗产作为财产，其金额应以评估结论为准，一审认定事实清楚；2. 一审关于倍思特商场是否有债务的认定正确。上诉人如欠徐贵生等人债务也是其个人债务，应由其个人来偿还。请求驳回上诉，维持原判。

江苏省高级人民法院经审理，确认了一审查明的事实。

二审的争议焦点为：1. 原审判决对单业兵死亡后遗留的夫妻共同财产价值的认定是否正确；2. 上诉人胡秀花关于单业兵生前遗留债务的主张是否成立；3. 原审判决对遗产的分割方式是否公平合理。

江苏省高级人民法院认为：

首先，一审判决对单业兵死亡后遗留的夫妻共同财产价值的认定，有评估报告等证据予以证明。上诉人胡秀花虽持异议，但未能举出确有证明作用的证据，故对其该项上诉主张不予支持。

其次，上诉人胡秀花虽主张单业兵生前遗留有债务，但未能举证证明这些债务真实存在，且属夫妻共同债务，故其该项上诉理由也不能成立。关于胡秀花向徐贵生的借款是否为夫妻共同债务的问题，胡秀花在二审时提交了江苏省南京市雨花台区人民法院（2005）雨民一初字第28号民事判决书（系在本案一审判决后作出），该判决书虽然载明"此案系民间借贷纠纷，因被告胡秀花经传票传唤无正当理由拒不到庭，法院遂依据原告徐贵生的陈述以及借条等证据认定该笔债务为夫妻共同债务，判决由胡秀花向徐贵生偿还人民币20万元"，亦不足以在本案中证明胡秀花向徐贵生的借款是夫妻共同债务。该判决为处理夫妻对外债务关系，将胡秀花对徐贵生的借款认定为单业兵与胡秀花的夫妻共同债务并无不当。但前述规定的本意是通过扩大对债权的担保范围，保障债权人的合法利益，维护交易安全和社会诚信，故该规定一般只适用于对夫妻外部债务关系的处理，在处理涉及夫妻内部财产关系的纠纷时，不能简单地依据该规定，将夫或妻一方的对外债务认定为夫妻共同债务，其他人民法院依据该规定作出的关于夫妻对外债务纠纷的生效裁判，也不能当然地作为处理夫妻内部财产纠纷的判决依据，主张夫或妻一方的对外债务属于夫妻共同债务的当事人仍负有证明该项债务确为夫妻共同债务的举证责任。本案中,由于单业兵已经死亡,该笔债务是否认定为夫妻共同债务会直接影响其他继承人的权益,胡秀花应就其关于该笔借款属夫妻共同债务的主张充分举证。根据现有证据,胡秀花提供的借条的内容不能证明该笔借款系夫妻共同债务,且在本案一审期间,亦即南京市雨花台区人民法院(2005)雨民一初字第28号民事判决作出之前,该借条不在债权人手中,反被作为债务人的胡秀花持有,有违常情。鉴于二审中胡秀花不能进一步举证证明该笔债务确系夫妻共同债务,故对其该项上诉主张不予支持。

其三,原审判决以查明事实为基础,综合考虑各继承人的实际情况,将除一处营业用房外的各项遗产判归上诉人胡秀花继续管理使用,判决被上诉人单洪远、刘春林分得现金,这种对遗产的分割方式既照顾到各继承人的利益,又不损害遗产的实际效用,并无不当。故对胡秀花的该项上诉请求不予支持。

综上,江苏省高级人民法院认为原判认定事实清楚,适用法律正确,依照规定,于2005年5月15日判决:

驳回上诉,维持原判。

064. 侄甥能否代位继承[①]

基本案情:被继承人苏某泉于2018年3月死亡,其父母和妻子均先于其死亡,生前未生育和收养子女。苏某泉的姐姐苏某乙先于苏某泉死亡,苏某泉无其他兄弟姐妹。苏某甲系苏某乙的养女。李某田是苏某泉堂姐的儿子,李某禾是李某田的儿子。苏某泉生前未立遗嘱,也未立遗赠扶养协议。上海市徐汇区华泾路某弄某号某室房屋的登记权利人为苏某泉、李某禾,共同共有。苏某泉的梅花牌手表1块及钻戒1枚由李某田保管中。苏某甲起诉请求,

---

[①] 《人民法院贯彻实施民法典典型案例(第一批)》(最高人民法院2022年2月25日发布),某甲诉李某田等法定继承纠纷案,载最高人民法院网站,https://www.court.gov.cn/zixun-xiangqing-347181.html,最后访问日期:2023年6月29日。

依法继承系争房屋中属于被继承人苏某泉的产权份额,及梅花牌手表1块和钻戒1枚。

裁判结果:生效裁判认为,当事人一致确认苏某泉生前未立遗嘱,也未立遗赠扶养协议,故苏某泉的遗产应由其继承人按照法定继承办理。苏某甲系苏某泉姐姐苏某乙的养子女,在苏某乙先于苏某泉死亡且苏某泉的遗产无人继承又无人受遗赠的情况下,根据《时间效力规定》第14条,适用《民法典》第1128条第2款和第3款的规定,苏某甲有权作为苏某泉的法定继承人继承苏某泉的遗产。另外,李某田与苏某泉长期共同居住,苏某泉生病在护理院期间的事宜由李某田负责处理,费用由李某田代为支付,苏某泉的丧葬事宜也由李某田操办,相较苏某甲,李某田对苏某泉尽了更多的扶养义务,故李某田作为继承人以外对被继承人扶养较多的人,可以分得适当遗产且可多于苏某甲。对于苏某泉名下系争房屋的产权份额和梅花牌手表1块及钻戒1枚,法院考虑到有利于生产生活、便于执行的原则,判归李某田所有并由李某田向苏某甲给付房屋折价款人民币60万元。

典型意义

本案是适用民法典关于侄甥代位继承制度的典型案例。侄甥代位继承系民法典新设立的制度,符合我国民间传统,有利于保障财产在血缘家族内部的流转,减少产生遗产无人继承的状况,同时促进亲属关系的发展,引导人们重视亲属亲情,从而减少家族矛盾、促进社会和谐。本案中,审理法院还适用了遗产的酌给制度,即对继承人以外的对被继承人扶养较多的人适当分给遗产,体现了权利义务相一致原则,弘扬了积极妥善赡养老人的传统美德,充分体现了社会主义核心价值观的要求。

065. 对被继承人尽了主要抚养义务或者与被继承人共同生活的继承人，分配遗产时，是否可以多分[①]

关键词：分配遗产中照顾老年人利益；优良家风；多元化纠纷解决机制

基本案情：李某某系被继承人曹某某母亲，年近七十。贾某系曹某某妻子，双方于2019年6月4日登记结婚。2019年8月7日曹某某因所在单位组织的体育活动中突发疾病去世。曹某某父亲已于之前去世，曹某某无其他继承人。被继承人曹某某去世后，名下遗留房产若干、存款若干元及其生前单位赔偿金、抚恤金若干元。贾某诉请均分曹某某遗产。本案在审理过程中，人民法院引入了专业的心理咨询师参与庭前准备工作，逐步缓解失独老人不愿应诉、拒绝沟通的心态，同时也对原告进行心理介入，疏导其与被告的对立情绪；在庭审中做了细致的心理工作，宣解中华传统优良家风，修复了双方因失去亲人造成的误解和疏远。本案虽然并未当庭达成和解，但在宣判之后，双方当事人多次向合议庭表达满意，并在本案一审判决生效后自行履行完毕。

裁判结果：陕西省西安市新城区人民法院认为，本案被继承人无遗嘱，应按照法定继承进行遗产分配。对被继承人尽了主要抚养义务或者与被继承人共同生活的继承人，分配遗产时，可以多分。结合对子女抚养的付出及贾某与被继承人结婚、共同生活时间、家庭日常贡献等因素，酌定遗产分配比例为：贾某分配20%，李某某分配80%。工亡补助金部分不属于遗产范围，被继承人单位已考虑实际情况对李某某予以充分照顾，故二人各分配50%。

[①] 《人民法院老年人权益保护十大典型案例》（最高人民法院2021年2月24日公布），贾某诉李某某继承纠纷案，载最高人民法院网站，https://www.court.gov.cn/zixun/xiangqing/287711.html，最后访问日期：2023年6月30日。

典型意义

本案被继承人无遗嘱，应以法定继承进行遗产分配。对被继承人尽了主要扶养义务或者与被继承人共同生活的继承人，分配遗产时可以多分。被继承人母亲将其抚养长大，付出良多，痛失独子，亦失去了照顾其安度晚年的人，理应在遗产分配时予以照顾。法院在审理此类涉及保护老年人权益案件及遗产继承纠纷案件时，应注重对当事人进行心理疏导工作，充分释明法律规定，宣讲优良家风，修复双方的对立关系；利用多元化纠纷解决机制，化解家庭矛盾，弘扬中华孝文化，体现老有所养、尊老爱幼、维护亲情的和谐家风。

（二）地方法院典型案例

066. 在无亲子鉴定意见，但其他证据证明双方存在亲子关系的高度盖然性的情况下，可以确定非婚生子女的法定继承人身份[①]

上诉人（原审被告）：王某，女，1959年6月16日出生，汉族，无业，住北京市西城区。

委托诉讼代理人：孙某，北京市某律师事务所律师。

被上诉人（原审原告）：张某1，男，2014年7月13日出生。

法定代理人：张某2（张某1之母），无业。

委托诉讼代理人：曹某良，北京市某律师事务所律师。

原审被告：柳某，女，1932年4月26日出生，汉族，农民，住黑龙江省

---

① 北京市第二中级人民法院（2021）京02民终4084号民事判决书，载中国裁判文书网，最后访问日期：2023年7月3日。

富锦市。

监护人：董某金（柳某之子），1960年9月3日出生，汉族，农民，住黑龙江省富锦市。

上诉人王某因与被上诉人张某1、原审被告柳某法定继承纠纷一案，不服北京市西城区人民法院（2019）京0102民初11792号民事判决，向本院提起上诉。本院于2021年3月4日立案后，依法组成合议庭审理了本案。本案现已审理终结。

王某上诉请求：1.撤销一审判决，依法改判董某1名下的两套房产由王某、柳某二人继承，其中王某占75%的份额，柳某占25%的份额。2.本案一、二审诉讼费由对方承担。事实与理由：1.一审中张某1提交的《司法鉴定意见书》中存在多处瑕疵且鉴定结论含糊不清，不唯一，鉴定结论无法证明董某金与张某1之间存在亲缘关系。一审法院未能客观认定本案核心证据，属认定基本事实不清。2.除《司法鉴定意见书》外，本案其他证据仅能证明董某1与张某1关系密切，不能将董某1与张某1存在父子关系的事实证明到高度盖然性标准。由于没有有效的证据链条证明董某1与张某1之间存在亲子关系，故请求二审法院查明事实，依法公正判决。

张某1及其法定代理人辩称，同意一审判决，不同意王某的上诉请求。董某1去世后，董某金配合张某1进行鉴定，鉴定机构具有资质、鉴定程序合法、鉴定结论依据清晰。董某1意外去世，结合本案相关证据足以证明我方主张成立，对方未提出反驳证据，故请求驳回王某的上诉请求。

柳某及其法定代理人述称，同意一审判决，没有答辩意见。

张某1及其法定代理人向一审法院起诉请求：1.依法继承被继承人董某1遗留的遗产份额，包括北京市西城区××路56号院13-3号，北京市海淀区××路27号院6号楼2单元201，北京市朝阳区××公园10号楼703房屋；2.判令对方承担本案诉讼费。

一审法院认定事实：被继承人董某1与王某系夫妻关系，婚生子于2005

年8月死亡后再无其他子女。柳某系被继承人董某1之母，董某1之父董某2于2005年10月死亡。董某2与柳某育有子女七人：长子董国才、二子董某1、三子董某金、四子董国春、长女董国芹、二女董国芳、三女董国华，其中董国才于2015年2月死亡。董某1于2017年3月死亡，生前未留有遗嘱。

一、关于张某1与董某1的关系。

张某1，2014年7月13日出生，其《出生医学证明》载明的父亲为尹某1，母亲为张某2。尹某1与张某2于2014年5月7日结婚，后张某1随尹某1办理了户籍手续。

1. 张某1为证明董某1与张某1的关系，提交了北京中正司法鉴定所出具的《司法鉴定意见书》，内容为张某2委托对董某金与张某1是否具有叔侄关系进行鉴定，鉴定意见为：根据上述DNA遗传标记分型结果，支持董某金与张某1具有叔侄关系。

2. 张某1为证明董某1与张某1的关系，提交了：张某2在北京市西城区展览路医院住院生产时，《住院病案》首页所登记的联系人姓名为尹某1，关系为夫妻，电话为136×××××××（舅舅）；张某2于2014年7月11日至2017年7月17日住院生产期间的《北京市西城区展览路医院住院费用清单汇总表》上"以上所有住院期间费用经患者签字后已确认"处签名为董某1；《新生儿卡介苗接种知情同意书》上所登记的监护人签名为董某1，电话为136×××××××，填表日期为2014年7月13日；《接种乙型肝炎疫苗知情同意书》上所登记的监护人签名为董某1，监护人与受种者的关系为父亲，填表日期为2014年7月13日；《北京市新生儿耳聋基因筛查知情同意书》上姓名为张某2，产妇/新生儿监护人签名为董某1，现住地址为朝阳区普乐门公寓307号，监护人联系电话为136×××××××，签名日期为2014年7月13日；《北京市新生儿疾病筛查采血卡》上，母亲姓名为张某2，单胎，孕周40，住院号码40913，体重4100g，性别男，户籍北京，出生日期2014-07-13 15:28采血日期2014-07-17 09:00，联系人董某1，手机136×××××××，地址朝阳区高碑店陈家林乡普乐门公寓307，请家长核对信息无误后签字为董某1。

3. 张某1为证明董某1系张某1的父亲，还提交了红包五个，其中三个有董某1签名，载明日期为"2014.8.12"的红包写有"祝××平安健康茁壮成长爸董某1妈张某2"；载明日期为"二〇一六春节"的红包写有"祝××宝贝平安健康吉祥快乐爸××妈×"；载明日期为"二〇一四年二月"的红包写有"祝龙女小马驹平安健康吉祥畅顺亲人董某1"。

一审法院审理中，张某1申请对文件上董某1的签名是否本人所签进行鉴定，一审法院经北京高院摇号随机确定中天司法鉴定中心对上述签名进行鉴定，鉴定意见为：《展览路医院住院费用清单汇总表》上的"董某1"签名笔迹、《北京市新生儿疾病筛查采血卡》上的"董某1"签名笔迹、《新生儿疾病筛查知情同意书》上的"董某1"签名笔迹、《接种乙型肝炎疫苗知情同意书》上的"董某1"签名笔迹上的"董某1"签名笔迹与样本上的"董某1"签名笔迹是同一人书写的；2014年、2016年和2014年8月12日红包上的"爸董某1"文字是董某1本人书写的。

二、关于遗产。

董某1与妻子王某婚后购买了房产两套：一套位于北京市西城区××路56号院13-3号房屋，建筑面积65.9平方米，现登记的房屋所有权人为董某1，产权来源为改成本价，现房屋所有权证号：京房权证西私字第××××号，登记日期为1999年4月8日，截止至2018.9.2711：24无抵押无查封；另一套房屋位于北京市海淀区××路27号院6号楼2单元201，建筑面积64.5平方米，产权来源为购买，所登记的现产权人为董某1，发证日期为2002年1月25日。在庭审中，双方当事人均认可上述两套房产为董某1与王某的夫妻共同财产。

此外，北京华腾八里庄文化创意发展有限公司作为甲方，董某1作为乙方，于2014年3月14日签订了《房屋使用合同》，约定由董某1使用北京华腾八里庄文化创意发展有限公司所属的北京市朝阳区八里庄文化创意产业园配套楼（10#楼）703室，建筑面积为131.63平方米，该物业使用费标准为人民币26000元/建筑面积每平方米，使用费总金额为人民币（大写）叁佰肆拾贰万贰仟叁佰捌拾圆整（小写￥3422380元），该使用费一次性支付后即享有所使用物业的商务办公权；此外，双方还在合同内容中约定"十、合同的解约10.1在乙方发生下列行为时，甲方在书面通知乙方后，甲方有权立即单方解除合同，且视为乙方违约。A. 将使用的房屋擅自转让给第三人使用的；B. 将使用的房屋擅自拆改结果或改变用途的；C. 乙方未按合同约定时间交纳房屋使用费超过10日的……"在庭审中，双方当事人均认可董某1对于该房产享有的是商务办公使用权，并非所有权，王某认为使用权不属于遗产范围。

一审法院认为，继承从被继承人死亡时开始。配偶、子女、父母为第一顺序继承人。子女，包括婚生子女、非婚生子女、养子女和有扶养关系的继子女。

本案中，双方争议的主要焦点在于张某1是否为被继承人董某1的合法继承人。首先，张某1提交了北京中正司法鉴定所出具的《司法鉴定意见书》，证明董某金与张某1之间具有叔侄关系，虽然该鉴定结论不能排除董某金的其他同父母兄弟系张某1父亲的可能性，但可以证明董某金的同父母兄弟之一应系张某1的父亲；其次，张某1提交了母亲张某2在北京市西城区展览路医院住院生育张某1时的住院病案、住院费用清单及为新生儿注射疫苗的知情同意书，上述文件中均有董某1的签名，经鉴定为董某1本人所签，可以证明董某1在张某2住院生育期间为张某2办理各种手续并在新生儿监护人处签名；再次，张某1提交的红包上显示"祝××……爸董某1"经鉴定系董某1本人所签；最后，王某亦未否认张某1之母与董某1曾经关系密切，结合张某1提交的其他在案证据，认为张某1系董某1亲生子女的可能性已达到高度的盖然性，对此一审法院予以确认。因此，张某1系董某1的合法继承人。董某1死亡后，其第一顺序的法定继承人为王某、柳某、张某1。

夫妻在婚姻关系存续期间所得的共同所有的财产，除有约定外，如果分割遗产，应当先将共同所有的财产的一半分出为配偶所有，其余的为被继承人的遗产。本案中，董某1名下位于北京市西城区××路56号院13-3号房屋一套、位于北京市海淀区××路27号院6号楼2单元201房屋一套，以上两套房产均为董某1、王某的夫妻共同财产，其中二分之一为王某的个人财产，其余二分之一为董某1的个人遗产。同一顺序继承人继承遗产的份额，一般应当均等，故对于董某1名下上述两套房产的二分之一份额由王某、柳某、张某1共同继承，各占六分之一份额。

关于北京市朝阳区八里庄文化创意产业园配套楼（10#楼）703室的商务办公使用权，因董某1对上述房产不具有所有权，是基于董某1与北京华腾八里庄文化创意发展有限公司签订的《房屋使用合同》所享有的合同权利义务，合同能否继续履行涉及案外人利益，且不属于遗产，由双方另行予以解决，故张某1要求继承上述使用权，缺乏法律依据，不予支持。判决：一、登记在董某1名下的位于北京市西城区××路56号院13-3号房屋由王某、柳某、张某1继承，其中王某占三分之二份额，柳某占六分之一份额，张某1占六分之一份额；二、登记在董某1名下的北京市海淀区××路27号院6号楼2单元201房屋由王某、柳某、张某1继承，其中王某占三分之二份额，柳某占六分之一份额，张某1占六分之一份额；三、驳回张某1其他诉讼请求。

本院二审期间，王某围绕其上诉请求向本院提交鉴定申请书两份：鉴定申请1为申请对张某1与案外人董某金是否存在亲缘关系进行鉴定。鉴定申请2为申请对张某1与案外人尹某1是否存在亲子关系进行鉴定。针对上述申请，本院均不予准许。理由如下：1.张某1与董某金之间的关系经鉴定已有明确意见，且在一审审理中王某对鉴定意见的真实性予以认可。现王某并未有证据或理由足以反驳鉴定意见，故对王某的鉴定申请1不予准许。2.由于尹某1并非本案当事人，王某就鉴定事宜亦未征得尹某1本人同意，故对王某的鉴定申请2亦不予准许。

张某1及其法定代理人提交：1. 2021年1月14日张某1之母张某2与董某1之弟董国春、弟媳丁某花的通话录音光盘及文字整理稿一份，欲证明张某1与董某1之间的关系，董某1的亲属包括王某都知晓。针对该证据，王某的质证意见为，该份证据系在通话人不知情的情况下进行录制，不认可真实性及证明目的。柳某及其法定代理人认可上述录音的真实性及证明目的。2. 北京中一诺达科技有限公司司法鉴定中心于2021年4月2日出具的《法医物证鉴定意见书》原件一份、北京市潞洲公证处于2021年4月7日出具的《公证书》原件一份。《法医物证鉴定意见书》内容显示，经张某2委托，对张某2、张某1、尹某1进行亲子鉴定。鉴定意见为：参考现有资料和依据DNA分析结果，在排除外源干扰的前提下，支持张某2为张某1的生物学母亲；排除尹某1为张某1的生物学父亲。《公证书》内容显示，公证处对张某2、张某1、尹某1在鉴定机构采血过程进行证据保全公证。欲证明第一，张某1与案外人尹某1不存在亲子关系。第二，不能排除也不能否认张某1与董某金之间的叔侄关系、张某1与董某1之间的亲子关系。王某的质证意见为，认可两份书证的真实性及第一项证明目的，不认可第二项证明目的，认为不能推出张某1与董某1之间具有亲子关系的事实。柳某及其法定代理人认可两份书证的真实性，认为应以事实及法律为准。

对张某1及其法定代理人提交的证据，本院认定如下：1. 张某1及其法定代理人仅提供了通话录音光盘及文字整理稿，但并未提交证据证明通话人的身份信息等，加之王某对该证据的真实性不予认可，本院对该份证据的真实性及证明目的均不予确认。2. 各方当事人对《法医物证鉴定意见书》及《公证书》的真实性均无异议，本院对真实性亦予以认定，对于张某1及其法定代理人第一项证明目的予以认定，对其第二项证明目的不予认定。

除上述事实外，本院对一审查明的事实予以确认。

本院认为，本案的争议焦点有二，一是张某1是否系董某1合法继承人；二是一审法院确定各继承人的继承份额是否正确。

焦点一，张某1提供了北京中正司法鉴定所出具的《司法鉴定意见书》证明董某金与张某1之间存在叔侄关系，该鉴定意见书虽不能直接证明张某1与董某1之间的亲子关系，但可以证明董某金的同父同母的兄弟之一为张某1之父。另提交了其母在张某1出生时医院的住院病历、住院费用清单及为新生儿注射疫苗的知情同意书、张某1提交的红包，上述文件中均有"董某1"签名，经鉴定上述签名均为董某1本人签名。在本院审理中，张某1亦提交了其与案外人尹某1之间不存在亲子关系的《法医物证鉴定意见书》及《公证书》，综合本案证据，张某1系董某1之子的事实达到高度盖然性标准，一审法院认定张某1系董某1的合法继承人并无不当。王某上诉称一审法院认定事实不清，证据不足，张某1与董某1之间存在亲子关系的事实并未达到高度盖然性标准，但就其上诉主张并未提供相应证据予以证明，故本院对其此项上诉请求不予支持。

焦点二，继承从被继承人死亡时开始。配偶、子女、父母为第一顺序继承人。董某1死亡后，未留有遗嘱，其第一顺序法定继承人为柳某、王某和张某1。董某1名下的两套房产，系其与王某夫妻共同所有的财产。首先应析出一半为王某个人所有，另一半为董某1之遗产。针对上述两套房产，一审法院确定王某占有三分之二份额，柳某、张某1各占六分之一份额是正确的。王某认为其应占有上述房产75%份额，柳某占25%份额的上诉请求，事实及法律依据不足，本院亦不予支持。一审法院确定的遗产范围及各继承人应享有的遗产份额正确，本院予以维持。

综上所述，王某的上诉请求不能成立，应予驳回。一审判决认定事实清楚，适用法律正确，应予维持。依照《民事诉讼法》第177条第1款第1项之规定，判决如下：

驳回上诉，维持原判。

二审案件受理费27763元，由王某负担（已交纳）。

本判决为终审判决。

（三）裁判依据

《中华人民共和国民法典》

第十六条　涉及遗产继承、接受赠与等胎儿利益保护的，胎儿视为具有民事权利能力。但是，胎儿娩出时为死体的，其民事权利能力自始不存在。

第一百二十四条　自然人依法享有继承权。

自然人合法的私有财产，可以依法继承。

第九百九十二条　人格权不得放弃、转让或者继承。

第一千零六十一条　夫妻有相互继承遗产的权利。

第一千一百二十条　国家保护自然人的继承权。

第一千一百二十一条　继承从被继承人死亡时开始。

相互有继承关系的数人在同一事件中死亡，难以确定死亡时间的，推定没有其他继承人的人先死亡。都有其他继承人，辈份不同的，推定长辈先死亡；辈份相同的，推定同时死亡，相互不发生继承。

第一千一百二十二条　遗产是自然人死亡时遗留的个人合法财产。

依照法律规定或者根据其性质不得继承的遗产，不得继承。

第一千一百二十三条　继承开始后，按照法定继承办理；有遗嘱的，按照遗嘱继承或者遗赠办理；有遗赠扶养协议的，按照协议办理。

第一千一百二十四条　继承开始后，继承人放弃继承的，应当在遗产处理前，以书面形式作出放弃继承的表示；没有表示的，视为接受继承。

受遗赠人应当在知道受遗赠后六十日内，作出接受或者放弃受遗赠的表示；到期没有表示的，视为放弃受遗赠。

第一千一百二十五条　继承人有下列行为之一的，丧失继承权：

（一）故意杀害被继承人；

（二）为争夺遗产而杀害其他继承人；

（三）遗弃被继承人，或者虐待被继承人情节严重；

（四）伪造、篡改、隐匿或者销毁遗嘱，情节严重；

（五）以欺诈、胁迫手段迫使或者妨碍被继承人设立、变更或者撤回遗嘱，情节严重。

继承人有前款第三项至第五项行为，确有悔改表现，被继承人表示宽恕或者事后在遗嘱中将其列为继承人的，该继承人不丧失继承权。

受遗赠人有本条第一款规定行为的，丧失受遗赠权。

第一千一百二十六条 继承权男女平等。

第一千一百二十七条 遗产按照下列顺序继承：

（一）第一顺序：配偶、子女、父母；

（二）第二顺序：兄弟姐妹、祖父母、外祖父母。

继承开始后，由第一顺序继承人继承，第二顺序继承人不继承；没有第一顺序继承人继承的，由第二顺序继承人继承。

本编所称子女，包括婚生子女、非婚生子女、养子女和有扶养关系的继子女。

本编所称父母，包括生父母、养父母和有扶养关系的继父母。

本编所称兄弟姐妹，包括同父母的兄弟姐妹、同父异母或者同母异父的兄弟姐妹、养兄弟姐妹、有扶养关系的继兄弟姐妹。

第一千一百二十八条 被继承人的子女先于被继承人死亡的，由被继承人的子女的直系晚辈血亲代位继承。

被继承人的兄弟姐妹先于被继承人死亡的，由被继承人的兄弟姐妹的子女代位继承。

代位继承人一般只能继承被代位继承人有权继承的遗产份额。

第一千一百二十九条 丧偶儿媳对公婆，丧偶女婿对岳父母，尽了主要赡养义务的，作为第一顺序继承人。

第一千一百三十条 同一顺序继承人继承遗产的份额，一般应当均等。

对生活有特殊困难又缺乏劳动能力的继承人，分配遗产时，应当予以照顾。

对被继承人尽了主要扶养义务或者与被继承人共同生活的继承人，分配遗产时，可以多分。

有扶养能力和有扶养条件的继承人，不尽扶养义务的，分配遗产时，应当不分或者少分。

继承人协商同意的，也可以不均等。

第一千一百三十一条 对继承人以外的依靠被继承人扶养的人，或者继承人以外的对被继承人扶养较多的人，可以分给适当的遗产。

第一千一百三十二条 继承人应当本着互谅互让、和睦团结的精神，协商处理继承问题。遗产分割的时间、办法和份额，由继承人协商确定；协商不成的，可以由人民调解委员会调解或者向人民法院提起诉讼。

第一千一百五十四条 有下列情形之一的，遗产中的有关部分按照法定继承办理：

（一）遗嘱继承人放弃继承或者受遗赠人放弃受遗赠；

（二）遗嘱继承人丧失继承权或者受遗赠人丧失受遗赠权；

（三）遗嘱继承人、受遗赠人先于遗嘱人死亡或者终止；

（四）遗嘱无效部分所涉及的遗产；

（五）遗嘱未处分的遗产。

第一千一百五十五条 遗产分割时，应当保留胎儿的继承份额。胎儿娩出时是死体的，保留的份额按照法定继承办理。

第一千一百五十六条 遗产分割应当有利于生产和生活需要，不损害遗产的效用。

不宜分割的遗产，可以采取折价、适当补偿或者共有等方法处理。

第一千一百五十七条 夫妻一方死亡后另一方再婚的，有权处分所继承的财产，任何组织或者个人不得干涉。

第一千一百五十八条 自然人可以与继承人以外的组织或者个人签订遗赠扶养协议。按照协议，该组织或者个人承担该自然人生养死葬的义务，享有受遗赠的权利。

第一千一百五十九条 分割遗产，应当清偿被继承人依法应当缴纳的税款和债务；但是，应当为缺乏劳动能力又没有生活来源的继承人保留必要的遗产。

第一千一百六十条 无人继承又无人受遗赠的遗产，归国家所有，用于公益事业；死者生前是集体所有制组织成员的，归所在集体所有制组织所有。

第一千一百六十一条 继承人以所得遗产实际价值为限清偿被继承人依法应当缴纳的税款和债务。超过遗产实际价值部分，继承人自愿偿还的不在此限。

继承人放弃继承的，对被继承人依法应当缴纳的税款和债务可以不负清偿责任。

第一千一百六十二条 执行遗赠不得妨碍清偿遗赠人依法应当缴纳的税款和债务。

第一千一百六十三条 既有法定继承又有遗嘱继承、遗赠的，由法定继承人清偿被继承人依法应当缴纳的税款和债务；超过法定继承遗产实际价值部分，由遗嘱继承人和受遗赠人按比例以所得遗产清偿。

《中华人民共和国涉外民事关系法律适用法》

第三十一条 法定继承，适用被继承人死亡时经常居所地法律，但不动产法定继承，适用不动产所在地法律。

《最高人民法院关于适用〈中华人民共和国民法典〉时间效力的若干规定》

第十三条 民法典施行前，继承人有民法典第一千一百二十五条第一款第四项和第五项规定行为之一，对该继承人是否丧失继承权发生争议的，适用民法典第一千一百二十五条第一款和第二款的规定。

民法典施行前，受遗赠人有民法典第一千一百二十五条第一款规定行为之一，对受遗赠人是否丧失受遗赠权发生争议的，适用民法典第一千一百二十五条第一款和第三款的规定。

第十四条 被继承人在民法典施行前死亡，遗产无人继承又无人受遗赠，其兄弟姐妹的子女请求代位继承的，适用民法典第一千一百二十八条第二款和第三款的规定，但是遗产已经在民法典施行前处理完毕的除外。

《最高人民法院关于适用〈中华人民共和国民法典〉继承编的解释（一）》

第十条 被收养人对养父母尽了赡养义务，同时又对生父母扶养较多的，除可以依照民法典第一千一百二十七条的规定继承养父母的遗产外，还可以依照民法典第一千一百三十一条的规定分得生父母适当的遗产。

第十一条 继子女继承了继父母遗产的，不影响其继承生父母的遗产。

继父母继承了继子女遗产的，不影响其继承生子女的遗产。

第十二条 养子女与生子女之间、养子女与养子女之间，系养兄弟姐妹，可以互为第二顺序继承人。

被收养人与其亲兄弟姐妹之间的权利义务关系，因收养关系的成立而消除，不能互为第二顺序继承人。

第十三条 继兄弟姐妹之间的继承权，因继兄弟姐妹之间的扶养关系而发生。没有扶养关系的，不能互为第二顺序继承人。

继兄弟姐妹之间相互继承了遗产的，不影响其继承亲兄弟姐妹的遗产。

第十四条 被继承人的孙子女、外孙子女、曾孙子女、外曾孙子女都可以代位继承，代位继承人不受辈数的限制。

第十五条 被继承人的养子女、已形成扶养关系的继子女的生子女可以代位继承；被继承人亲生子女的养子女可以代位继承；被继承人养子女的养子女可以代位继承；与被继承人已形成扶养关系的继子女的养子女也可以代位继承。

第十六条 代位继承人缺乏劳动能力又没有生活来源，或者对被继承人尽过主要赡养义务的，分配遗产时，可以多分。

第十七条 继承人丧失继承权的，其晚辈直系血亲不得代位继承。如该代位继承人缺乏劳动能力又没有生活来源，或者对被继承人尽赡养义务较多的，可以适当分给遗产。

第十八条 丧偶儿媳对公婆、丧偶女婿对岳父母，无论其是否再婚，依照民法典第一千一百二十九条规定作为第一顺序继承人时，不影响其子女代位继承。

第十九条 对被继承人生活提供了主要经济来源，或者在劳务等方面给予了主要扶助的，应当认定其尽了主要赡养义务或主要扶养义务。

第二十条 依照民法典第一千一百三十一条规定可以分给适当遗产的人，分给他们遗产时，按具体情况可以多于或者少于继承人。

第二十一条 依照民法典第一千一百三十一条规定可以分给适当遗产的人，在其依法取得被继承人遗产的权利受到侵犯时，本人有权以独立的诉讼主体资格向人民法院提起诉讼。

第二十二条 继承人有扶养能力和扶养条件，愿意尽扶养义务，但被继承人因有固定收入和劳动能力，明确表示不要求其扶养的，分配遗产时，一般不应因此而影响其继承份额。

第二十三条 有扶养能力和扶养条件的继承人虽然与被继承人共同生活，但对需要扶养的被继承人不尽扶养义务，分配遗产时，可以少分或者不分。

《最高人民法院关于适用〈中华人民共和国民法典〉总则编若干问题的解释》

第四条 涉及遗产继承、接受赠与等胎儿利益保护，父母在胎儿娩出前作为法定代理人主张相应权利的，人民法院依法予以支持。

二、遗嘱继承纠纷

（一）最高人民法院指导案例

067. 夫妻一方订立的遗嘱中是否需要为胎儿保留遗产份额[①]

李某、郭某阳诉郭某和、童某某继承纠纷案

（最高人民法院审判委员会讨论通过　2015年4月15日发布）

关键词：民事　继承　人工授精　婚生子女

裁判要点

1. 夫妻关系存续期间，双方一致同意利用他人的精子进行人工授精并使女方受孕后，男方反悔，而女方坚持生出该子女的，不论该子女是否在夫妻关系存续期间出生，都应视为夫妻双方的婚生子女。

2. 如果夫妻一方所订立的遗嘱中没有为胎儿保留遗产份额，因违反《继承法》第19条规定，该部分遗嘱内容无效。分割遗产时，应当依照《继承法》第28条规定，为胎儿保留继承份额。

相关法条

《民法典》第136条

[①] 最高人民法院指导案例50号。

二、遗嘱继承纠纷

《民法典》第1141条、第1155条

基本案情：原告李某诉称：位于江苏省南京市某住宅小区的306室房屋，是其与被继承人郭某顺的夫妻共同财产。郭某顺因病死亡后，其儿子郭某阳出生。郭某顺的遗产，应当由妻子李某、儿子郭某阳与郭某顺的父母即被告郭某和、童某某等法定继承人共同继承。请求法院在析产继承时，考虑郭某和、童某某有自己房产和退休工资，而李某无固定收入还要抚养幼子的情况，对李某和郭某阳给予照顾。

被告郭某和、童某某辩称：儿子郭某顺生前留下遗嘱，明确将306室赠予二被告，故对该房产不适用法定继承。李某所生的孩子与郭某顺不存在血缘关系，郭某顺在遗嘱中声明他不要这个人工授精生下的孩子，他在得知自己患癌症后，已向李某表示过不要这个孩子，是李某自己坚持要生下孩子。因此，应该由李某对孩子负责，不能将孩子列为郭某顺的继承人。

法院经审理查明：1998年3月3日，原告李某与郭某顺登记结婚。2002年，郭某顺以自己的名义购买了涉案建筑面积为45.08平方米的306室房屋，并办理了房屋产权登记。2004年1月30日，李某和郭某顺共同与南京军区南京总医院生殖遗传中心签订了人工授精协议书，对李某实施了人工授精，后李某怀孕。2004年4月，郭某顺因病住院，其在得知自己患了癌症后，向李某表示不要这个孩子，但李某不同意人工流产，坚持要生下孩子。5月20日，郭某顺在医院立下自书遗嘱，在遗嘱中声明他不要这个人工授精生下的孩子，并将306室房屋赠与其父母郭某和、童某某。郭某顺于5月23日病故。李某于当年10月22日产下一子，取名郭某阳。原告李某无业，每月领取最低生活保障金，另有不固定的打工收入，并持有夫妻关系存续期间的共同存款18705.4元。被告郭某和、童某某系郭某顺的父母，居住在同一个住宅小区的305室，均有退休工资。2001年3月，郭某顺为开店，曾向童某某借款8500元。

南京大陆房地产估价师事务所有限责任公司受法院委托，于2006年3月对涉案 306 室房屋进行了评估，经评估房产价值为 19.3 万元。

裁判结果：江苏省南京市秦淮区人民法院于 2006 年 4 月 20 日作出一审判决：涉案的 306 室房屋归原告李某所有；李某于本判决生效之日起 30 日内，给付原告郭某阳 33442.4 元，该款由郭某阳的法定代理人李某保管；李某于本判决生效之日起 30 日内，给付被告郭某和 33442.4 元、给付被告童某某 41942.4 元。一审宣判后，双方当事人均未提出上诉，判决已发生法律效力。

裁判理由：法院生效裁判认为：本案争议焦点主要有两方面：一是郭某阳是否为郭某顺和李某的婚生子女？二是在郭某顺留有遗嘱的情况下，对 306 室房屋应如何析产继承？

关于争议焦点一。《最高人民法院关于夫妻离婚后人工授精所生子女的法律地位如何确定的复函》中指出："在夫妻关系存续期间，双方一致同意进行人工授精，所生子女应视为夫妻双方的婚生子女，父母子女之间权利义务关系适用《婚姻法》的有关规定。"郭某顺因无生育能力，签字同意医院为其妻子即原告李某施行人工授精手术，该行为表明郭某顺具有通过人工授精方法获得其与李某共同子女的意思表示。只要在夫妻关系存续期间，夫妻双方同意通过人工授精生育子女，所生子女均应视为夫妻双方的婚生子女。《民法通则》第 57 条规定："民事法律行为从成立时起具有法律约束力。行为人非依法律规定或者取得对方同意，不得擅自变更或者解除。"因此，郭某顺在遗嘱中否认其与李某所怀胎儿的亲子关系，是无效民事行为，应当认定郭某阳是郭某顺和李某的婚生子女。

关于争议焦点二。《继承法》第 5 条规定："继承开始后，按照法定继承办理；有遗嘱的，按照遗嘱继承或者遗赠办理；有遗赠扶养协议的，按照协议办理。"被继承人郭某顺死亡后，继承开始。鉴于郭某顺留有遗嘱，本案应当按照遗嘱继承办理。《继承法》第 26 条规定："夫妻在婚姻关系存续期间所得的共同所有的财产，除有约定的以外，如果分割遗产，应当先将共同所有的财产的一半分出为配偶所有，其余的为被继承人的遗产。"《最高人民法院关于贯彻执行〈中华人民共和国继承法〉若干问题的意见》第 38 条规定："遗嘱人以遗嘱处分了属于国家、集体或他人所有的财产，遗嘱的这部分，应认定无效。"登记在被继承人郭某顺名下的 306 室房屋，已查明是郭某顺与原告李某夫妻关系存续期间取得的夫妻共同财产。郭某顺死亡后，该房屋的一半应归李某所有，另一半才能作为郭某顺的遗产。郭某顺在遗嘱中，将 306 室全部房产处分归其父母，侵害了李某的房产权，遗嘱的这部分应属无效。此外，《继承法》第 19 条规定："遗嘱应当对缺乏劳动能力又没有生活来源的继承人保留必要的遗产份额。"郭某顺在立遗嘱时，明知其妻子腹中的胎儿而没有在遗嘱中为胎儿保留必要的遗产份额，该部分遗嘱内容无效。《继承法》第 28 条规定："遗产分割时，应当保留胎儿的继承份额。"因此，在分割遗产时，应当为该胎儿保留继承份额。综上，在扣除应当归李某所有的财产和应当为胎儿保留的继承份额之后，郭某顺遗产的剩余部分才可以按遗嘱确定的分配原则处理。

（二）最高人民法院典型案例

068. 打印遗嘱应当有两个以上见证人在场见证，且遗嘱人和见证人应当在遗嘱每一页签名并注明年、月、日[①]

基本案情：刘某海、刘某起系刘某与张某的子女。张某和刘某分别于 2010 年与 2018 年死亡。刘某起持有《遗嘱》一份，为打印件，加盖有立遗嘱人张某人名章和手印，另见证人处有律师祁某、陈某的署名文字。刘某起称该《遗嘱》系见证人根据张某意思在外打印。刘某起还提供视频录像对上

[①] 《人民法院贯彻实施民法典典型案例（第二批）》（最高人民法院 2023 年 1 月 12 日发布），刘某起与刘某海、刘某霞、刘某华遗嘱继承纠纷案，载最高人民法院网站，https：//www.court.gov.cn/zixun-xiangqing-386521.html，最后访问日期：2023 年 6 月 29 日。

述遗嘱订立过程予以佐证，但录像内容显示张某仅在一名见证人宣读遗嘱内容后，在该见证人协助下加盖人名章、捺手印。依刘某起申请，一审法院分别向两位见证人邮寄相关出庭材料，一份被退回，一份虽被签收但见证人未出庭作证。刘某海亦持有打印《遗嘱》一份，主张为刘某的见证遗嘱，落款处签署有"刘某"姓名及日期"2013年12月11日"并捺印，另有见证律师李某、高某署名及日期。刘某订立遗嘱的过程有视频录像作为佐证。视频录像主要显示刘某在两名律师见证下签署了遗嘱。此外，作为见证人之一的律师高某出庭接受了质询，证明其与律师李某共同见证刘某订立遗嘱的过程。

裁判结果：生效裁判认为，刘某起提交的《遗嘱》为打印形成，应认定为打印遗嘱而非代书遗嘱。在其他继承人对该遗嘱真实性有异议的情况下，刘某起提交的遗嘱上虽有两名见证人署名，但相应录像视频并未反映见证过程全貌，且录像视频仅显示一名见证人，经法院多次释明及向《遗嘱》记载的两位见证人邮寄出庭通知书，见证人均未出庭证实《遗嘱》真实性，据此对该份《遗嘱》的效力不予认定。刘某海提交的《遗嘱》符合打印遗嘱的形式要件，亦有证据证明见证人全程在场见证，应认定为有效。

典型意义

民法典顺应时代的变化，回应人民群众的新需要，将打印遗嘱新增规定为法定遗嘱形式。本案依据打印遗嘱规则，准确认定打印遗嘱的成立和生效要件，明确打印人的不同不影响打印遗嘱的认定。打印遗嘱应当有两个以上见证人在场见证，否则不符合法律规定的形式要件，应认定打印遗嘱无效。本案有利于推动打印遗嘱规则在司法实践中的正确适用，有利于践行民法典的新增亮点规定，对于依法维护老年人的遗嘱权益，保障继承权的行使具有重要意义。

二、遗嘱继承纠纷

069. 行为人自愿赡养老人，老人立有遗嘱的，行为人可以获得遗嘱中的财产[①]

核心价值：中华孝道

基本案情：高某启与李某分别系高某翔的祖父母，高某翔没有工作，专职照顾高某启与李某生活直至二人去世，高某启与李某后事由高某翔出资办理。高某启与李某去世前立下代书遗嘱，主要内容为因高某翔照顾老人，二人去世后将居住的回迁房屋送给高某翔。高甲、高乙、高丙为高某启与李某的子女，案涉回迁房屋系高某启、李某与高甲交换房产所得。高甲、高乙、高丙认为案涉代书遗嘱的代书人是高某翔的妻子，且没有见证人在场，遗嘱无效。高某翔以上述三人为被告提起诉讼，请求确认高某启、李某所立案涉遗嘱合法有效，以及确认其因继承取得案涉回迁房屋的所有权。

裁判结果：鞍山市中级人民法院认为，高某翔提供的代书遗嘱因代书人是高某翔的妻子，在代书遗嘱时双方是恋爱关系，这种特殊亲密的关系与高某翔取得遗产存在身份和利益上的利害关系，属于《民法典》第1140条规定的禁止代书人，因此其代书行为不符合代书遗嘱的法定形式要求，应属无效。本案应当按照法定继承进行处理。高某翔虽然不是法定第一顺序继承人，但其自愿赡养高某启、李某并承担了丧葬费用，根据《民法典》第1131条的规定，继承人以外的对被继承人扶养较多的人，可以分配给他们适当的遗产，高某翔可以视为第一顺序继承人。

《民法典》第1131条所规定的"适当分配遗产"，是指与非继承人所行扶养行为相适应，和其他有赡养义务的继承人所尽赡养义务相比较的适当比例。高某翔虽没有赡养祖父母的法定义务，但其能专职侍奉生病的祖父母多

[①] 《人民法院大力弘扬社会主义核心价值观十大典型民事案例》（最高人民法院2020年5月13日发布），自愿赡养老人继承遗产案，载最高人民法院网站，https://www.court.gov.cn/zixun-xiangqing-229041.html，最后访问日期：2023年6月29日。

年直至老人病故，使老人得以安享晚年，高某翔几乎尽到了对高某启、李某两位被继承人生养死葬的全部扶养行为，这正是良好社会道德风尚的具体体现，并足以让社会、家庭给予褒奖。而本案其他继承人有能力扶养老人，但仅是在老人患病期间轮流护理，与高某翔之后数年对患病老人的照顾相比，高甲、高乙、高丙的行为不能认为尽到了扶养义务。据此，高某翔有权获得与其巨大付出相适应的继承案涉回迁房屋的权利。

典型意义

遗产继承处理的不仅是当事人之间的财产关系，还关系到家庭伦理和社会道德风尚，继承人应当本着互谅互让、和睦团结的精神消除误会，积极修复亲情关系，共促良好家风。本案中，高某翔虽没有赡养祖父母的法定义务，但其能专职侍奉生病的祖父母多年直至老人病故，是良好社会道德风尚的具体体现，应当予以鼓励。本案裁判结合《民法典》的规定对高某翔的赡养行为给予高度肯定，确定了其作为非法定继承人享有第一顺位的继承权利，并结合其赡养行为对高某翔适当继承遗产的范围进行合理认定，实现了情理法的有机融合，弘扬了团结友爱、孝老爱亲的中华民族传统美德。

（三）地方法院典型案例

070. 被继承人仅能在遗嘱中处分自己的财产份额，无权对他人的财产份额进行处分，被继承人以遗嘱方式对他人享有的房产份额进行处分的行为无效[①]

关键词：设立遗嘱　夫妻共同财产

基本案情：原告徐某某（1936年出生）与被继承人王某于1991年登记结婚，双方系再婚，婚后未生育子女。婚前，王某与案外人成某某共育有本案被告王某某等四子女。2019年，王某因病去世，名下有住房一套和银行存款。被继承人王某的父母均已先于王某死亡。被继承人王某去世前立有遗嘱"我的老干房等我与徐某某百年之后，由我的四个子女继承享受，与别人与此无干，留话在此，免得以后发生是非。如真有是非，此事得由我作主，依我的意见为准。王某亲笔，2019年5月11日，于病房"。后因原、被告就遗产分割不能协商达成一致而诉至法院，原告请求判令其与四被告共同继承王某遗产。

裁判结果：遵义市汇川区法院经审理认为，一是被继承人王某留下的自书遗嘱仅涉及标的房屋，对于存款则未作安排，故标的房屋应按遗嘱继承处理，案涉存款则应按法定继承处理。遗产是公民死亡时遗留的个人合法财产，被继承人王某在订立遗嘱时，仅能处分其个人所有的财产。二是案涉房屋虽登记在被继承人王某名下，但其中既包含徐某某与被继承人王某婚后形成的夫妻共同财产，也包括被继承人王某与徐某某婚前的个人财产，还包括被告

[①]《涉老年人权益保护民事典型案例》（贵州省高级人民法院2022年4月15日发布），徐某某诉王某某等人继承纠纷案，载贵州高院微信公众号，https://mp.weixin.qq.com/s/AOgYWHPvPEZLtUh9DfCY-9A，最后访问日期：2023年7月3日。

王某某等四人基于法定继承其母亲成某某的遗产而取得的财产份额。被继承人王某仅能在遗嘱中处分自己的财产份额，无权对他人的财产份额进行处分，被继承人王某以遗嘱方式对他人享有的房产份额进行处分的行为无效。

典型意义

"非其义，不受其利"。房屋系家庭成员基于婚姻、继承等身份关系形成的共有物，占据家庭财产组成中的重要部分。为避免后代因为遗产发生纠纷，很多老人在生前就立下遗嘱对自己的财产进行分配，但往往忽略了遗嘱只能处分自己的财产，不能处分他人的财产，夫妻共同财产中属于配偶部分的财产也不例外。法官提醒：夫妻关系存续期间所得财产是夫妻共有财产，老人立遗嘱处分的财产如果写明处分夫妻财产中属于自己的部分，该遗嘱为有效遗嘱，可以按照遗嘱处分财产，如果将夫妻财产全部处分，则该遗嘱只能是部分有效，即处分自己的部分有效，处分配偶的部分无效。

071. 遗嘱应当为缺乏劳动能力又没有生活来源的继承人保留必要的遗产份额[①]

基本案情：范某（男）与吉某（女）原系夫妻关系，于1989年育有一子范小某，二人于2000年9月离婚。范小某自2006年即患有肾病并于2016年开始透析治疗，2020年出现脑出血。范某于2002年9月购买房屋一套并于2011年5月与刘某再婚。2014年12月，范某以产权调换的方式将该房屋置换为一套新房屋。范某患有癌症多年，2019年6月，范某订立自书遗嘱一份，载明："我所有的房产及家里的一切财产，待我百年后，由妻子刘某一人继

---

① 《江苏法院发布家事纠纷典型案例（2021—2022年度）》（2023年3月7日发布），遗嘱自由有限制，必留份应予保留，载江苏法院网，http://www.jsfy.gov.cn/article/95069.html，最后访问时间：2023年6月30日。

承，产权归刘某一人所有。"2019年11月，范某去世。刘某诉至法院，要求按照遗嘱内容继承案涉房屋。诉讼中，范小某辩称，其身患重病，丧失劳动能力，亦无生活来源，范某虽留有遗嘱，但该遗嘱未按照法律规定为其留有必要份额，故该遗嘱部分无效，其有权继承案涉房屋的部分份额。

裁判结果：江苏省徐州市泉山区人民法院经审理认为，范某在自书遗嘱中指定刘某为唯一继承人虽是其真实意思表示，但因范小某作为范某的法定继承人身患肾病多年，缺乏劳动能力又无生活来源，故应为其保留必要份额。结合案涉房屋价值和双方实际生活情况，酌定由刘某给付范小某房屋折价款。遂判决：案涉房屋由刘某继承，刘某给付范小某房屋折价款8.5万元。

> **典型意义**
>
> 《民法典》第1141条规定："遗嘱应当为缺乏劳动能力又没有生活来源的继承人保留必要的遗产份额。"《民法典继承编解释（一）》第25条第1款规定："遗嘱人未保留缺乏劳动能力又没有生活来源的继承人的遗产份额，遗产处理时，应当为该继承人留下必要的遗产，所剩余的部分，才可参照遗嘱确定的分配原则处理。"必留份制度是对遗嘱自由的限制，旨在平衡遗嘱自由和法定继承人的期待利益，以求最大限度地保护缺乏劳动能力又没有生活来源的继承人的生存权利，防止遗嘱人将本应家庭承担的义务推给社会。本案裁判通过房屋折价补偿的方式既保障了缺乏劳动能力又没有生活来源的范小某的权益，又尊重了范某遗嘱中财产由刘某一人继承的遗愿，实现了保护弱势群体权益和尊重遗嘱自由的有效平衡。

072. 夫妻之间就共同财产订立共同遗嘱的，按照遗嘱的内容执行[①]

基本案情：陈某（男）与前妻生育陈甲、陈乙二女，后与谢某（女）结婚并生育陈丙、陈丁、陈戊三个子女。陈戊于2011年因交通事故去世，小丽系陈戊的女儿。2014年3月，陈某与谢某在某社会调解服务中心订立遗嘱，该遗嘱由陈某书写，二人均签字捺印，服务中心两名工作人员签字见证，并加盖服务中心公章。遗嘱载明："夫妻名下的两套房屋分别由陈丙、陈丁继承，另将陈戊去世时分得的赔偿款50万元送给孙女小丽。如果一人先离世，所有财产归另一健在的老人所有，健在的老人必须尊重双方共同订立的遗嘱，不得更改。"2019年11月陈某去世，谢某诉至法院，要求判决遗嘱所涉两套房屋由其一人继承。诉讼中，小丽、陈甲、陈乙对遗嘱的效力和可执行性提出异议。

裁判结果：江苏省张家港市人民法院经审理认为，陈某与谢某共同书写的遗嘱符合法定条件，二人在遗嘱中共同对合法财产的处置系真实意思表示。现陈某已去世，遗嘱中"如果一人先离世，所有财产归另一健在的老人所有"的约定已生效，案涉房屋中属于陈某的份额应由谢某继承。遂判决：遗嘱所涉两套房屋由谢某继承，归谢某所有。小丽、陈甲、陈乙不服一审判决，提出上诉。江苏省苏州市中级人民法院判决驳回上诉，维持原判。鉴于案涉房屋一直在谢某实际控制下，众子女在陈某去世后暂未因继承问题产生矛盾，小丽等人对谢某的诉讼意图存在疑惑。二审承办法官对谢某进行了专程走访，了解到老人提起诉讼是为了确定遗嘱效力并保障其执行，避免去世后因遗产分配引起纠纷。二审判决后，承办法官给小丽书写了一份家书，希望小丽作

[①] 《江苏法院发布家事纠纷典型案例（2021—2022年度）》（2023年3月7日发布），执行共同遗嘱，尊重逝者遗愿，载江苏法院网，http：//www.jsfy.gov.cn/article/95069.html，最后访问时间：2023年6月30日。

二、遗嘱继承纠纷

为谢某唯一的孙女,能够体谅老人的良苦用心,尊重老人处置财产的真实意愿,对老人多加关爱,维系亲情。

> **典型意义**
>
> 随着经济的飞速发展、财富的迅速增长和民众法律意识的增强,人们倾向于通过订立遗嘱的方式处分其身后的财产。除自然人独立订立的遗嘱外,实践中还大量存在夫妻共同订立遗嘱的现象。然而现行法律没有关于共同遗嘱制度的专门规定,但与该制度相关的纠纷却频频发生,理论界对共同遗嘱的态度莫衷一是,司法界亦存在同案不同判的现象。事实上,我国大多数家庭是夫妻共同财产制,夫妻共同订立遗嘱符合我国国情和传统习惯,且对维持财产稳定性和有效传承具有重要意义。本案裁判并未机械否定共同遗嘱的效力,而是准确把握老人订立共同遗嘱的行为初衷,充分尊重和保障了老人处分自身财产的意思自治。同时,通过书写家书的方式柔性解纷,法理情相融合,弘扬孝老爱亲、重视亲情的文明家风,展现了法官在处理家事纠纷案件中"关爱弱势群体""以和为贵"的办案理念和办案智慧。

073. 录像遗嘱必须符合法定形式,否则应认定为无效遗嘱[①]

上诉人(原审被告):杨某1,男,1963年5月30日出生,汉族,住北京市顺义区。

被上诉人(原审原告):杨某2,女,汉族,住北京市顺义区。

被上诉人(原审原告):杨某3,女,汉族,住北京市朝阳区。

被上诉人(原审原告):杨某4,男,汉族,住北京市通州区。

---

① 北京市第三中级人民法院(2021)京03民终9831号民事判决书,载中国裁判文书网,最后访问日期:2023年7月3日。

被上诉人（原审原告）兼杨某2、杨某3、杨某4之共同委托诉讼代理人：杨某5，男，汉族，住北京市昌平区。

原审被告：杨某6，女，汉族，住北京市顺义区。

上诉人杨某1因与被上诉人杨某2、杨某5、杨某3、杨某4、原审被告杨某6继承纠纷一案，不服北京市顺义区人民法院（2021）京0113民初208号民事判决，向本院提起上诉。本院于2021年5月20日立案后，根据《全国人民代表大会常务委员会关于授权最高人民法院在部分地区开展民事诉讼程序繁简分流改革试点工作的决定》，依法适用第二审程序，由审判员独任审理。上诉人杨某1及其委托诉讼代理人郝文文、江梦丽，被上诉人杨某4、杨某2、杨某5同时作为杨某4、杨某2以及杨某3的委托诉讼代理人、原审被告杨某6到庭参加诉讼。本案现已审理终结。

杨某1上诉请求：1.撤销一审判决，发回重审或依法改判支持杨某1的一审诉讼请求；2.一、二审诉讼费由杨某2、杨某3、杨某4、杨某5承担。主要事实及理由：本案争议焦点是案涉遗产应如何分配。本案的遗产来源于房屋拆迁补偿款，一审法院在该房屋继承的认定存在严重错误。案涉房屋系杨某1父亲杨某7购买的优惠住宅，并于1993年取得《房产所有证》，该房屋属于杨某7及赵某的夫妻共同财产，在杨某7于2007年死亡时即应当开始继承。此时，赵某享有该房屋的一半份额，另一半房屋的份额由赵某、杨某2、杨某3、杨某4、杨某5、杨某6、杨某1继承，每人所享有的份额应为该房屋的十四分之一，其中赵某对该房屋享有七分之二的份额，其他人均享有十四分之一的份额。从杨某1提交的视听资料及各个邻居的声明以及一审法院询问邻居的情况来看，赵某明确同意将房屋赠与给杨某1，即使赵某不能对杨某7的部分进行处分，但赵某有权将其对房屋的份额全部转让给杨某1。因此，杨某1对房屋享有十四分之九的份额，一审法院对房屋份额的分配认定错误。一审法院对杨某1提交的视听资料及声明的证据认定存在错误。虽该视听资料不符合口头遗嘱或录像遗嘱的法定形式要求，但可以作为一般证据，属于对录像视频的补充说明，属于证人证言，虽然该声明中的证人未出庭作证，但在庭审过程中，法院已经拨打证人的电话询问，核实了相关情况，因此，不能仅以未出庭作证而否定该声明的证明力，通过法官的询问，已足够达到对该声明内容真实性进行核实的目的，故视听资料及声明两者相辅相成，能够证明赵某对房屋进行处分是其真实意思表示。综上，杨某1享有十四分之九份额，即334万元。且不论是购房或是征收房屋时交纳国有土地出让金都是杨某1支付的，也在赵某生前与其共同生活，对其尽了主要抚养义务，应当对杨某1予以多分。

杨某4、杨某2、杨某5、杨某3共同辩称，同意一审法院判决，不同意杨某1的上诉请求。杨某1长期啃老，杨某7与赵某都被杨某1虐待。

杨某6辩称：不同意一审法院判决，同意杨某1的上诉请求。

杨某4、杨某2、杨某5、杨某3向一审法院起诉请求：1.判令依法分割被继承人遗留下拆迁补偿款520万元，要求杨某1支付杨某4、杨某2、杨某5、杨某3每人分得拆迁补偿款86.66万元，杨某1给付杨某4、杨某2、杨某5、杨某3利息，以补偿款86.66万元为基数，按同期全国银行间同业拆借中心公布的贷款市场报价利率计算，自2021年3月2日起支付至实际履行之日止；2.一审诉讼费由杨某1承担。

一审法院认定事实：杨某7与赵某系夫妻关系，二人育有六个子女：长女杨某2，次女杨某3，三女杨某6，长子杨某4，次子杨某5、三子杨某1。杨某7生于1921年，于2007年8月9日去世，赵某生于1928年，于2020年2月3日去世。双方均认可杨某7与赵某的父母均早于二人去世。

位于顺义区牛山镇北京维尼纶厂×号房屋（以下简称诉争房屋）登记于杨某7名下。房屋产权性质为优惠价出售住宅，各方均认可诉争房屋系杨某7的福利分房。

诉争房屋属于原涤纶厂及维尼纶厂生活区棚户区改造土地开发项目范围，因杨某7已故，2018年7月，征收人顺义区人民政府房屋征收办公室（以下简称甲方）与被征收人赵某、杨某4、杨某5、杨某1、杨某2、杨某3、杨某6（上述七人简称乙方）签订了《原涤纶厂及维尼纶厂生活区棚户区改造土地开发项目国有土地上住宅房屋征收补偿协议》（以下简称补偿协议）及补充协议。约定，甲方向乙方支付补偿、补助共计4696616元（包括被征收房屋价值补偿3020631元，货币补偿专项补助1155730元，其他补偿126420元，其他补助393835元）；奖励共计580268元（包括预签协议奖100000元，支持交房奖180000元，促签协议奖150000元，货币补偿专项奖励250268元）。杨某1作为乙方的委托代理人代为办理补偿协议相关事宜并领取了上述款项。杨某4、杨某2、杨某5、杨某3主张按照520万元总款项主张继承权利。

诉讼中，杨某1不同意返还杨某4、杨某2、杨某5、杨某3方应当继承的补偿款，理由如下：第一，杨某4、杨某2、杨某5、杨某3均未赡养父母；第二，因领取补偿款，六名子女及赵某召开家庭会议，同意补偿款全部给杨某1；第三，因杨某1与母亲赵某居住在被拆迁的诉争房屋内，杨某1无其他住所，根据拆迁的相关规定，应当优先保障有住房需求的人；第四，杨某4、杨某2、杨某5、杨某3威胁、谩骂、殴打杨某1，丧失继承权。杨某1提交如下证据予以佐证：1.安葬证书，说明父母的安葬费用都是杨某1支付的；2.医疗票据、处方，证明2018年9月杨某1为母亲看病支出费用；3.2018年视听资料，证明赵某立遗嘱明确将涉案房屋及财产留给杨某1继承；4.声明，是录像中的在场邻居签字的声明，证明赵某表达拆迁款和房屋处分意见时意识清楚，声明内容为：杨某1父母对家中房产和财物的分配意愿。根据母亲自述的录音录像整理要点如下：在拆迁之前，家中所有成员其中包括母亲赵某，大姐杨某2、二姐杨某3、三姐杨某6、大哥杨某4、二哥杨某5以及杨某1本人一同召开过全体家庭会议，一致同意将家中母亲的现有住房交归杨某1所有。母亲本人对杨某1能够长期尽心尽力的赡养老人和在日常生活起居，饮食等多方面所给予的无微不至的照顾，深深地感到满意和充分认可。母亲本人的确表示要将身后家中的现有住房和所有财物交归杨某1个人所有。

（意为让杨某1继承现有住房，现金及财物）。母亲亲自口述，杨某1父亲在临终嘱托，要将家中现有住房完全留给杨某1，因为杨某1既无个人家庭，也无个人居所。不管其他子女是否同意，即使其余兄弟姐妹不同意也要把所有房屋留给杨某1本人，意为要由杨某1本人完全继承（房产）。以上均有实况录像为佐证，于某1、穆某、马某、于某2签字，落款日期2018年8月19日；5.微信聊天记录，是杨某5在2020年给杨某1发的微信记录，证明杨某5一直对杨某1进行人身威胁，而且2020年10月2日杨某5和他妻子用大木棒打杨某1。

杨某4、杨某2、杨某5、杨某3对证据1真实性认可，不认可证明目的，因为杨某1长时间没有工作，没有收入，所花费都是父母的退休金；证据2真实性认可，证明目的不认可，赵某有医保，报销后花不了多少钱，即便有花费的也是赵某本人的退休金支出；证据3、4不认可证明目的，法律明确规定，证人必须亲自到庭，证人证言的格式不符合法律要求，如录像是口头遗嘱，必须是被继承人情况危急下，如果录像遗嘱亦有严格的形式要求，要求继承人不能在现场，并且被继承人录像时要明确表示做录像遗嘱，被继承人介绍各见证人，见证人也要明确表示为被继承人做见证，在此情况下才能做录像遗嘱，录像人也需要介绍身份，且不能是其近亲属，因此即便上述见证人是真的，也不符合录像遗嘱的法律要件；证据5真实性认可，确实是杨某5与杨某1的聊天记录，之所以发这些聊天，是因为杨某1拿了补偿款后，杨某4、杨某2、杨某5、杨某3找了他好长时间，打了很多电话，发了很多短信，他都不回复。2020年10月杨某5终于碰到杨某1，询问杨某1拆迁款情况，杨某1说钱都花没了，而且还欠别人一百多万元，所以杨某5就打他了，双方互殴，也因此报警了。

关于杨某1提交的视听资料，为录制的视频，长达40余分，杨某1表示在场见证人是其所约，分别是于某1（楼上邻居）、马某（楼上邻居）、于某2（对门邻居）、穆某（朋友）。经一审法院观看，该录像内容主要为一位女子与一位老人的聊天对话,女子询问了老人将房子分给谁、存款给谁、其他子女是否赡养,老人聊天方式进行回应。老人称我的房子给老儿子,他伺候我这么好,我还不给他,全是我这老儿子,没有我这老儿子,我可活不了,不给他给谁,因为就他没工作。姐几个开小会都同意给德子,不给他给谁啊,他们几个都有住处,他爹临终也说完了把房子给老儿子,老儿子没着没落。他们姐几个哥几个开小会都是那么研究的,说把房子给他,就啥都不管了。我的工资也给老儿子,我的存款将来也给他,其他人都有吃有喝有工作,不给老儿子给谁。他们后来也没人问我,没人给钱,我死了他们才好。各方认可条纹衣服中年女子为于某1,老人系赵某。

一审庭审中,一审法院拨打于某1、于某2电话。于某1称:我是杨某1楼上邻居,我家住在三楼,他们家住二楼,杨某1找我们录视频是为了让我们见证一下他照顾他母亲。录视频的时候赵某、她小儿子和楼上楼下的邻居在场,赵某意识正常。赵某说都拆迁了,人都走了,其他子女都过得挺好,杨某1也没结婚,还说杨某1一直照顾她,所以房子给他。我们签了一个说明,签字不是录视频的那天签的,是之后签的。我知道杨某1一直照顾赵某,三女儿杨某6常来,赵某其他子女之前也轮流照顾过,但是后来这几年来得少一些,但是也不代表他们几个没有照顾过,具体什么情况我不清楚。于某2称:我认识杨某1,原来我住他家对门,和赵某好几十年街坊了。拆迁之前,大概2年前,杨某1找楼上的一个二姐,还有我们几个邻居,找我们说最后几年他一直照顾他母亲,让我证明这几年他照顾他母亲,也让老太太说说房子的事情,他跟我说了需要录像,当天大概待了一个小时。录像当天老太太当时的意思是说房子给杨某1。录像当天杨某1写了一个说明,让我们看了签字。赵某的其他子女这几年没怎么照顾,有时候偶尔来转一转就走了,但是杨某1和母亲常住。杨某1最早他在维尼纶厂工作,厂子破产后他有一段时间没在家,去外地了,中间也回来过两回,第一次照顾过一段时间,但是因家里什么事又走了,具体时间记不清了,很长时间之前了。拆迁前4、5

年就是杨某 1 一直常住照顾母亲，在这几年他没有工作，赵某跟我们说过，杨某 1 没有钱，退休钱就给他了，他们娘俩一起吃饭。

经一审法院询问，另查证如下：赵某退休前在维尼纶厂膳食科工作，退休后每月约 4000 元退休金；杨某 1 无固定工作，未提交收入相关证据；关于杨某 1 称曾召开家庭会议，全部家庭成员均同意补偿款全部给杨某 1，对此杨某 1 并未提交证据。

一审法院认为，遗产是公民死亡时遗留的个人合法财产。继承开始后，按照法定继承办理，有遗嘱的，按照遗嘱继承或者遗赠办理。同一顺序继承人继承遗产的份额，一般应当均等。公民可以立遗嘱处分个人财产，可以立遗嘱将个人财产指定由法定继承人的一人或者数人继承。当事人对自己提出的诉讼请求所依据的事实或者反驳对方诉讼请求所依据的事实有责任提供证据加以证明。没有证据或者证据不足以证明当事人的事实主张的由负有举证责任的当事人承担不利后果。

本案的争议焦点为，赵某是否订立遗嘱对遗产进行分配。遗嘱，是指自然人生前按照法律的规定处分自己的财产及安排与此有关的事务并于死亡后发生效力的单方的民事行为。遗嘱作为一种法律行为，主要具有以下特征：第一，遗嘱是一种单方法律行为。只要有遗嘱人自己的意思表示，遗嘱即可成立，不论遗嘱中涉及的相对人何时知道遗嘱的内容，遗嘱都是自被继承人死亡时生效的。正因如此，在遗嘱生效前的任一时刻，遗嘱人都可以自己的意思变更或者撤回遗嘱。第二，遗嘱是遗嘱人独立的民事法律行为。遗嘱是遗嘱人生前对自己财产所做的处分行为，只能由遗嘱人自己独立自主地做出，不能由他人的意思辅助或者代理。第三，遗嘱是死后生效的法律行为，即遗嘱必须是在遗嘱人死亡后才能发生法律效力，在遗嘱人死亡后才生效。第四，遗嘱是一种要式法律行为。遗嘱虽为遗嘱人单方的意思表示，但不能由当事人自行决定采取何种形式。自然人所订立的遗嘱必须符合法律规定的遗嘱形式，不符合法定形式的遗嘱是无效的遗嘱，不能发生遗嘱继承的效力。《民法典》第1137条规定，以录音录像形式立的遗嘱，应当有两个以上见证人在场见证。遗嘱人和见证人应当在录音录像中记录其姓名或者肖像，以及年、月、日。

通过杨某1提交的录像材料，一审法院分析如下：首先，遗嘱人和见证人需在录音录像中记录自己姓名和日期，本案赵某和见证人均没有在遗嘱中口述自己的姓名和日期，不符合录像遗嘱的法定形式要件；其次，遗嘱人应体现订立遗嘱的意思表示，本案整个视频过程能显示赵某表示房子给杨某1，但均是在于某1的询问下进行的聊天形式的对话，于某1询问赵某时经常低头看地下的本子，期间也拿出本子又放回地下，整个聊天的过程中杨某1一直坐在旁边参与谈话，赵某虽表达了财产分配意愿，但视频自始至终未见其明确表达此次谈话是为订立遗嘱而进行视频录制，整个视频内容未能显现赵某有订立遗嘱的意思表示。上述视频形式与遗嘱只能由遗嘱人自己独立自主地做出，不能由他人的意思辅助或者代理的法律要求相悖。综上，案涉录像材料不符合录像遗嘱的法定形式要件，应属无效。另外，需指出的是，杨某7去世前未立遗嘱，其遗产应当法定继承，赵某亦无权对杨某7的遗产进行处理。综合上述分析，诉争房屋系杨某7、赵某夫妻共同财产，房屋拆迁所转化的补偿款于二人去世后转化为遗产，杨某1等六人系二人子女，属于同一顺序继承人，应按照法定继承处理。根据法律规定，同一顺序继承人继承遗产的份额，一般应当均等。对生活有特殊困难又缺乏劳动能力的继承人，分配遗产时，应当予以照顾。对被继承人尽了主要扶养义务或者与被继承人共同生活的继承人，分配遗产时，可以多分。有扶养能力和有扶养条件的继承人，不尽扶养义务的，分配遗产时，应当不分或者少分。继承人协商同意的，也可以不均等。上述法律确定了遗产分配的原则，结合本案的庭审查明，杨某1在赵某生前对赵某尽了主要扶养义务且与赵某共同生活，一审法院在分配遗产时，考虑此因素，对杨某1应继承的遗产酌情予以多分，其他继承人，未举证证明具备应当被照顾的情况，所继承的遗产数额均等处理。

另，关于杨某1提出杨某4、杨某2、杨某5、杨某3均未赡养父母，因领取补偿款，各方及赵某召开家庭会议，同意补偿款全部给杨某1，对此杨某1并未提交证据证明，一审法院对其辩解意见不予采信；关于杨某1提出杨某4、杨某2、杨某5、杨某3威胁、谩骂、殴打杨某1，丧失继承权。根据法律规定，继承人为争夺遗产而杀害其他继承人以及遗弃被继承人的，或者虐待被继承人情节严重的，丧失继承权，杨某1虽然提出此抗辩理由，但是提交证据不足以证明被继承人存在法定的丧失继承权的情节，一审法院对其辩解意见不予采信。

据此，一审法院于2021年4月19日判决：一、杨某1于判决生效之日起七日内支付杨某2、杨某3、杨某4、杨某5及杨某6每人八十万元及利息（以八十万元为基数，自二〇二一年三月二日起至实际付清之日止，按照全国银行间同业拆借中心公布的贷款市场报价利率的标准计算）；二、驳回杨某2、杨某3、杨某4、杨某5的其他诉讼请求。如果未按判决指定的期间履行给付金钱义务，应当依照《民事诉讼法》第260条之规定，加倍支付迟延履行期间的债务利息。

本院二审期间，杨某1围绕上诉请求依法提交以下证据：证据1.北京市行政事业单位资金往来结算票据复印件、北京市非税收入一般缴款书复印件，证明杨某1办理拆迁时支付的相关费用；证据2.2003年9月赵某本人撰写的字据，证明杨某7生前同意将涉案房屋给杨某1。本院组织当事人进行了证据交换和质证。杨某2、杨某3、杨某4、杨某5对上述证据发表质证意见为：证据1真实性不认可，钱款并非杨某1支付；证据2真实性及证明目的均不认可。杨某6对上述证据的真实性及证明目的均认可。

本院对杨某1提交的证据认证如下：证据1.因杨某1并未提交证据原件，即使该证据真实有效，亦不能证明款项是杨某1支付，故对该证据真实性及证明目的均不予确认；证据2.赵某陈述并不能代表杨某7的真实意思，对该证据证明目的不予确认。

杨某2、杨某3、杨某4、杨某5、杨某6均未提交二审新证据，本院对一审查明的事实予以确认。

本院认为，各方争议焦点为涉案遗产应适用遗嘱继承抑或是法定继承。

《民法典》第1123条规定："继承开始后，按照法定继承办理；有遗嘱的，按照遗嘱继承或者遗赠办理；有遗赠扶养协议的，按照协议办理。"本案中，并无有效证据证明被继承人生前留有合法有效的遗嘱，故涉案遗产应按法定继承进行分割。理由如下：首先，本案中，杨某1提交的视频因欠缺遗嘱成立的法定要件，而无效。其次，杨某1二审中虽提交赵某于2003年9月所立字据，但该字据的内容为赵某转述杨某7的意思表示，该转述并非杨某7的个人陈述，不符合自书遗嘱的法定要件，亦非赵某对本人财产的处分意愿。最后，杨某1虽主张应将视频与证人证言应相互结合证明赵某对房屋进行处分是其真实意思表示。对此，本院持否定意见，对于待证事实是否存在，在无直接证据证明的情况下，如间接证据之间能够相互印证亦予以认定。但本案是否存在合法有效遗嘱系本案认定的重要事实，而遗嘱合法性的认定需以是否满足法定要件为判断标准，在前述已述及本案不存在合法有效遗嘱的情况下，依据法律规定，涉案遗产应以法定继承予以分割，而不存在推定被继承人意思表示的适用前提。综上，杨某1的上诉请求不能成立，一审法院在考虑杨某1对赵某尽了主要赡养义务的前提下，按法定继承并酌情对杨某1予以多分正确，本院予以维持。

综上所述，杨某1的上诉请求不能成立，应予驳回；一审判决认定事实清楚，适用法律正确，应予维持。依照《民事诉讼法》第177条第1款第1项规定，判决如下：

驳回上诉，维持原判。

二审案件受理费34531元，由杨某1负担（已缴纳）。

本判决为终审判决。

二、遗嘱继承纠纷

074. 遗嘱中明确丧葬费支出的，未获得遗产利益的继承人，可以不支付丧葬费等费用[①]

抗诉机关：上海市人民检察院。

申诉人（一审被告、二审被上诉人）：顾甲。

委托诉讼代理人：施某某。

被申诉人（一审原告、二审上诉人）：顾乙。

被申诉人（一审原告、二审上诉人）：顾丙。

被申诉人（一审原告、二审上诉人）：顾丁。

被申诉人（一审被告、二审上诉人）：顾戊。

上述四名被申诉人之共同委托诉讼代理人：何某智，上海某律师事务所律师。

二审被上诉人（一审被告）：顾己。

申诉人顾甲因与被申诉人顾乙、顾丙、顾丁、顾戊等遗嘱继承纠纷一案，不服上海市第一中级人民法院（2019）沪01民终395号民事判决，向上海市人民检察院第一分院申请监督。该院提请上海市人民检察院抗诉。上海市人民检察院于2020年4月3日作出沪检民（行）监［2020］31000000005号民事抗诉书，向本院提出抗诉。2020年4月28日，本院作出（2020）沪民抗2号民事裁定，提审本案。本院依法组成合议庭于2020年7月28日公开开庭审理了本案。上海市人民检察院指派检察员章某某出庭。申诉人顾甲及其委托诉讼代理人施某某，被申诉人顾乙、顾丙、顾丁、顾戊的委托诉讼代理人何某智到庭参加诉讼。二审被上诉人顾己经传票传唤无正当理由拒不到庭参加诉讼。本案现已审理终结。

[①] 上海市高级人民法院（2020）沪民再11号民事判决书，载中国裁判文书网，最后访问日期：2023年7月3日。

上海市人民检察院抗诉认为，继承人在享有继承权的同时，也应当在享有的权利范围内承担相应的义务。顾庚在代书遗嘱的第一项中赋予了四名子女继承其房产份额的权利，并在第二项中明确了继承房产份额的四名子女负有支付顾庚个人存款不足生老病死费用的义务。系争代书遗嘱应视为附义务的遗嘱，遗嘱设立的内容符合权利义务相一致的原则。因此应当尊重顾庚的真实意思表示，依据代书遗嘱的第二项内容，由四名继承房产份额的子女分摊本案系争丧葬费用。原二审判决在认定代书遗嘱有效的情况下，判决由顾甲和顾乙、顾丙、顾丁、顾戊、顾己等六名子女分摊顾庚的丧葬费用，系适用法律错误。

申诉人顾甲同意抗诉意见，还称，1. 代书遗嘱实际形成于2017年，2009年顾庚尚未请保姆，遗嘱为顾戊伪造。2. 律师未与顾庚谈话并制作笔录，也没有录音录像，其见证应为无效。3. 1999年顾庚曾口头表示所有出过生活费的子女到时都能分得财产。顾庚养老金不够用时，其曾出过生活费。4. 顾庚不可能不留遗产给残疾子女，遗嘱第一条写明"我拥有的部分产权"即应理解为顾庚仅处理了其拥有的1/2产权，剩余1/2产权应归两残疾人所有。故请求撤销二审判决，由再审法院依法改判。

四被申诉人答辩称：1. 丧葬费是子女应尽的义务，即使没有获得遗产，也应由全体子女负担。2. 顾庚生前已将撤村费分给过顾甲，顾甲并未赡养过顾庚。3. 遗嘱第一条明确了房屋的分配方式，其后的条款不足以证明是附义务的遗嘱。4. 申诉人在原审中并未提出过丧葬费承担问题。

2018年6月1日，原告顾乙、顾丙、顾丁共同向上海市徐汇区人民法院提出诉讼，请求：本市冠生园路×××弄××号×××室房屋（以下简称×××室房屋）中属于被继承人顾庚的三分之二份额由三原告及被告顾戊均等继承；继承方式上要求按份共有，不要求实际分割房屋。

上海市徐汇区人民法院一审查明：一、被继承人顾庚与沈甲系配偶，两人生育顾乙、顾丙、顾丁、顾己、顾甲、顾戊、顾辛等七子女。沈甲于1996

年5月14日报死亡；顾庚于2017年12月15日死亡。上述两人死亡时，其父母均已分别先于该两人死亡。顾辛于2013年10月4日死亡，其配偶为沈乙，两人未生育子女。案外人顾壬系顾戊之女。二、×××室房屋产权于2000年登记于顾辛、顾壬名下（共同共有），后于2009年5月25日变更登记于顾辛、顾壬、顾庚名下（共同共有）。顾辛死亡后，其配偶沈乙作为原告至一审法院提起分家析产、遗嘱继承纠纷诉讼，一审法院于2016年7月22日作出（2015）徐民一（民）初字第9796号民事判决，认定并判决，×××室房屋产权由顾辛、顾壬、顾庚各享有三分之一；顾辛在×××室房屋中的三分之一产权份额归顾庚所有。顾庚等人提起上诉，上海市第一中级人民法院于2016年10月27日作出（2016）沪01民终9259号民事判决，驳回上诉，维持原判。目前×××室房屋产权未作变更。三、顾戊为顾庚丧事事宜共支出人民币59,559.20元（以下币种相同）。

一审法院审理中，顾乙、顾丙、顾丁提供顾庚于2009年8月8日所立代书遗嘱及2009年8月11日律师见证书各一份，主要内容为，顾庚在×××室房屋中拥有的产权由顾乙、顾丙、顾丁、顾戊四人继承；顾庚拥有的银行存款自己保管，用于今后生老病死、日常生活之用。若不够由六子（孙）女按房产份额分摊承担。律师许某某、潘某某受顾庚委托，对2009年8月8日代书遗嘱的真实性进行见证。

一审法院审理中，证人蔡某某出庭作证，证人和顾庚系邻居关系，证人曾借顾庚的房屋居住。顾庚的房屋动迁之后，其就搬到冠生园路房屋居住。证人和顾庚的关系很好，经常走动。顾庚跟证人提出要写遗嘱。2009年的某一天，证人去了顾庚居住的×××室房屋。顾庚跟证人说了一些遗嘱内容，证人就帮其代写了遗嘱，主要内容是，×××室房屋由四个子女来继承，具体哪四个子女证人不记得了。写完之后，证人向顾庚读了一遍，其听后表示认可，并自己签字、盖章，证人也签字了。当时在场的还有一个保姆，保姆也签字了。后来顾庚又提出，三个人写的这份遗嘱会不会没有效力，是否要再请个律师见证一下。证人就找到认识的律师。第二天来了两位律师，还有证人、顾庚和保姆在场。证人把写的遗嘱给律师看，律师当面问了顾庚，遗嘱内容是不是你的意思表示？顾庚表示是自己的意愿。律师好像是在第二天出具了文书，但证人没有看到过该文书。

一审法院审理中，证人许某某出庭作证，证人的朋友蔡某某邀请证人来做见证。当时具体情况为，2009年8月9日上午接到蔡某某电话，说顾庚有一份遗嘱要做见证。当天13时45分，证人和证人的助理潘某某律师就去了顾庚家里，在场的共有五个人，包括顾庚和两个见证人、证人和潘某某。证人询问了顾庚，让其出示身份证和户口簿，并看了之前写的遗嘱并进行审查，还要求顾庚出示房产证。遗嘱内容主要是对房产进行处分。之后证人再向顾庚进行询问并就遗嘱内容进行宣读，顾庚年纪大了听力不好，但思路清楚，听后表示是自己的真实意思并确认。顾庚也表示签名和盖章都是自己签名和盖章的。证人就根据这个情况出具了律师见证书，就是2009年8月11日的那一页纸。律师出具见证书只需要律师盖自己的章就可以了，无需盖事务所印章。证人目前无法联系到潘某某。

一审法院审理中，顾乙、顾丙、顾丁表示，无法联系遗嘱见证人李某及潘某某出庭作证。

一审法院审理中，顾戊表示，顾庚曾向其借款，均有借条（内容系由顾戊书写），具体为：第一，2013年1月5日借款36000元；第二，2014年10月3日借款52000元；第三，2015年11月20日借款63000元；第四，2016年7月10日借款55000元。该些费用均系由顾戊现金给付顾庚，用于支付保姆费及医药费。另，顾戊为顾庚支付诉讼费用等共计84387元及购买白蛋白948元，该些钱款系借给顾庚的，亦是现金给付，但未写借条。

上海市徐汇区人民法院于2018年11月14日判决：一、本市冠生园路×××弄××号×××室房屋中属于被继承人顾庚的三分之二产权份额由原告顾乙、顾丙、顾丁、被告顾己、顾甲、顾戊均等继承；二、原告顾乙、顾丙、顾丁、被告顾己、顾甲应于判决生效之日起十日内分别给付被告顾戊支出的丧事费用9926.53元。案件受理费减半收取，计9600元，由原告顾乙、顾丙、顾丁各负担1600元，由被告顾己、顾甲、顾戊各负担1600元。

顾乙、顾丙、顾丁不服一审判决，上诉请求：撤销原审判决，改判支持上诉人一审诉讼请求。事实和理由：1.代书遗嘱有效的形式要件包括"有两个以上见证人在场见证"，但法律并未要求需要两名见证人出庭作证方能成立遗嘱的有效性，故只要有证据证明设立代书遗嘱时有两名见证人在场即可成立代书遗嘱的形式要件；2.即使不考虑2009年8月8日顾庚所立代书遗嘱的有效性，2009年8月9日，顾庚请两名律师见证遗嘱时已有四名见证人见证该代书遗嘱，其中两名见证人出庭作证，该遗嘱也满足了代书遗嘱形式要件，本案涉案遗嘱应认定为有效。

顾戊亦不服一审判决，上诉请求：1.撤销原审判决第一项，改判×××室房屋中属于被继承人顾庚的三分之二份额由顾乙、顾丙、顾丁、顾戊均等继承；2.应从顾庚遗产中扣除顾戊对顾庚享有的债权共计13笔267000元。

上海市第一中级人民法院二审认为，本案的争议焦点在于顾庚于2009年8月8日所立代书遗嘱的效力、顾戊主张的借款、其他费用是否成立以及是否应从顾庚遗产中扣除的问题。根据法律规定，代书遗嘱应当有两个以上见证人在场见证。代书遗嘱成立的形式要件须有证据证明被继承人设立代书遗嘱时有两名见证人在场即可，该事实的证明方式或证据形式可以是法律规定的任何证明手段，但法律并未规定两名见证人出庭作证是唯一的证明手段。本案一审期间，顾庚于2009年8月8日所立代书遗嘱的情形只有见证人蔡某某到庭作证，另一见证人李某因未联系上无法到庭，然许某某律师到庭作证，称顾庚设立2009年8月8日代书遗嘱第二日，在被继承人顾庚、见证人蔡某某、李某均在场的情况下，由许某某、潘某某律师对这份遗嘱进行了审查，并向顾庚进行询问并就遗嘱内容进行宣读，顾庚表示是自己的真实意思并确认，蔡某某亦对该见证的过程进行了同样的陈述。上述代书遗嘱文本、代书人、见证人证言等证据相互印证，可以证明设立 2009 年 8 月 8 日代书遗嘱时，有两名见证人即蔡某某、李某在场，该代书遗嘱是顾庚真实意思的表示，符合法律规定的代书遗嘱形式要件，故认定顾庚于 2009 年 8 月 8 日所立代书遗嘱合法有效。一审法院对此认定有误，予以更正。另，关于顾戊主张的借款及其他费用，由于借款数额较大但顾戊未提供钱款给付的证据以及其他费用的借条，故对顾戊的该项上诉主张不予支持。一审法院认定正确，予以支持。据此判决：一、维持上海市徐汇区人民法院（2018）沪 0104 民初 12469 号民事判决第二项；二、撤销上海市徐汇区人民法院（2018）沪 0104 民初 12469 号民事判决第一项；三、本市冠生园路×××弄××号×××室房屋中属于被继承人顾庚的三分之二产权份额由顾乙、顾丙、顾丁、顾戊均等继承。一审案件受理费计 9600 元，由顾乙、顾丙、顾丁、顾己、顾甲、顾戊各负担 1600 元。二审案件受理费共计 12800 元，由上诉人顾乙、顾丙、顾丁、顾戊各负担 2133 元，被上诉人顾己、顾甲各负担 2134 元。

顾己、顾甲不服二审判决，向上海市第一中级人民法院申请再审。该院于 2019 年 8 月 27 日作出（2019）沪 01 民申 344 号民事裁定，驳回顾己、顾甲的再审申请。

顾甲不服，向检察机关申请抗诉。

本院经再审查明，原一、二审查明的事实无误，本院予以确认。

围绕抗诉意见及当事人的再审请求，本院认为，本案的争议焦点为：遗嘱是否有效；丧葬费如何分摊。

1. 关于系争遗嘱的效力问题

本院再审认为，本案遗嘱在订立时有蔡某某、李某两人到场见证并署名，翌日又有许某某、潘某某两位律师对遗嘱进行了审查确认。该节事实除系争代书遗嘱本身和律师见证书等书证外，在原一审程序中蔡某某、许某某亦出庭作证，上述证据之间可以相互印证，系争遗嘱的订立系立遗嘱人的真实意思表示，且符合法律规定的代书遗嘱的形式要件，二审据此认定遗嘱合法有效并无不妥，本院予以维持。

申诉人申请再审称遗嘱实际形成于2017年，2009年顾庚尚未雇请保姆，但未提供充分证据。况且遗嘱所列继承人之一顾辛已于2013年死亡，如果遗嘱实际制作于2017年，则与常理不符。另，遗嘱注明年、月、日的意义仅在于存在多份遗嘱的情况下，据以判断立遗嘱人前后意思表示的变化情况，从而排序确定遗嘱的效力，而如果只有一份遗嘱，则即便未注明年、月、日，也不会影响遗嘱效力。对于申诉人提出的律师见证欠缺谈话笔录和录音录像之抗辩，本院认为，上述条件并非法律规定的代书遗嘱有效成立的必要条件，欠缺上述形式并不直接导致遗嘱效力受损。对于是否应为两位残疾继承人预留遗产份额问题，本院认为，两位残疾人虽具领了残疾证，但两人之前有工作，退休后有退休工资，不属于法律规定的缺乏劳动能力没有生活来源的继承人，遗嘱未为两人预留遗产份额，亦不导致遗嘱无效。至于申诉人再审时称遗嘱中"我拥有的部分产权"应理解为顾庚仅处理了其拥有的1/2产权，剩余1/2产权应归两残疾人所有的问题，本院认为，该种理解缺乏事实依据，也与遗嘱上下文义不符，本院难以采信。

2. 关于丧葬费如何分摊问题

《民法典》第1144条规定，遗嘱继承或者遗赠附有义务的，继承人或者受遗赠人应当履行义务。可见法律并不禁止遗嘱人通过遗嘱为继承人设定义务。但是根据权利义务一致以及公平的原则，继承人的义务应小于遗嘱继承所取得的遗产利益，且继承人同意负担遗嘱义务。本案争议的遗嘱第二条明确，被继承人的"生老病死费用"由其自有财产先行支付，不足部分由遗嘱所列的六位晚辈"按房产份额分摊"。现尚无证据证明被继承人的自有财产已足以支付丧葬费，故按照上述遗嘱意愿，丧葬费应由遗嘱所列六位继承人分担，但是鉴于顾辛、顾壬两人未获得任何遗嘱利益，且顾辛早于遗嘱人顾庚死亡，故遗嘱该项内容对顾辛与顾壬不生效力。原一、二审判决由六位法定继承人共同分摊丧葬费，未考虑遗嘱义务相较法定赡养义务具有优先性的法律原则，对未继承房产的两位子女亦不公平，本院予以纠正。

综上，本院认为，本案系争遗嘱有效，应充分尊重立遗嘱人的意愿，由四位遗嘱继承人继承房产，同时分摊丧葬费用。原一、二审判决适用法律确有不当，本院予以纠正。据此，依照法律规定，判决如下：

一、维持上海市第一中级人民法院（2019）沪01民终395号民事判决第二、三项；

二、撤销上海市第一中级人民法院（2019）沪01民终395号民事判决第一项；

三、顾乙、顾丙、顾丁应于本判决生效之日起十日内分别给付顾戊支出的丧事费用人民币14889.8元。

一审案件受理费人民币9600元，由顾乙、顾丙、顾丁、顾戊各负担人民币2400元。二审案件受理费人民币12800元，由顾乙、顾丙、顾丁、顾戊各负担3200元。

本判决为终审判决。

（四）裁判依据

《中华人民共和国民法典》

第一百二十四条 自然人依法享有继承权。

自然人合法的私有财产，可以依法继承。

第一千一百三十三条 自然人可以依照本法规定立遗嘱处分个人财产，并可以指定遗嘱执行人。

自然人可以立遗嘱将个人财产指定由法定继承人中的一人或者数人继承。

自然人可以立遗嘱将个人财产赠与国家、集体或者法定继承人以外的组织、个人。

自然人可以依法设立遗嘱信托。

第一千一百三十四条 自书遗嘱由遗嘱人亲笔书写，签名，注明年、

二、遗嘱继承纠纷

月、日。

第一千一百三十五条 代书遗嘱应当有两个以上见证人在场见证，由其中一人代书，并由遗嘱人、代书人和其他见证人签名，注明年、月、日。

第一千一百三十六条 打印遗嘱应当有两个以上见证人在场见证。遗嘱人和见证人应当在遗嘱每一页签名，注明年、月、日。

第一千一百三十七条 以录音录像形式立的遗嘱，应当有两个以上见证人在场见证。遗嘱人和见证人应当在录音录像中记录其姓名或者肖像，以及年、月、日。

第一千一百三十八条 遗嘱人在危急情况下，可以立口头遗嘱。口头遗嘱应当有两个以上见证人在场见证。危急情况消除后，遗嘱人能够以书面或者录音录像形式立遗嘱的，所立的口头遗嘱无效。

第一千一百三十九条 公证遗嘱由遗嘱人经公证机构办理。

第一千一百四十条 下列人员不能作为遗嘱见证人：

（一）无民事行为能力人、限制民事行为能力人以及其他不具有见证能力的人；

（二）继承人、受遗赠人；

（三）与继承人、受遗赠人有利害关系的人。

第一千一百四十一条 遗嘱应当为缺乏劳动能力又没有生活来源的继承人保留必要的遗产份额。

第一千一百四十二条 遗嘱人可以撤回、变更自己所立的遗嘱。

立遗嘱后，遗嘱人实施与遗嘱内容相反的民事法律行为的，视为对遗嘱相关内容的撤回。

立有数份遗嘱，内容相抵触的，以最后的遗嘱为准。

第一千一百四十三条 无民事行为能力人或者限制民事行为能力人所立的遗嘱无效。

遗嘱必须表示遗嘱人的真实意思，受欺诈、胁迫所立的遗嘱无效。

伪造的遗嘱无效。

遗嘱被篡改的，篡改的内容无效。

第一千一百四十四条 遗嘱继承或者遗赠附有义务的，继承人或者受遗赠人应当履行义务。没有正当理由不履行义务的，经利害关系人或者有关组织请求，人民法院可以取消其接受附义务部分遗产的权利。

《中华人民共和国涉外民事关系法律适用法》

第三十二条 遗嘱方式，符合遗嘱人立遗嘱时或者死亡时经常居所地法律、国籍国法律或者遗嘱行为地法律的，遗嘱均为成立。

第三十三条 遗嘱效力，适用遗嘱人立遗嘱时或者死亡时经常居所地法律或者国籍国法律。

第三十四条 遗产管理等事项，适用遗产所在地法律。

第三十五条 无人继承遗产的归属，适用被继承人死亡时遗产所在地法律。

《最高人民法院关于适用〈中华人民共和国民法典〉总则编若干问题的解释》

第四条 涉及遗产继承、接受赠与等胎儿利益保护，父母在胎儿娩出前作为法定代理人主张相应权利的，人民法院依法予以支持。

《最高人民法院关于适用〈中华人民共和国民法典〉时间效力的若干规定》

第十五条 民法典施行前，遗嘱人以打印方式立的遗嘱，当事人对该遗嘱效力发生争议的，适用民法典第一千一百三十六条的规定，但是遗产已经在民法典施行前处理完毕的除外。

第十六条 民法典施行前，受害人自愿参加具有一定风险的文体活动受到损害引起的民事纠纷案件，适用民法典第一千一百七十六条的规定。

第十七条 民法典施行前，受害人为保护自己合法权益采取扣留侵权人的财物等措施引起的民事纠纷案件，适用民法典第一千一百七十七条的规定。

第十八条 民法典施行前，因非营运机动车发生交通事故造成无偿搭乘人损害引起的民事纠纷案件，适用民法典第一千二百一十七条的规定。

第十九条 民法典施行前，从建筑物中抛掷物品或者从建筑物上坠落的

二、遗嘱继承纠纷

物品造成他人损害引起的民事纠纷案件,适用民法典第一千二百五十四条的规定。

第二十条 民法典施行前成立的合同,依照法律规定或者当事人约定该合同的履行持续至民法典施行后,因民法典施行前履行合同发生争议的,适用当时的法律、司法解释的规定;因民法典施行后履行合同发生争议的,适用民法典第三编第四章和第五章的相关规定。

第二十一条 民法典施行前租赁期限届满,当事人主张适用民法典第七百三十四条第二款规定的,人民法院不予支持;租赁期限在民法典施行后届满,当事人主张适用民法典第七百三十四条第二款规定的,人民法院依法予以支持。

第二十二条 民法典施行前,经人民法院判决不准离婚后,双方又分居满一年,一方再次提起离婚诉讼的,适用民法典第一千零七十九条第五款的规定。

第二十三条 被继承人在民法典施行前立有公证遗嘱,民法典施行后又立有新遗嘱,其死亡后,因该数份遗嘱内容相抵触发生争议的,适用民法典第一千一百四十二条第三款的规定。

《最高人民法院关于适用〈中华人民共和国民法典〉继承编的解释(一)》

第二十四条 继承人、受遗赠人的债权人、债务人,共同经营的合伙人,也应当视为与继承人、受遗赠人有利害关系,不能作为遗嘱的见证人。

第二十五条 遗嘱人未保留缺乏劳动能力又没有生活来源的继承人的遗产份额,遗产处理时,应当为该继承人留下必要的遗产,所剩余的部分,才可参照遗嘱确定的分配原则处理。

继承人是否缺乏劳动能力又没有生活来源,应当按遗嘱生效时该继承人的具体情况确定。

第二十六条 遗嘱人以遗嘱处分了国家、集体或者他人财产的,应当认定该部分遗嘱无效。

第二十七条 自然人在遗书中涉及死后个人财产处分的内容,确为死者的真实意思表示,有本人签名并注明了年、月、日,又无相反证据的,可以按自书遗嘱对待。

第二十八条 遗嘱人立遗嘱时必须具有完全民事行为能力。无民事行为能力人或者限制民事行为能力人所立的遗嘱,即使其本人后来具有完全民事行为能力,仍属无效遗嘱。遗嘱人立遗嘱时具有完全民事行为能力,后来成为无民事行为能力人或者限制民事行为能力人的,不影响遗嘱的效力。

第二十九条 附义务的遗嘱继承或者遗赠,如义务能够履行,而继承人、受遗赠人无正当理由不履行,经受益人或者其他继承人请求,人民法院可以取消其接受附义务部分遗产的权利,由提出请求的继承人或者受益人负责按遗嘱人的意愿履行义务,接受遗产。

三、被继承人债务清偿纠纷

（一）地方法院典型案例

075. 被继承人债务清偿案件中，优先保护未成年人权利，为未成年人保留必要的遗产[①]

基本案情：2018年，被继承人张某某以个人名义与天津某银行签订了金融借款合同，借款55万元，以其名下个人房产提供抵押担保，后办理了抵押登记。2019年，张某某因病去世。2020年，因借款到期后未能全额还本付息，天津某银行股份有限公司将张某某的继承人伏某（张某某之妻）、张某（张某某与伏某之婚生女，张某某去世时为5周岁）、沈某（张某某之母）诉至法院，要求在涉案房产担保范围内享有优先受偿权，伏某、张某、沈某在继承的其他财产范围内对张某某欠付债务承担清偿责任。

裁判结果：法院生效裁判认为，张某某与原告天津某银行股份有限公司签订的金融借款合同真实合法有效，故张某某继承人对张某某所欠天津某银行股份有限公司的债务应在继承遗产的范围内清偿。但鉴于张某系未成年人，根据查明的被继承人的遗产情况、伏某的收入能力及从利于保障张某受教育及生活来源的实际情况考虑，认定在张某某的遗产中优先为张某留存自张某某死亡至张某成年的生活费用151000元，剩余遗产再行负担债务。

[①] 《天津法院发布保护未成年人合法权益典型案例》（2022年6月8日发布），天津某银行股份有限公司与伏某、张某、沈某被继承人债务清偿纠纷案，载天津法院网，https://tjfy.tjcourt.gov.cn/article/detail/2022/06/id/6729531.shtml，最后访问日期：2023年6月30日。

典型意义

本案是人民法院依法审理被继承人债务清偿纠纷案件，为未成年人保留必要遗产，保障未成年人权益的典型案例。《民法典》第1159条规定："分割遗产，应当清偿被继承人依法应当缴纳的税款和债务；但是，应当为缺乏劳动能力又没有生活来源的继承人保留必要的遗产。"该条确立了遗产必留份制度，系为维护继承人生存权，为其生活需要保留必不可少的财产。本案中，被继承人张某某欠付银行贷款，且该债务设立了抵押登记，由于被抵押房屋价值并不高，如果优先偿还债务后剩余的金额极少，且被继承人张某某其他遗产价值亦较低，张某作为未成年人缺乏劳动能力，虽有母亲抚养，但其母收入有限，如上述房屋被执行后，母女俩生活将难以为继。经综合考量上述案件情况，法院依法认定优先给张某留存必要的遗产，剩余抵押房产变现价款再行清偿欠付银行债务。案件裁判结果依法维护了未成年人的生存权益，实现了法律效果和社会效果的统一。

（二）裁判依据

《中华人民共和国民法典》

第六百七十四条 借款人应当按照约定的期限支付利息。对支付利息的期限没有约定或者约定不明确，依据本法第五百一十条的规定仍不能确定，借款期间不满一年的，应当在返还借款时一并支付；借款期间一年以上的，应当在每届满一年时支付，剩余期间不满一年的，应当在返还借款时一并支付。

第一千一百六十一条 继承人以所得遗产实际价值为限清偿被继承人依法应当缴纳的税款和债务。超过遗产实际价值部分，继承人自愿偿还的不在此限。

继承人放弃继承的，对被继承人依法应当缴纳的税款和债务可以不负清偿责任。

第一千一百六十二条 执行遗赠不得妨碍清偿遗赠人依法应当缴纳的税款和债务。

四、遗赠纠纷

（一）地方法院典型案例

076. 遗赠的法律效力认定[①]

基本案情：黄某浓与李某于2016年12月6日协议离婚，黄某月为黄某浓与前妻所生育子女。2018年6月30日，黄某浓因病情危重住院治疗，期间由李某负责照料。2018年7月2日，黄某浓联系律师蔡某和见证人陈某、张某到病房，请求蔡某为其代书遗嘱。蔡某按照黄某浓的意思外出打印遗嘱，陈某、张某在病房等候。2018年7月3日，黄某浓经抢救无效死亡。李某因要求按遗嘱继承黄某浓全部财产，而与黄某月发生纠纷，并诉至法院。

裁判结果：生效裁判认为，李某并非黄某浓的法定继承人，故本案的争议焦点为涉案遗嘱是否合法有效。《民法典》第1136条规定，打印遗嘱应当有两个以上见证人在场见证，遗嘱人和见证人应当在遗嘱每一页上签名，注明年、月、日。涉案遗嘱由律师蔡某外出打印形成，陈某和张某未见证遗嘱录入电脑和经打印机打印出来的过程，不符合打印遗嘱的形式要求。另外，立遗嘱人黄某浓和见证人陈某、张某虽然都在涉案遗嘱上签名按指模，律师蔡某也在遗嘱上签名并盖上其所在律师事务所的印章，但所有人均没有注明

[①]《阳江法院贯彻实施民法典典型案例》（2022年7月14日发布），二、李某诉黄某月遗赠纠纷案——打印遗嘱的法律效力认定，载阳江法院网，https://www.gdyjfy.gov.cn/20220714-2141.html，最后访问日期：2023年6月30日。

年、月、日，该打印遗嘱欠缺法律规定的形式要件。综上，涉案遗嘱不符合打印遗嘱的法定形式要件，应属无效。一审法院驳回李某的诉讼请求，二审法院驳回上诉，维持原判。

典型意义

随着经济社会的发展，人们对自身意愿的表达呈现多元化，在互联网和电子录音录像设备被广泛应用的大背景下，"打印遗嘱""录像遗嘱"应运而生，而继承法对以上述形式订立的遗嘱缺乏明确的规定，民法典与时俱进地回应了社会需求，首次将"打印遗嘱""录像遗嘱"规定为法定遗嘱形式，顺应了时代的发展与民众的实际需求，使得普通民众通过打印形式订立遗嘱有法可依，有章可循。然而，严格的要式性是判断遗嘱的效力必须坚守的原则，在本案中，涉案遗嘱不满足法律规定的形式，人民法院依法判定涉案遗嘱无效，有利于确保打印遗嘱的内容是立遗嘱人的真实意思表示。

（二）裁判依据

《中华人民共和国民法典》

第一千一百二十三条　继承开始后，按照法定继承办理；有遗嘱的，按照遗嘱继承或者遗赠办理；有遗赠扶养协议的，按照协议办理。

第一千一百二十四条　继承开始后，继承人放弃继承的，应当在遗产处理前，以书面形式作出放弃继承的表示；没有表示的，视为接受继承。

受遗赠人应当在知道受遗赠后六十日内，作出接受或者放弃受遗赠的表示；到期没有表示的，视为放弃受遗赠。

第一千一百三十三条　自然人可以依照本法规定立遗嘱处分个人财产，并可以指定遗嘱执行人。

自然人可以立遗嘱将个人财产指定由法定继承人中的一人或者数人继承。

自然人可以立遗嘱将个人财产赠与国家、集体或者法定继承人以外的组织、个人。

自然人可以依法设立遗嘱信托。

第一千一百六十二条 执行遗赠不得妨碍清偿遗赠人依法应当缴纳的税款和债务。

《最高人民法院关于适用〈中华人民共和国民法典〉时间效力的若干规定》

第十三条 民法典施行前，继承人有民法典第一千一百二十五条第一款第四项和第五项规定行为之一，对该继承人是否丧失继承权发生争议的，适用民法典第一千一百二十五条第一款和第二款的规定。

民法典施行前，受遗赠人有民法典第一千一百二十五条第一款规定行为之一，对受遗赠人是否丧失受遗赠权发生争议的，适用民法典第一千一百二十五条

《最高人民法院关于适用〈中华人民共和国民法典〉继承编的解释（一）》

第二十四条 继承人、受遗赠人的债权人、债务人，共同经营的合伙人，也应当视为与继承人、受遗赠人有利害关系，不能作为遗嘱的见证人。

第二十五条 遗嘱人未保留缺乏劳动能力又没有生活来源的继承人的遗产份额，遗产处理时，应当为该继承人留下必要的遗产，所剩余的部分，才可参照遗嘱确定的分配原则处理。

继承人是否缺乏劳动能力又没有生活来源，应当按遗嘱生效时该继承人的具体情况确定。

第二十六条 遗嘱人以遗嘱处分了国家、集体或者他人财产的，应当认定该部分遗嘱无效。

第二十七条 自然人在遗书中涉及死后个人财产处分的内容，确为死者的真实意思表示，有本人签名并注明了年、月、日，又无相反证据的，可以

按自书遗嘱对待。

第二十八条 遗嘱人立遗嘱时必须具有完全民事行为能力。无民事行为能力人或者限制民事行为能力人所立的遗嘱，即使其本人后来具有完全民事行为能力，仍属无效遗嘱。遗嘱人立遗嘱时具有完全民事行为能力，后来成为无民事行为能力人或者限制民事行为能力人的，不影响遗嘱的效力。

第二十九条 附义务的遗嘱继承或者遗赠，如义务能够履行，而继承人、受遗赠人无正当理由不履行，经受益人或者其他继承人请求，人民法院可以取消其接受附义务部分遗产的权利，由提出请求的继承人或者受益人负责按遗嘱人的意愿履行义务，接受遗产。

五、遗赠扶养协议纠纷

（一）地方法院典型案例

077. 父母与子女之间能否订立遗赠扶养协议①

关键词：遗赠扶养、撤销赠予

基本案情：原告李某1（1938年出生）系被告李某2母亲，系被告李某3祖母，二被告系父女关系。原告李某1于2012年购买房屋一套，因该房屋还有贷款未还完一直没有办理过户，直到2017年还完贷款后方可过户。2017年，被告李某2承诺和被告李某3一起给原告李某1养老，让原告李某1将房屋过户给被告李某3，原告李某1同意并办理了过户。涉案房屋一直由原告及二被告居住。2021年，原告李某1向派出所报案，称被告李某2醉酒后对其进行殴打。后原告李某1诉至法院，主张其因受被告威胁和虐待，身体和精神遭受严重创伤，请求解除与二被告间的赠予及确认房屋所有权。

裁判结果：贵阳市白云区法院经审理认为，一是遗赠扶养协议是遗赠人与扶养人订立的将自己所有的合法财产指定在其死亡后转移给扶养人所有，而由扶养人承担遗赠人生养死葬义务的协议。其中"扶养人"指法定继承人以外的其他公民或集体所有制组织，处置的是死亡后的遗产。本案中，李某

---

① 《涉老年人权益保护民事典型案例》（贵州省高级人民法院2022年4月15日发布），李某1诉李某2、李某3遗赠抚养协议纠纷案，载贵州高院微信公众号，https://mp.weixin.qq.com/s/AOgYWHPvPE-ZLtUh9DfCY9A，最后访问日期：2023年7月3日。

2 为原告法定继承人，本身就具有对原告李某 1 无条件赡养义务，双方并不构成遗赠扶养关系。二是李某 1 是以赡养为条件而将房屋过户给李某 3，现房屋已过户也不符合遗赠扶养的形式要件，应属以赡养作为附条件的赠予。经法院释明后李某 1 请求解除赠予并返还房屋。三是李某 1 提供的《售房定金协议》、欠条、每月转款凭证等证据能够形成完整证据链，证明涉案房屋系由原告出资购买，其实际权利人应为原告，原告有权利要求返还房屋，现房屋登记在被告李某 3 名下，应由被告李某 3 协助原告李某 1 办理涉案房屋过户手续。

典型意义

"重资财，薄父母，不成人子"。本案中，老人和儿子、孙女协议约定将房子赠与孙女，本想"养儿防老"，然而二被告却将老人的付出看成理所当然，损害老人权益，公然违背承诺，迫使老人无奈之下对簿公堂，起诉撤销赠与。本案例提醒在进行民事活动时应当遵循社会公德和公序良俗，年轻人应自觉传承敬老、养老、助老的中华民族传统美德，在亲情面前多一份感恩，在利益面前多一份理性。本案的处理也使原告的晚年生活有了一定的经济保障，切实维护了老年人的合法权益，同时对双方亲情关系作了一定修复，弘扬了敬老爱老传统道德的价值取向，展现了司法护老助老的积极效果。

078. 居委会敬老爱老获遗赠的情形下，子女未尽赡养义务的，丧失继承权[①]

基本案情：王某（男）与吴某（女）原系夫妻关系，共生育二子二女。

[①]《江苏法院发布家事纠纷典型案例（2021—2022 年度）》（2023 年 3 月 7 日发布），居委会敬老爱老获遗赠，众子女未赡养丧失继承权，载江苏法院网，http://www.jsfy.gov.cn/article/95069.html，最后访问日期：2023 年 6 月 29 日。

1961年，双方经法院调解离婚。离婚后，王某从安徽返回无锡工作生活，四个子女从未探望、赡养过王某。2003年，在王某弟弟妹妹的见证下，王某与居委会签订一份遗赠扶养协议，载明由于历史等原因，王某一直独身，虽有兄弟姐妹，但由于工作忙、距离远，照顾不便，由居委会按"五保户"待遇负责王某的日常生活、养老至寿终，王某的财产在其寿终后由居委会处置。协议签订后，居委会一直安排专人照顾王某起居和就医陪护，直到王某94岁去世，并为其操办了丧事。王某的四个子女在得知王某去世的消息后，从外地赶回要求继承遗产，与居委会产生争议。居委会无奈诉至法院，要求确认遗赠扶养协议有效，王某名下财产归居委会所有。

裁判结果： 江苏省无锡市梁溪区人民法院经审理认为，王某与居委会签订的遗赠扶养协议系双方真实意思表示，不违反法律、行政法规的强制性规定，合法有效。居委会在近二十年的时间里对独居的王某予以照顾，妥善安排住处并有专人看护，为其垫付医疗费，支付养老院费用和丧葬费，尽到了遗赠扶养人的义务，反观王某的四个子女却未尽过任何赡养义务，四个子女主张遗赠扶养协议违反公平原则，无事实和法律依据。遂判决：王某财产归居委会所有。王某的四个子女不服一审判决，提出上诉。江苏省无锡市中级人民法院判决驳回上诉，维持原判。

典型意义

德乃人之本，孝为德之先。孝亲敬老是中华民族的传统美德，充分尊重和关爱老年人也是社会文明进步的标志。随着我国人口老龄化程度的加深，空巢、孤寡老人的养老问题已日益凸显。《民法典》第1158条规定："自然人可以与继承人以外的组织或者个人签订遗赠扶养协议。按照协议，该组织或者个人承担该自然人生养死葬的义务，享有受遗赠的权利。"该规定在《继承法》第31条的基础上进一步扩大了遗赠扶养人的范围，从法律层面上保障了老年人的社会扶养问题，既缓解了家庭养老的压力，也满足了老年人养老形式的多样化需求，有助于提高老年人的晚年生活质量。

子女在家庭生活各方面都应给予老年人积极的扶助，特别在父母年老、体弱、病残时，更应履行经济上供养、生活上照料和精神上慰藉的义务。本案中，众子女多年来对老人不闻不问，未履行任何赡养义务，在得知老人去世后却要求继承财产，于情、于理、于法，其主张均不应得到支持。居委会诚实守信，受人之托，忠人之事，真正让老人老有所养、老有所依，大力弘扬了尊老、敬老、爱老、助老的中华传统美德，其受遗赠的权利理应得到法律的保护。

079. 遗赠扶养协议具有双务、有偿、扶养在先等基本特征，若违背这些基本特征将不能获得遗嘱扶养协议中约定的财产[①]

上诉人（原审原告）：钱某，女，1957年10月9日出生，住北京市西城区。

委托诉讼代理人：张继蓉，北京市华城律师事务所律师。

委托诉讼代理人：王茹，北京市华城律师事务所律师。

被上诉人（原审被告）：龚某1，女，1937年12月8日出生，住四川省成都市武侯区。

委托诉讼代理人：韦英洪，上海金茂凯德（北京）律师事务所律师。

委托诉讼代理人：黄竟轩，上海金茂凯德（北京）律师事务所律师。

上诉人钱某因与被上诉人龚某1遗赠扶养协议纠纷一案，不服北京市海淀区人民法院（2021）京0108民初17912号民事判决，向本院提起上诉。本院于2023年2月21日立案后，依法组成合议庭对本案进行了审理。本案现

[①] 北京市第一中级人民法院（2023）京01民终1618号民事判决书，载中国裁判文书网，最后访问日期：2023年7月3日。

已审理终结。

钱某上诉请求：1. 撤销原判，改判支持钱某的诉讼请求或发回重审；2. 诉讼费用由龚某1承担。事实和理由：一、原审事实认定不清。原审法院认为钱某和被扶养人之间《遗赠扶养协议》约定的扶养内容较为笼统，与事实不符。1. 本案《遗赠扶养协议》第二条中"乙方的抚养义务是指，在生活上照顾，经济上给予帮助，精神上给予慰藉"是一项宗旨性、概括性的说明。在该条款下面的第1、2、3、4小项中，对乙方的义务做了详细、明确的约定。可以说本协议将被继承人也就是龚某2老人生前最在意的方面都做了明确的约定，需要钱某一一履行。2. 钱某依约履行了协议中约定的义务。龚某2老人生前安排、协助、带领老人挂号、看病，沟通关系、安排住院等；未让老人接受会使身体受到损伤的抢救措施，在老人去世后主持办理葬礼，进行了安葬等。综上，案涉《遗赠扶养协议》约定明确、具体。体现了龚某2老人生前的个性化需求，并不是每个被扶养人都需要扶养人按月给予金钱帮助。原审法院无视本案被扶养人的个性需求，无视协议的具体约定，认为本协议约定笼统，没有事实依据。二、原审法院认为"搬离养老院，与扶养人一起生活"是案涉《遗赠扶养协议》生效的前提条件没有事实依据。1. "搬离是搬离，协议是协议"。龚某2老人生前住在养老院，确实表示过不喜养老院的伙食，想要搬离养老院，与钱某同住的意愿（钱某对此并无异议），但老人从来没有将搬离养老院作为签订协议的前提条件。搬离既不是签订协议的前提条件，更不是协议生效的前提条件。一审判决无视老人的真实意愿，颠倒事实的逻辑关系，严重侵害了老人对自己财产的处置权。2. "搬离养老院"没必要也不可能写进协议。近年来，龚某2老人也多次提及要将房子赠予钱某，钱某考虑诸多因素多次予以拒绝。在2020年12月11日左右，老人再次提出将房子赠予钱某，并希望能搬离养老院和钱某一起居住的提议时，钱某同意了老人的赠予，更加同意老人搬出养老院一起住并养老送终的要求。考虑到老人的房子正处于出租且钱某的住房拥挤状态，钱某一家人和老人商量先租下自家一楼的房屋让老人搬来居住,这样既便于照顾又能让老人住得舒服。等老人的房屋出租到期后,钱某一家再随老人一起回"家"居住。并且双方已经在考虑将钱某孙女转学去海淀的学校(老人的房产在海淀区)就近上学。正因为钱某与被扶养人之间对于搬出养老院一起居住的问题没有任何异议,龚某2老人才认为没有必要将此条作为协议的条款。也正因为钱某与老人已经在实际考量并操作搬出居住事宜,老人便没有要求将此条款写入协议,事实上也没必要将此要求写入协议。2020年12月21日,钱某带老人去医院就诊,老人伤口溃烂,但医生却碰都没碰伤口,并且拒绝让老人住院。老人那天的状态非常不好,深刻意识到自己所剩日子无多,也不再提搬出养老院的事宜。也是在这一天,老人在诊疗的间隙再次催促了协议起草情况,并和钱某商量确定了协议主要内容和后续治疗问题。在这次商议中,老人没有提出将搬出一起居住作为协议条款。2020年12月23日,在两名见证人在场,并在听取了见证人宣读协议,完全了解协议内容的情况下龚某2老人签署了该协议。老人生前确实已经变更了搬出养老院的想法,其在《遗赠扶养协议》签字的行为就是最明确的证据。原审法院完全无视老人的真实意愿,无视真实事态的发展逻辑,将老人搬出居住的意愿强加为签订协议的前提条件,没有事实依据。三、原审法院认为"根据遗赠扶养协议的一般原则,扶养人需要向被扶养人支付供养费用"没有法律依据。遗赠扶养协议在双方自愿协商一致的基础上成立。凡不违反国家法律规定、不损害公共利益、不违反社会主义道德准则的遗赠扶养协议即具有法律效力。对于龚某2老人而言,她有工资收入,有房租收入,物质上并无更多需求。她最看重的并不是金钱,更多是精神方面的需求,比如她不需要有损身体的抢救,这应该是龚某2老人最看重的事情。这也是她在协议中主张"生活及医疗中遇本人存款不足时,由乙方垫付",且"乙方有向甲方追索的权利"本意。对于一位自身有资产、有收入的老人来说,往往都有一个"尽量不麻烦别人""等价往来"的人生态度。这也是案涉协议第二条第2小项约定乙方有权支配甲方的退休金及存款用于甲方的生活、医疗、偿还欠款等用途。表明龚某2愿意先行使用自己的工资等收入支付上述费用。原审法院无视本案被扶养人的个性，杜撰出一条不可能普遍适用的原则。四、原审法院允许被扶养人的三位学生作为证人主体错误。王某、赵某、刘某系被扶养人的学生，与老师多有往来，且在老师生前提供过一些帮助，因此龚某2老人在《遗赠扶养协议》中特意提出，在其去世后，"乙方办理完甲方的丧葬事宜后，如仍有剩余存款的情况下，将该剩余存款均分三份赠予上述三名学生"。因此，原审法院应将上述三名学生追加为本案的被告或有利害关系的第三人参加诉讼，而不是证人。如前所述，正因为三位学生明确出现在《遗赠扶养协议》中，亦系受遗赠的一方主体，与本案有着直接的利益关系，其证人证言不应采信。而原审法院却完全听信三位学生的证言（其中一位并未出庭），将"搬出养老院并一起居住"作为签订协议和协议生效的前提条件，显失公平。五、本案中关于协议签订背景、签订过程及签订后履行的诸多事实原审法院都没有进行审查，只是草草找个理由结案。六、一审判决书全文未提及任何涉外因素，三十日内提起上诉，没有依据。

龚某1辩称，同意一审判决，不同意钱某的上诉请求及理由。《遗赠扶养协议》是钱某单方准备并打印、填写，应当参照代书遗嘱、打印遗嘱的生效要件来判断。孙某、李某系利害关系人，不具有见证人资格，且未参与见证全过程。钱某自认将被继承人接出养老院共同居住、养老送终是其取得房产的前提与条件。协议权利义务严重失衡。

钱某向一审法院起诉请求：1. 判令位于北京市海淀区X1的房屋（以下简称X1号房屋）归钱某受遗赠所有，龚某1协助钱某办理该房屋的不动产变更登记手续，将该房屋变更登记至钱某名下；2. 本案诉讼费由龚某1承担。

一审法院认定事实：郑某1与龚某2系夫妻，生育一子郑某2。郑某1于2019年7月20日去世。郑某2于2003年2月20日去世，生前未婚、无子女。X1号房屋系郑某1与龚某2的夫妻共同财产，登记在郑某1名下。2020

年12月3日，龚某2办理了继承公证，明确上述房屋中属于郑某1遗留的财产份额全部由龚某2继承。但尚未办理房屋产权证变更手续。2020年12月31日，龚某2去世。龚某2与龚某1系姐妹，钱某系二人之亲戚。

2020年12月23日，龚某2（甲方）与钱某（乙方）在北京市第五社会福利院签订《遗赠扶养协议》，内容为："甲方愿意将个人财产遗赠给乙方，乙方承担对甲方的扶养义务，乙方愿意承担对甲方的扶养义务，并愿意接受甲方遗赠的财产，同意代甲方偿还其对外所欠债务。根据相关法律法规规定，就遗赠扶养相关事宜，甲乙双方经平等协商，达成如下一致协议：第一条，甲方财务及债务情况：1.现在甲方之丈夫郑某1（已于2019年7月20日去世）名下归龚某2所有的房产（坐落于北京市海淀区X1号房屋一套，房产证更名为甲方的事宜已委托甲方学生刘某办理中），在甲方去世后赠与乙方。乙方接受甲方的赠与。2.甲方去世后，乙方应在上述受遗赠财产范围内代替甲方清偿债务（详见附件1债权清单）。第二条，乙方扶养义务约定：因甲方之子郑某2已于2003年2月去世，故乙方在接受甲方遗赠后，有抚养甲方的义务。乙方扶养义务是指，在生活上照顾，经济上给予帮助，精神上给予慰藉。（1）乙方有照顾甲方生活的义务。在甲方生病期间有安排、协助就医的义务。甲方在需紧急抢救时要求以基本医疗为主，不使用使身体受到损伤的抢救措施。如：呼吸机、气切等及入住超出本人经济能力的ICU。（2）乙方有权支配甲方的退休金及存款用于甲方的生活、医疗、偿还欠款等用途。（3）甲方生活及医疗中遇本人存款不足时，由乙方垫付。乙方有向甲方追索的权利。（4）甲方病重期间全权委托乙方签订医疗相关等文书。第三条，丧葬事宜办理及费用承担：甲方去世后的丧葬事宜由乙方负责。办理甲方丧葬事宜的费用应首先从甲方遗留财产中支付，不足部分由乙方承担。第四条，其他约定：在本协议签订之前，甲方学生王某、赵某、刘某曾对甲方提供过一定帮助，出于感激，甲方愿意在其去世后，在乙方办理完甲方丧葬事宜后，如仍有剩余存款的情况下，将该剩余存款均分三份赠与上述三名学生。龚某

2在该协议上签字、压手印并书写"以上内容见阅，是我真实意思。"见证人李某与孙某在该协议上签字。双方及两位见证人在2020年12月28日签署了附件一债权清单，清单中列了16位债权人，其中包括了欠龚某115万元。

钱某表示上述协议系其与龚某2在医院候诊的时候进行商议后，其按照龚某2的意思起草后打印的。为证明上述协议的真实性，钱某提供了签订该协议时的录像。见证人孙某、李某出庭作证，表示其二人系钱某儿媳妇高某的同事，系高某让二人去作证，附件一债权清单系2020年12月28日在见证人的公司签署，因为老人在12月23日没有找到笔记本，无法出具清单。见证人并未见证龚某2及钱某签署该债权清单。没有见到商议该协议的过程，只是现场宣读了材料并签字，老人当时精神状况尚可。钱某的同事鹿某出庭表示其通过钱某与龚某2相识，系龚某2的邻居，龚某2给其孩子补习功课。听龚某2提起钱某对其照顾，且愿意将房屋留给钱某，希望钱某给其养老送终。

龚某1认可上述协议是龚某2签署的，但表示龚某2当前神志不清，不确定是否具备完全民事行为能力，见证人不具备见证人资格，未参与见证的全过程，该协议是钱某单方准备、打印，内容不合理，双方权利义务失衡，未体现赠予房产的前提和条件，即将龚某2接出福利院，并给其养老送终，并非龚某2的完整、真实意思，应为无效。该协议附件中手写部分系钱某书写。实际履行协议的过程中，钱某未在经济上给龚某2提供帮助，也没有将龚某2从福利院接出来照顾。钱某未按约定清偿龚某2所欠债务。相反，在龚某2去世后，龚某1偿还了债权清单中所列的债务23.1万元，并向法院提供了收条及转账凭证。钱某表示龚某1是否偿还无法核实，且钱某应在接受遗赠财产范围内偿还债务，现在案件尚不确定，此时没有义务偿还债务；而且龚某1系债权清单中的债权人之一，可以判断龚某2没有将房屋给付龚某1的想法。

龚某2的学生王某、赵某、刘某在龚某2生前给予了龚某2一定的照顾及帮助。王某出庭表示2001年与龚某2取得联系后，三人经常照顾龚某2，在郑某1去世后才得知钱某系龚某2的亲戚，钱某此后才逐步参与了对龚某2的生活照顾，龚某2生前因为购买保健品而欠债，而且身体也确实需要人照顾，其参与了龚某2养老院手续的办理，钱某也参与了，考虑到有亲属在场，故在第一担保人处书写了钱某的亲属。龚某2吃不惯养老院的饭希望能搬出去，但龚某2的房屋已经出租，需要另行寻找房屋，故龚某2希望以房养老，在满足养老送终的情况下可以把房屋给付别人。其与龚某1相识也是在郑某1去世后，龚某1接龚某2去成都生活过一段时间，郑某1生病后，龚某1也来北京照顾过老人，最后一次见到龚某2是在2020年12月20日，当时她精神基本可以，意识是否清楚不确定，对房屋的事宜持放任态度。龚某2的愿望确实是将其从养老院接出来生活，给房的条件是接出养老院居住，给其生活费，解决医药费及照顾问题。龚某2多次提到将房屋给刘某和王某，但是其二人没有接受房屋的赠与，表示还会力所能及地照顾龚某2的生活。其多次叮嘱龚某2签订协议前需要给学生过目，担心她缺乏常识。钱某在电话中告知其签署了协议，但是龚某2表示其手中没有协议，被钱某拿走了。钱某与龚某2签订的协议是龚某2签署，但该协议对生活照顾问题约定的不够，反而是以龚老师的经济能力为限定处理这些事情，没有原来商议的基本内容，不是她一贯的意思。她的房屋价值很高，如果把房屋抵押出去她可以生活得更好，可以负担ICU的费用。龚某2去世后有丧葬费用十多万元，足以负担丧葬费用。

龚某2的学生刘某出庭表示龚某2给房的条件是将其接出养老院居住，养老送终，还清债务，龚某2一直说的是将房屋给三个学生，没有听说要给其他人。龚某2在12月20日时一阵糊涂一阵清醒。赵某出具书面证言表示如果刘某和王某将龚某2接出养老院居住，还清借款，龚某2愿意把房屋给刘某和王某。2020年12月21日其给龚某2挂号后，钱某陪同看病，后期钱某还与其沟通过住院的情况。

对于龚某 2 在签订协议时的行为能力，钱某认为龚某 2 意识清楚，提供了龚某 2 在 2020 年 12 月 28 日的入院记录，记载龚某 2 神志清，精神可，言语清晰。钱某还提供了一份 2020 年 12 月 29 日龚某 2 的录像，在该录像中钱某询问是否将房屋给其姐姐及其姐姐的孩子，龚某 2 明确表示不给，因为没出钱。龚某 1 表示录像中无法显示时间，当时龚某 2 已经病危，不能自由与外界联系。龚某 1 申请了对龚某 2 签订遗赠扶养协议时的行为能力鉴定，后因龚某 1 未缴纳鉴定费用，导致鉴定终止。

为证明履行抚养照顾的义务，钱某向法院提供了入住服务合同，显示在龚某 2 于 2019 年入住养老院的合同中写明第一担保人为钱某之子赵某。钱某表示其为龚某 2 垫付了养老院费用 2812 元，其为龚某 2 安排就医，垫付了 2020 年 12 月住院期间的医疗费 2106 元、病房费 1560 元，护工费 1000 元，办理丧葬事宜支出了 35070 元，并向法院提供了相应票据。其与家人 2020 年 12 月 11 日的微信聊天记录，记载："二表姨刚来过电话，告诉我下周房子过户就完了，礼拜二能拿到房产证，然后说房子给我，但得把他从养老院接出来一起住，给她养老送终"，"我这想不给房，也不能一点不管啊，我这想个办法，在这个院里给他租一间房，可以送点饭什么的，那边房明年九月份租期呢"。钱某表示公证手续办下来后，龚某 2 确实说让钱某与其一起居住，钱某表示房屋出租不好回收，可以给其在楼下租赁一套房屋居住，其考虑后答复还是住养老院。后双方签署遗赠扶养协议，故将龚某 2 接出养老院并非其扶养义务。

对此，龚某 1 表示垫付的费用不能属于经济帮助。入住养老院的手续都是龚某 2 的三个学生操办的，不认可钱某支付了最后住院期间的费用及丧葬费用。丧葬事宜是由龚某 2 生前所在单位负责，三位学生配合下完成，丧葬费用是由单位承担。签订协议后，钱某独立居住在福利院及医院里，钱某并未给龚某 2 接到家里或者租一间房，龚某 2 去世前，其独处于福利院外面的汽车里，身边并无一人陪伴照料，不能认定钱某尽了抚养照顾义务。

一审法院认为，公民可以与扶养人签订遗赠扶养协议。按照协议，扶养人承担该公民生养死葬的义务，享有受遗赠的权利。遗赠扶养协议是一种双方法律行为，只有在遗赠人与扶养人意思表示一致时方可成立。扶养人取得遗产需以履行扶养义务为前提。本案中，钱某与龚某2虽然签订了遗赠扶养协议，但该协议约定的扶养内容较为笼统，仅表述为"在生活上照顾，经济上给予帮助，精神上给予慰藉。乙方有照顾甲方生活的义务。在甲方生病期间有安排、协助就医的义务。甲方在需紧急抢救时要求以基本医疗为主，不使用使身体受到损伤的抢救措施。如：呼吸机、气切等及入住超出本人经济能力的ICU。"但根据龚某2当时的实际状况及一直照顾龚某2多年的学生的证言，龚某2需要扶养人将其接出养老院，与其共同生活。钱某虽表示龚某2生前变更了接出养老院的想法，但并未提供相应证据予以作证，法院不予采信。根据遗赠扶养协议的一般原则，扶养人需要向被扶养人支付供养费用，供养人在去世后才将自己的合法财产转移给扶养人。但是本案中遗赠扶养协议约定的是被扶养人的生活及医疗费用，由扶养人垫付，扶养人可向被扶养人追索。钱某在本案中亦表示其为龚某2垫付了部分费用，该约定违背了遗赠扶养协议设立的初衷。综上，法院认为钱某要求依据遗赠扶养协议而转移登记龚某2的房产之请求，于法无据，法院不予支持。《时间效力规定》第1条规定，民法典施行前的法律事实引起的民事纠纷案件，适用当时的法律、司法解释的规定，但是法律、司法解释另有规定的除外。因此，本案适用《继承法》的相关规定进行裁判。综上，依据《继承法》第31条，《民事诉讼法》第67条，《时间效力规定》第1条之规定，判决：驳回钱某的全部诉讼请求。

本院二审期间，钱某围绕其上诉请求提交了21组证据：1. 短视频2则，拟证明2020年12月28日龚某2就医时神志清醒，由钱某陪伴。2. 照片，拟证明钱某一家与龚某2一家往来亲密。3. 购买电视机凭证，拟证明2015年钱某儿子给龚某2购买55寸彩电。4. 2021年7月10日钱某儿媳与福利院微信沟通截图，拟证明钱某在龚某2居住福利院期间为其购买洗衣机。5. 2019年8月6日《关于老人治疗意见的补充协议》，钱某儿子签字，拟证明钱某一家在签订遗赠扶养协议前就参与龚某2老人的养老、治疗等问题。6. 2019年8月14日《变更说明》《福田公墓证》，拟证明郑某1老人去世后，龚某2将家务事交由钱某办理，公墓证书领穴人变更为钱某，与逝者关系显示为"姐弟"。7.《骨灰安放设施租赁合同（续租）》及申请表、交费凭证、《公墓证》及现场照片，拟证明2023年3月8日钱某将龚某2一家三口安葬墓穴续租至2033年并交纳费用，现场祭扫。8.《标准租房合同范本》及龚某2银行卡明细，拟证明龚某2生前将案涉X1号房屋出租，租金15万元每年，到期日为2021年9月1日。9. 2020年12月11日，钱某与儿子微信沟通截图，拟证明钱某及家人准备迎接龚某2老人一起居住，下午得知老人伤口化脓，二人商量如何给老人及时、有效治疗。10. 2020年12月14日，钱某与儿子、儿媳及儿媳与福利院微信沟通截图及挂号短信、支出信息，拟证明12月14日钱某一家带龚某2老人挂号治疗过程。11. 2020年12月14日，钱某儿媳与中华遗嘱库工作人员沟通微信截图，拟证明联系咨询帮助龚某2老人立遗嘱事宜，龚某2希望立遗嘱的方式由钱某继承房产。12. 2020年12月21日，钱某与儿子微信沟通截图，拟证明12月21日钱某带龚某2治疗情况。13. 2020年12月24日，钱某与龚某2学生赵某微信沟通截图，拟证明钱某已帮龚某2安排好在肿瘤医院住院治疗。14. 2020年12月26日，钱某儿媳与福利院微信沟通截图，拟证明钱某儿媳给龚某2送鸡汤、饺子、果蔬汁等且已安排好住院事宜。15. 2020年12月28日，钱某与龚某2学生赵某微信沟通截图，拟证明钱某带龚某2去肿瘤医院住院，并拍摄视频给老师的学生汇报。16. 2020年12月28日晚、29日，钱某儿媳与福利院微信沟通截图，拟证明龚某2将福利院房间钥匙交给钱某，交代她把存放在福利院的《遗赠扶养协议》《公证书》存折等重要文件取出，放到钱某那里。17. 2020年12月31日，钱某与主治医生罗医生微信沟通截图，拟证明龚某2做完化疗后出院，由钱某负责接送。18. 2021年1月14日—16日，钱某儿媳与福利院微信沟通截图，拟证明龚某2老人去世后，福利院与钱某家结算费用情况。19. 中信银行账户交易明细，拟证明龚某2老人丧葬费由钱某儿媳支出15420元。20. 招商信用卡刷卡凭证及消费明细，拟证明龚某2老人丧葬费由钱某儿子支出16110元。21. 案涉房屋房本复印件及海淀登记大厅门口张贴告示，拟证明案涉房屋"按经济适用住房管理"，在海淀不能办理上市交易。

龚某1对于证据1的真实性认可、证明目的不认可，认为从视频可以看出当时老人身体已经非常虚弱；证据2-7的真实性、关联性、证明目的均不认可；证据8的真实性、关联性认可，证明目的不认可，认为联系方式留的是被继承人的学生，由此可见被继承人的学生在其生前是进了很多的关照帮扶义务，被继承人仅房租就有每个月12500元的收入，属于有收入有财产的老人，可以佐证钱某在经济上没有给被继承人帮扶；证据9的真实性无法核实、证明目的不认可；证据10-15的真实性无法核实、不认可证明目的；证据11说明被继承人生前是希望立一个遗嘱的，并非签署遗赠扶养协议；证据16-21的真实性无法核实、不认可证明目的；证据19、20花的钱属于一审判决认定的35000元丧葬费，垫付费用属于处置被继承人的遗产，不属于对于扶养协议的义务履行。钱某提交的证据中签订遗赠扶养协议之前形成的，不能证明钱某是在履行遗赠扶养协议项下的义务，与遗赠扶养协议无关。

龚某1未提交新的证据。

本院经审查认为，钱某提交的上述证据材料均与本案缺乏关联性或无法证明其所欲证明的事项，故本院不予采纳。

经审查，一审法院查明的事实正确，本院予以确认。

本院认为，鉴于钱某作为原审原告依据《遗赠扶养协议》主张取得案涉房屋，本案案由应为遗赠扶养协议纠纷。

综合双方当事人的诉辩意见，本案二审的主要争议焦点为：钱某能否依据案涉《遗赠扶养协议》取得X1号房屋。

公民可以与扶养人签订遗赠扶养协议。按照协议，扶养人承担该公民生养死葬的义务，享有受遗赠的权利。签订遗赠扶养协议之遗赠人应当具备完全民事行为能力，且以真实意思表示实施。

本案中，首先，从案涉《遗赠扶养协议》形成来看，协议签订于遗赠人龚某2去世前一周左右、为打印文本；见证人未见证协议商议、形成过程；作为协议附件的《债权清单》在五日后签署，见证人未见证双方签署该债权清单。其次，从案涉《遗赠扶养协议》内容来看，双方约定：钱某在受赠X1号房屋后，有扶养龚某2的义务；钱某垫付的费用有权向龚某2追索。对此本院认为，扶养人取得遗产需以履行扶养义务为前提，上述约定既违背遗赠扶养协议双务、有偿、权责一致的基本性质，亦不符合扶养人先履行生养死葬义务，再于被继承人去世后取得遗产之基本逻辑。再次，从扶养义务之具体履行来看，案涉《遗赠扶养协议》对于龚某2之学生王某、赵某、刘某给予的照顾及帮助予以确认，而王某、赵某、刘某均陈述龚某2生前表示将其接出养老院、为其养老送终为继承房屋之条件，钱某提交的2020年12月11日微信聊天记录亦自认"得把他从养老院接出来一起住，给她养老送终"，钱某未将龚某2接出，亦未就其主张的龚某2生前变更该想法进行充分举证。且扶养义务之履行包括扶养费的给付、劳务的投入、吃穿住行的提供等日常生活方面的扶养甚至精神的慰藉等，呈现长期供养特征，而遗赠人龚某2在协议签订数天后即去世，钱某并未就其在协议签订前后尽到充分、适当的扶养义务提交充足证据。

综上，案涉《遗赠扶养协议》及附件《债权清单》未经见证人有效见证，内容与法定遗赠扶养协议双务、有偿、扶养在先的基本特征不符。一审法院对于钱某取得×1号房屋之请求不予支持并无不当，本院予以确认。钱某上诉所称一审判决书载明上诉期为30日的上诉理由亦未影响其上诉权益，无法作为支持其上诉请求的依据。

综上所述，钱某的上诉请求不能成立，应予驳回；一审判决认定事实清楚，适用法律正确，应予维持。依照《民事诉讼法》第 177 条第 1 款第 1 项之规定，判决如下：

驳回上诉，维持原判。

二审案件受理费 11800 元，由钱某负担（已交纳）。

本判决为终审判决。

080. 遗嘱和遗赠的区别是什么①

上诉人（一审原告）：鞠某林，男，1964 年 3 月 9 日出生，满族，住岫岩满族自治县。

委托代理人：宋某友，辽宁某律师事务所律师。

被上诉人（一审被告）：吴某春，男，1968 年 5 月 2 日出生，满族，住辽宁省大石桥市。

一审被告：吴某，女，1959 年 2 月 10 日出生，满族，住辽宁省大石桥市。

一审被告：吴某君，女，1960 年 5 月 25 日出生，满族，住岫岩满族自治县。

一审被告：吴某波，男，1971 年 2 月 25 日出生，满族，住址同上。

一审被告：吴某凤，女，1967 年 10 月 26 日出生，满族，住岫岩满族自治县。

一审被告：吴某云，女，1966 年 1 月 3 日出生，满族，住址同上。

上诉人鞠某林因与被上诉人吴某春、一审被告吴某、吴某君、吴某波、吴某凤、吴某云遗赠抚养协议纠纷一案，不服岫岩满族自治县人民法院（2022）辽 0323 民初 379 号民事判决，向本院提起上诉。本院于 2022 年 9 月

---

① 辽宁省鞍山市中级人民法院（2022）辽 03 民终 3683 号民事判决书，载中国裁判文书网，最后访问日期：2023 年 7 月 3 日。

21日立案后,依法组成合议庭进行了审理。本案现已审理终结。

上诉人鞠某林的上诉请求:一、撤销一审法院判决,依法确认上诉人叔叔鞠某后生前所立遗赠扶养协议有效;二、被上诉人承担诉讼费用。事实和理由:一、案件事实经过:鞠某后(身份证号码:2103231946＊＊＊＊＊＊＊＊)是上诉人的叔叔。鞠某后系被上诉人等六人的舅舅,鞠桂芹与鞠某后系姐弟关系,鞠桂芹系被上诉人等人母亲。2012年5月17日大石桥建设经济适用房占用了鞠某后的棚厦房屋,鞠某后以每平方米1300元的价格购买了本案涉及的40平方米住宅楼,合计价款52000元。鞠某后生前没有子女、妻子、父母死亡。2020年5月5日,鞠某后因为年迈需要有人照顾,所以以遗嘱的形式给上诉人写了一份遗赠扶养协议,主要内容是鞠某后的生养死葬均由原告负责,他的住房一处和其他所有物资均由原告继承。事后,鞠某后的生养死葬事宜均是由原告完成。但被上诉人方以该房所有权人是吴某春所有,双方因此产生纠纷。鞠某后所留文书名虽然叫遗嘱,但内容实际是遗赠扶养协议,上诉人也按"遗嘱"内容履行了生养死葬的义务,一审时已经有证人及相关证据证明。一审时,其他五名被告表示不主张权利,故按原审主体地位列明。二、一审适用法律错误,导致判决错误。本案是遗赠扶养协议纠纷,不应适用遗嘱法律条款规定。

被上诉人吴某春辩称,服从一审法院判决。

一审被告吴某、吴某君、吴某波、吴某凤、吴某云未进行陈述。

鞠某林向一审法院起诉请求:依法判决原告叔叔鞠某后生前所立遗赠扶养协议有效。

一审法院认定事实:案外人鞠某后(已去世)是原告鞠某林的本家叔叔,被告吴某春系鞠某后的外甥,鞠某后系五保户,生前于2012年5月17日在大石桥市购买了一处经济适用房,建筑面积40平方米,价款52000元。

2020年5月1日鞠某后因骨折住岫岩满族自治县中医院治疗,住院期间由原告鞠某林照顾,后鞠某后因病去世。鞠某后去世后,原告鞠某林持有一份遗嘱；遗嘱时间为2020年5月5日，内容为：立遗嘱人鞠某后，男，1946年4月8日出生，满族，农民，身份证号：2103231946＊＊＊＊＊＊＊＊，住所地：岫岩满族自治县×××镇××村×××组50号。立遗嘱人因年高体迈，虽由村上定为五保户，但生活不能自理，身边还需要他人照顾，因此，特立遗嘱如下：我现有住房一处和其他所有物资，全部由侄子鞠某林一人继承，与其他任何人无关，我也没有什么遗产，在我有生之年，我的生活起居以及医疗护理全部由我侄子鞠某林承担（包括生、老、病、死）。该遗嘱落款立遗嘱人按有手印，但未签字，见证人为杨某华、沈某禹、于某春。现因原、被告对鞠某后购买的经济适用房发生争议，故原告诉至法院，认为该遗嘱属于遗赠抚养协议，请求确认有效。

另查，原告自认该遗嘱的形成是在鞠某后因病住院期间，根据鞠某后的意思，由鞠某林到电脑房打印出纸质版，然后找鞠某后按手印，事后，由鞠某林持该遗嘱找见证人签字按手印，三个见证人均未在场，其中杨某华是医院护工。

又查，在鞠某后住院期间，原告鞠某林在医院负责照顾，去世也是鞠某林给其安葬。

一审法院认为：本案争议的问题是原告持有的"遗嘱"是遗嘱，还是遗赠抚养协议，该遗嘱或者遗赠抚养协议是否有效。涉案争议的名头为遗嘱，系一份打印遗嘱，根据《民法典》第1136条规定，打印遗嘱应当有两个以上见证人在场见证，遗嘱人和见证人应当在遗嘱每一页签名，注明年、月、日。而争议的遗嘱只有遗嘱人按手印，见证人签字的三人当时均不在现场，而是原告本人手持打印遗嘱事后找到三人签字并按手印。这明显不符合打印遗嘱的法定形式；如果理解为遗赠抚养协议，也是一份由原告自己到打字社打印，再自己找立遗嘱人按手印，然后自己找不同的见证人见证，本人也没有签字，其真实性也缺乏其他证据佐证。据此判决：驳回原告鞠某林要求确认鞠某后生前订立的遗赠抚养协议为有效的诉讼请求。

二审中，各方当事人均未提供新证据。本院对一审法院查明的案件事实予以确认。

本院认为，综合本案当事人的诉辩请求和理由，归纳本案的争议焦点为：1. 鞠某林提供的"遗嘱"是一份遗嘱，还是一份遗赠抚养协议。2. 该份"遗嘱"是否有效。

关于本案的第一个争议焦点。要区分遗嘱继承和遗赠，首先要区分受遗赠人和遗嘱继承人的范围，二者范围是不同的，受遗赠人可以是法定继承人以外的组织和个人，也可以是国家和集体，但不能是法定继承人范围之内的人。遗嘱继承人则只能是法定继承人范围之内的人。本案鞠某林显然不是鞠某后的法定继承人，鞠某林提供的案涉"遗嘱"不符合有效的遗嘱要件要求，故该份"遗嘱"应该被认定为一份遗赠抚养协议。

关于本案的第二个争议焦点。遗赠抚养协议不同于普通的合同，其一涉及身份关系，其二涉及死因处分。所以首先遗赠抚养协议的成立应该符合合同成立的一般形式要件，应该有双方的签字确认。案涉"遗嘱"只有一个指印，且上诉人没有提供证据证明该指印是遗赠人所按，故上诉人不能证明该"遗嘱"是鞠某后的真实意思表示。另一面，遗赠抚养协议是遗赠人死后遗赠财产，财产的遗赠本质上是遗嘱。案涉打印"遗嘱"的效力可以参照《民法典》打印遗嘱的规定，打印遗嘱应当有两个以上见证人在场见证。遗嘱人和见证人应当在遗嘱每一页签名，注明年、月、日。案涉"遗嘱"虽然有三个见证人签字，但三个见证人均未在场全程参与该"遗嘱"的制作过程，故三个见证人无法证实该份"遗嘱"的形成过程，也无法证实该份"遗嘱"是鞠某后的真实意思表示。综上，一审法院驳回鞠某林确认鞠某后生前订立的遗赠抚养协议有效的诉讼请求并无不当。

综上所述，上诉人鞠某林的上诉请求不能成立，应予驳回；一审判决认定事实清楚，适用法律正确，应予维持。依照《民事诉讼法》第 177 条第 1 款第 1 项，判决如下：

驳回上诉，维持原判。

二审案件受理费 100 元，由鞠某林负担。

本判决为终审判决。

（二）裁判依据

《中华人民共和国民法典》

第一千一百二十三条　继承开始后，按照法定继承办理；有遗嘱的，按照遗嘱继承或者遗赠办理；有遗赠扶养协议的，按照协议办理。

第一千一百五十八条　自然人可以与继承人以外的组织或者个人签订遗赠扶养协议。按照协议，该组织或者个人承担该自然人生养死葬的义务，享有受遗赠的权利。

《最高人民法院关于适用〈中华人民共和国民法典〉继承编的解释（一）》

第三条　被继承人生前与他人订有遗赠扶养协议，同时又立有遗嘱的，继承开始后，如果遗赠扶养协议与遗嘱没有抵触，遗产分别按协议和遗嘱处理；如果有抵触，按协议处理，与协议抵触的遗嘱全部或者部分无效。

第四十条　继承人以外的组织或者个人与自然人签订遗赠扶养协议后，无正当理由不履行，导致协议解除的，不能享有受遗赠的权利，其支付的供养费用一般不予补偿；遗赠人无正当理由不履行，导致协议解除的，则应当偿还继承人以外的组织或者个人已支付的供养费用。

六、遗产管理纠纷

（一）最高人民法院典型案例

081. 人民法院可以适用特别程序指定部分继承人担任遗产管理人[①]

> **典型意义**
>
> 侨乡涉侨房产因年代久远、继承人散落海外往往析产确权困难，存在管养维护责任长期处于搁置或争议状态的窘境，不少历史风貌建筑因此而残破贬损。本案中，审理法院巧用民法典新创设的遗产管理人法律制度，创造性地在可查明的继承人中引入管养房屋方案"竞标"方式，让具有管养维护遗产房屋优势条件的部分继承人担任侨房遗产管理人，妥善解决了涉侨祖宅的管养维护问题，充分彰显了民法典以人为本、物尽其用的价值追求，为侨乡历史建筑的司法保护开创了一条全新路径。

基本案情：厦门市思明区某处房屋原业主为魏姜氏（19世纪生人）。魏姜氏育有三女一子，该四支继承人各自向下已经延嗣到第五代，但其中儿子一支无任何可查信息，幼女一支散落海外情况不明，仅长女和次女两支部分

[①]《人民法院贯彻实施民法典典型案例（第一批）》（最高人民法院2022年2月25日发布），欧某士申请指定遗产管理人案，载最高人民法院网站，https://www.court.gov.cn/zixun-xiangqing-347181.html，最后访问日期：2023年6月29日。

继承人居住在境内。因继承人无法穷尽查明，长女和次女两支继承人曾历经两代、长达十年的继承诉讼，仍未能顺利实现继承析产。民法典实施后，长女一支继承人以欧某士为代表提出，可由生活在境内的可查明信息的两支继承人共同管理祖宅；次女一支继承人则提出，遗产房屋不具有共同管理的条件，应由现实际居住在境内且别无住处的次女一支继承人中的陈某萍和陈某芬担任遗产管理人。

裁判结果：生效裁判认为，魏姜氏遗产的多名继承人目前下落不明、信息不明，遗产房屋将在较长时间内不能明确所有权人，其管养维护责任可能长期无法得到有效落实，确有必要在析产分割条件成就前尽快依法确定管理责任人。而魏姜氏生前未留有遗嘱，未指定其遗嘱执行人或遗产管理人，在案各继承人之间就遗产管理问题又分歧巨大、未能协商达成一致意见，故当秉承最有利于遗产保护、管理、债权债务清理的原则，在综合考虑被继承人内心意愿、各继承人与被继承人亲疏远近关系、各继承人管理保护遗产的能力水平等方面因素，确定案涉遗产房屋的合适管理人。次女魏某燕一支在魏姜氏生前尽到主要赡养义务，与产权人关系较为亲近，且历代长期居住在遗产房屋内并曾主持危房改造，与遗产房屋有更深的历史情感联系，对周边人居环境更为熟悉，更有实际能力履行管养维护职责，更有能力清理遗产上可能存在的债权债务；长女魏某静一支可查后人现均居住漳州市，客观上无法对房屋尽到充分、周到的管养维护责任。故，由魏某静一支继承人跨市管理案涉遗产房屋暂不具备客观条件；魏某燕一支继承人能够协商支持由陈某萍、陈某芬共同管理案涉遗产房屋，符合遗产效用最大化原则。因此判决指定陈某萍、陈某芬为魏姜氏房屋的遗产管理人。

（二）地方法院典型案例

082. 死者无继承人时，能否指定民政部门为遗产管理人[①]

基本案情：刘某为被继承人徐某的债权人，天津市河北区民政局系徐某生前住所地的民政部门。徐某于2020年4月5日死亡，生前未婚、未生育子女，其名下遗留数处房产，死亡后遗产处于无继承人的状态。刘某曾在徐某死亡后，以徐某为被告向法院提起民间借贷诉讼，但法院以被告已死亡为由裁定驳回起诉。2021年1月1日《民法典》施行后，刘某依据《民法典》第1145条、第1146条的相关规定，认为在徐某无继承人时应由天津市河北区民政局作为其遗产管理人，故向法院提起申请，要求指定天津市河北区民政局作为徐某的遗产管理人，由天津市河北区民政局管理徐某遗产并以徐某遗产偿还其债务。

裁判结果：法院判决认为，徐某于2020年4月5日死亡，无继承人导致其遗产处于无人管理的状态。《民法典》第1145条、第1146条对于死者无继承人时遗产管理人的选任问题作出了新的规定，即死者没有继承人或者继承人均放弃继承的，由被继承人生前住所地的民政部门或者村民委员会担任遗产管理人。《时间效力规定》第3条规定，民法典施行前的法律事实引起的民事纠纷案件，当时的法律、司法解释没有规定而民法典有规定的，可以适用民法典的规定，但是明显减损当事人合法权益、增加当事人法定义务或者背离当事人合理预期的除外。本案中，在徐某没有继承人的情况下，以法院指定的方式确定遗产管理人，解决权利人针对徐某遗产的争议，更有利于管理和维护徐某的遗产，同时能确保权利人利益得以顺利实现。法院判决指定徐某住所地的天津市河北区民政局作为徐某的遗产管理人。

[①] 《天津高院发布贯彻实施民法典家事审判典型案例》（2021年11月4日发布），刘某申请指定天津市河北区民政局为徐某遗产管理人案，载天津法院网，https://tjfy.tjcourt.gov.cn/article/detail/2021/11/id/6349420.shtml，最后访问日期：2023年6月30日。

典型意义

本案是《民法典》施行后,天津法院首例申请指定民政部门为遗产管理人的案件。死者无继承人时,其遗产的管理问题一直是继承法上的难题,因死者并无法定继承人,死者的债权人"无人可诉",难以对死者的遗产主张权利。《民法典》首次规定在死者无继承人时由民政部门担任遗产管理人,有效破解了债权人"无人可诉"的现实难题。在死者无其他继承人时,由其生前住所地的民政部门或者村民委员会担任遗产管理人,有助于保护相关权利人的利益,符合公职部门维护公共利益的定位。《民法典》虽规定对遗产管理人的确定有争议的,利害关系人可以向人民法院申请指定遗产管理人,但是民事诉讼法及其司法解释中并未明确规定该类案件的受理条件及审理方式。一审法院直面难题、先行先试,积极探索了该类案件的审判规则及审理程序,对此后同类型案件的审判具有开创性的意义。

083. 没有继承人或者继承人均放弃继承的,由被继承人生前住所地的民政部门或者村民委员会担任遗产管理人[①]

基本案情:2019 年 5 月 11 日,李某生骑自行车不慎摔倒致头部及全身多处外伤,经路人拨打急救电话被送往上饶市和康医院治疗,2020 年 3 月 30 日,李某生经抢救无效死亡,在此期间,其一直在上饶市和康医院接受治疗,欠下医药费 30 余万元。经查,李某生在多家银行共有存款 17 万余元。为主张债权,上饶市和康医院将上饶市信州区民政局、上饶市信州区西市街道办事处民政所及银行(第三人)诉至法院。本案审理过程中,为查明李某生是

[①]《江西高院发布 2021 年度全省法院贯彻实施民法典十大典型案例》(2022 年 1 月 10 日发布),上饶市和康医院有限公司诉上饶市信州区民政局等遗产管理纠纷案,载江西法院网,http://jxgy.jxfy.gov.cn/article/detail/2022/01/id/6476558.shtml,最后访问日期:2023 年 6 月 30 日。

否有继承人，承办法官到李某生生前住所地及籍贯所在地的公安机关、民政部门、社区进行调查，均无果。后法院向外发布公告，截至判决作出之日，无李某生的继承人向法院申报。

裁判结果：上饶市信州区人民法院经审理认为，《民法典》第1145条规定，没有继承人或者继承人均放弃继承的，由被继承人生前住所地的民政部门或者村民委员会担任遗产管理人。本案中，经穷尽方式调查，无法查询到李某生有继承人，依法应由信州区民政部门担任遗产管理人。街道民政所系民政局的下属机构，且民政局承担的职能较民政所更为全面，认定民政局为遗产管理人更有利于债权的实现，故认定被告上饶市信州区民政局为李某生的遗产管理人。民政局及民政所均属民政部门，二者仅是对遗产管理是否属于各自的职责范围产生争议，不属于对遗产管理人的确定有争议的情形，如认定债权人须先行向法院申请指定遗产管理人，势必影响债权实现的效率，故由原告先行申请法院指定遗产管理人并无必要。《民法典》1147条规定，遗产管理人应当履行处理被继承人的债务的职责，李某生所负债务应由上饶市信州区民政局负责处理，第三人银行应当协助上饶市信州区民政局处理李某生所负的债务。为提高债权实现的效率，应由第三人银行将李某生的存款支付给原告，用以偿还债务。故，法院判决被告上饶市信州区民政局于判决生效后三十日内履行处理李某生对上饶市和康医院有限公司所负债务的职责，第三人银行协助被告上饶市信州区民政局将李某生的存款支付给原告上饶市和康医院有限公司，用以偿还债务。现判决已经生效。

典型意义

本案是判决民政局作为遗产管理人处理被继承人债务的典型案例。《民法典》第1145条新设遗产管理人制度，将遗产债权人和继承人的利益加以同等保护。该条规定，没有继承人或者继承人均放弃继承的，由被继承人生前住所地的民政部门或者村民委员会担任遗产管理人，有效解决了涉被继承人债务纠纷中的诉讼担当问题。然而，针对民政局或民政所就已方担任遗产管理人存在争议时，遗产债权人应否在主张债权前先行申请法院指定遗产管理人，以及遗产由第三方占有或持有时，被继承人债务得以何种方式清偿，《民法典》尚无明确规定。本案中，法院在准确把握《民法典》遗产管理人制度维护遗产债权人合法权益的立法精神的基础上，主动探究裁判规则，极大地提高了债权实现的效率，充分体现了《民法典》对时代发展的积极回应，实现了法律效果和社会效果的有机统一，对此后同类案件的裁判具有重要的参考借鉴意义。

（二）裁判依据

《中华人民共和国民法典》

第一千一百四十五条　继承开始后，遗嘱执行人为遗产管理人；没有遗嘱执行人的，继承人应当及时推选遗产管理人；继承人未推选的，由继承人共同担任遗产管理人；没有继承人或者继承人均放弃继承的，由被继承人生前住所地的民政部门或者村民委员会担任遗产管理人。

第一千一百四十六条　对遗产管理人的确定有争议的，利害关系人可以向人民法院申请指定遗产管理人。

第一千一百四十七条　遗产管理人应当履行下列职责：

（一）清理遗产并制作遗产清单；

（二）向继承人报告遗产情况；

（三）采取必要措施防止遗产毁损、灭失；

（四）处理被继承人的债权债务；

（五）按照遗嘱或者依照法律规定分割遗产；

（六）实施与管理遗产有关的其他必要行为。

第一千一百四十八条 遗产管理人应当依法履行职责,因故意或者重大过失造成继承人、受遗赠人、债权人损害的,应当承担民事责任。

第一千一百四十九条 遗产管理人可以依照法律规定或者按照约定获得报酬。

《最高人民法院关于适用〈中华人民共和国民法典〉继承编的解释(一)》

第三十三条 继承人放弃继承应当以书面形式向遗产管理人或者其他继承人表示。

图书在版编目（CIP）数据

婚姻家庭纠纷指导案例与类案裁判依据／中国法制出版社编．—北京：中国法制出版社，2023.9
（人民法院民商事指导案例与类案裁判依据丛书）
ISBN 978-7-5216-3633-8

Ⅰ.①婚… Ⅱ.①中… Ⅲ.①婚姻家庭纠纷-案例-中国 Ⅳ.①D923.905

中国国家版本馆CIP数据核字（2023）第108917号

责任编辑：刘海龙　　　　　　　　　　　　　　　封面设计：周黎明

婚姻家庭纠纷指导案例与类案裁判依据
HUNYIN JIATING JIUFEN ZHIDAO ANLI YU LEI'AN CAIPAN YIJU

编者/中国法制出版社
经销/新华书店
印刷/保定市中画美凯印刷有限公司
开本/710毫米×1000毫米　16开　　　　　　　　　印张/22　字数/257千
版次/2023年9月第1版　　　　　　　　　　　　　2023年9月第1次印刷

中国法制出版社出版
书号 ISBN 978-7-5216-3633-8　　　　　　　　　　　定价：78.00元

北京市西城区西便门西里甲16号西便门办公区
邮政编码：100053　　　　　　　　　　　　　　　传真：010-63141600
网址：http://www.zgfzs.com　　　　　　　　　　编辑部电话：010-63141820
市场营销部电话：010-63141612　　　　　　　　　印务部电话：010-63141606

（如有印装质量问题，请与本社印务部联系。）